U0029504

全球化的時代

無政府主義與反殖民想像

The Age of Globalization

Anarchists and the Anticolonial Imagination

班納迪克・安德森 著
陳信宏 譯

Benedict Anderson

活在這世界上就得互相幫助，不管在哪兒都一樣。我們野人也必須幫助這些基督徒。

——魁魁（Queequeg）

向梅爾維爾（Herman Melville）致敬

追憶土屋健治

獻給健一郎、Carol與Henry

目錄

導讀

受困與自由的辯證：

關於《全球化的時代：無政府主義，與反殖民想像》

吳叡人

"Always think [like an] Olympian!"

——Benedict O. Anderson（1936-2015）

「永遠像奧林帕斯諸神一樣思考！」

——班納迪克・安德森（1936-2015）

1.

班納尼克・安德森是一個裝了一肚子故事，而且很喜歡講故事的人，每次和他見面聊天都有聽不完的故事，彷彿在讀〈一千零一夜〉一般。這個有趣的業餘說書人常跟我說，他這一輩子最想寫的是小說，不是理論書，而這本《全球化的時代：無政府主義，與反殖民想像》應該是他一生所寫過最接近小說的文本了。它最初的書名《三旗之下》（Under Three Flags）看起來就像是小說標題，而他本人更明白說這本書是用「蒙太奇」和「連載小說」手法寫成的。所以，寫了《想像的共同體》的民族主義理論大師到了晚年終於放棄枯燥乏味的學術論文，（令人興奮地）改行寫通俗小說，變成一個專業的說書人了嗎？

我們的大師終究沒有當成專業的說書人。即使書名像小說，敘事像小說，情節戲劇化，這終究不是一本小說，因為它所敘述的不是虛構（fiction），而是歷史（history）：《全球化的時代》是一冊用小說敘事手法寫成的歷史著作。同樣的，大師也沒有擺脫《想像的共同體》的偉大陰影，因為這部小說化的歷史所敘述的，正是該書第七章所提到的「最後一波」反殖民民族主義的一個個案——最後一波的第一個個案，也就是初期的菲律賓民族主義。換句話說，《全球化的時代》可以被理解為《想像的共同體》的延伸，或者《想像的共同體》理論架構下的一個經驗個案研究。

安德森之所以用小說——而且是十九世紀後半通俗連載小說——的方式來寫菲律賓民族主義史，除了出於大師對跨越文類邊界無法壓抑的遊戲衝動之外，最主要的目的應該是要向本書的英雄之一，菲律賓最初的民族主義者與小說家荷西．黎刹（Jose Rizal, 1861-1896）致敬。換句話說，安德森以他書中主人公當年寫小說的手法，書寫了這位英雄和他同時代人的歷史。對於任何寫作者而言，我們實在難以想像有比此更複雜（sophisticated）而尊崇的恭維了。然而安德森對敘事選擇的思慮並不止於此。如果翁貝托．艾柯（Umberto Eco）仿作歷史文獻的目的是虛構，安德森則挪用歷史性虛構文本的敘事來重建歷史，而這種重層、反身的書寫方式（reflexive writing）其實有著方法論上的考量。

2.

《全球化的時代》既是《想像的共同體》的延伸之作，自然也承襲了後者的比較史方法。請容我在此引述筆者與班納迪克．安德森二〇一一年在東京對話時對這個著名的研究途徑的描述：

安德森教授研究民族主義的途徑或方法論可以說是一種比較史，或者是比較歷史社會學，但它又不只是一種比較史，而是以全球為範圍的比較史。也就是說，那是一種世界史式的比較分析。這種途徑最關鍵的特色之一，是以鳥瞰的眼光看歷史，看到大局，看到相似的事件與現象不僅在不同的地方各自向前展開（unfold diachronically），彼此之間也有共時性的連結。如此一來，在特定地方發生的事件，往往也成為一個更大的世界史過程的一部分，而這個過程有可以辨識的機制與模式，因此也是可以解釋的。在他幾年前寫給我的信中，安德森教授提醒我要「永遠像奧林帕斯諸神一樣思考！」（Always think Olympian!），因此我們不妨稱這種方式為「奧林帕斯山頂的觀點」（a view from the top of Olympus）。*

當然，即使是同樣來自奧林帕斯山頂的眺望，視野所聚焦之處依然有全體與局部之別。作為一部解釋民族主義起源與全球擴散的總論，《想像的共同體》的比較史關注全球性歷史運動的擴散（diffusion），而《全球化的時代》的比較史則是一種全球史觀點的個案研究——一篇個論。不過，它不是當代全球史研究中常見的「定點觀測」（日本學者駒込武語，指從特定的地方個案觀察全球史過程**），反而著重於鳥瞰、並置、比較、移動、連結——具體而言，安德森在本書中經由探索、重建幾位具有全球視野（cosmopolitan-minded）的民族主義者，如小說家黎剎（José Rizal）、人類學家陸雷彝（Isabelo de los Reyes）和組織家彭西（Mariano Ponce）等人在世界不同地域之間的物理性與精神性移動，試圖重新揭露地方性個案（主要是菲律賓，其次為古巴）所具有的全球史特性與國際化性格。

3.

安德森把他在本書中所描繪的亞洲民族主義者漫遊世界——全球移動——的脈絡，也就是十九世紀末交通與通訊科技飛躍式進展的時代，稱為「早期全球化」（early globalization）。但他在書中所未明言的事實是，構成所謂「早期全球化」脈絡的，正是十九世紀末葉新科技條件下形成的全球殖民帝國網絡與其衍生的全球反殖民運動網絡。換句話說，黎剎和他的民族主義夥伴們在本書中，是完全依循著由十九世紀末新帝國主義（new imperialism）所創造的核心與邊陲交錯連結而形成的路徑而展開世界漫遊的。

哈佛大學的經濟學家丹尼．羅德里克（Dani Rodrik）對全球化歷史的分析，為本書所討論的「早期全球化」提供了一個重要的政治經濟學註解。他指出穩定的全球化秩序的形成需要同時滿足兩個條件——市場全球化與政治（治理）的全球化。十九世紀末葉的初期全球化（他稱為「第一次偉大的全球化」）得以達成某種穩定的主因，是帝國主義（尤其是大英帝國）創造了某種市場全球化所不可或缺的公共財，也就是跨國、廣域的治理結構之故。當代資本全球化所以處處引發衝突、乃至瀕臨崩解，原因就在市場全球化雖完成，治理全球化卻難產之故——當代帝國秩序正當性不再，但治

* 吳叡人，〈比較史、地緣政治，以及在日本從事臺灣研究的寂寞：回應班納迪克．安德森〉，吳叡人，《受困的思想：臺灣重返世界》（新北市：衛城出版，2016），pp. 75-76。

** 駒込武，《世界史の中の台湾植民地支配：台南長老教会中学校からの視座》（東京：岩波書店，2015），p. 32。

理全球化的替代性方案（如聯合國）也遭遇失敗。*羅德里克的洞見揭露了隱藏在本書敘事背後的一個重要的歷史辯證：帝國主義秩序（及其背後的全球資本主義體系），既是激發殖民地民族主義與起的不可避的他者，同時也是使殖民地民族主義者得以「全球漫遊」，獲得其國際化性格不可或缺的政治條件。

4.

現在讓我們回到《全球化的時代》。很明顯地，本書所討論的「早期全球化」主要指的是政治和思想層面的全球化，而當代政治經濟學所謂的資本全球化過程則隱身幕後，成為本書的背景或潛文本（subtext）。在概念層次上，安德森在這本書中想傳遞的主要理論訊息或許可以歸納為以下圖式：十九世紀末西方帝國主義秩序所建構的一個跨國或跨地域移動的全球網絡，如何既使（一）帝國中心的統治者得以遠程投射國力，跨海支配殖民地，同時也使（二）殖民地人民得以移動、進入到帝國中心，學習帝國文明（亦即薩伊德〔Edward Said〕所說的「航入」〔voyage in〕），使（三）各帝國中心內部的反對勢力相互移動（如馬克思主義者和無政府主義者從德國、西班牙向巴黎、倫敦亡命／移動），最終促成了（四）中心與中心、邊陲與中心、以及邊陲與邊陲的反體系勢力（anti-systemic forces）的連結（如不同殖民地民族主義之間，以及中心的無政府主義與邊陲的反殖民民族主義的結盟）。

那麼具體而言，本書所談的這些帝國，這些中心與邊陲，這些反體系勢力又指涉些甚麼呢？首先，本書涵蓋的時間範圍，主要是十九世紀的最後二十年，也就是一八八〇年代到一九〇〇年代。這個時期恰好是歐洲史上所謂「新帝國主義」興起，也就是歐洲各國開始競相展開對外殖民擴張（colonial scramble，尤其是在非洲大陸，但不限於非洲）以壓制國內勞動階級挑戰的整合民族主義（integral nationalism）時期。這個階段的帝國主義競爭，建構了一個重疊綿密的勢力網絡，幾乎覆蓋了整個地球。其次，這個時期同時也見證了新舊帝國的交替，最重要的是美利堅帝國取代西班牙帝國在南北美洲興起，以及在東北亞日本帝國的興起與大陸的清帝國（和俄羅斯帝國）的衰落。第三，在這個時期，無政府主義運動經由帝國網絡從歐陸快速擴張到新世界、亞、非殖民地，並且因其鮮明的國際主義精神與強烈的反帝、反殖民立場而在自由主義與馬克思主義之前，率先與殖民地的民族主義建立了理論與政治同盟關係。** 安德森之所以選擇「無政府主義者與反殖民想像」作為本書

---

* 丹尼・羅德里克，《全球化矛盾：民主與世界經濟的未來》（*The Globalization Paradox: Democracy and the Future of World Economy*；台北：衛城出版，二〇一六年），〈引言：重新框架全球化論述〉與第二章。

** 無政府主義的反殖民主義立場早在法國第三共和時代（一八七〇年代）即經由反對阿爾及利亞殖民論爭而確立，而與殖民地民族主義的理論同盟則出現在一八九〇年代，較威爾遜（自由主義）與列寧（馬克思主義）各自提出的民族自決論早了近三十年。參見 Benedict Anderson, "Preface," in Steven Hirsch and Lucien Van der Walt ed. *Anarchism and Syndicalism in the Colonial and Postcolonial World, 1870-1940* (Leiden and Boston: Brill, 2010), xv；吳叡人，〈反政治的政治：《黑色青年》無政府主義思想的研究筆記〉，黃自進編《東亞世界中的日本政治社會特徵》（台北：中央研究院人文社會科學研究中心，二〇〇八年），126-128頁。

副標題，就是刻意要連結這個左翼思想脈絡，來為長期蒙受來自稱左派庸俗論者「封閉、保守」污名的殖民地民族主義翻案。

本書討論的主要個案，是在西班牙帝國統治末期——或者應該說崩潰前夜——的東亞殖民地菲律賓出現的民族主義。安德森在書中追蹤、重建了初期的幾位菲律賓民族主義者在西班牙帝國轄下不同地區的移動與連結，如他們在帝國中心馬德里與自由主義者與共和主義者的合作，受到另一個帝國中心巴塞隆納的無政府主義者的啟發，以及和另一個帝國邊陲古巴的反殖民民族主義的結盟等。另一方面，安德森也追蹤了這些菲律賓民族主義者在同時代諸帝國中心，如柏林、巴黎、布魯塞爾、倫敦，乃至東北亞的東京，甚至位處歐洲之外的帝國邊陲香港之間的移動與連結——他們如何受到時代思潮的啟蒙、如何就地組織、如何海外結盟、如何書寫、如何流亡、如何返鄉，最終如何讓祖國進入了世界的移動與連結。安德森以這幾位特出的全球格局民族主義者，以及他們在移動過程中連結的人物，作為節點（nodal points），將在每個節點發生的故事、故事與故事的交融碰撞，以蒙太奇手法拼貼，最後連結成一幅「作為世界史的地方史」圖像。當然，在故事的結局之中，西班牙帝國雖然滅亡了，菲律賓卻沒有獲得獨立，因為新的美利堅帝國取代了西班牙，再度殖民了菲律賓。安德森筆下「早期全球化」的時代所見證的，只是第一波反殖民民族主義的興起，而不是它的完成。

5.

最後，我們必須談一下安德森在《全球化的時代》書中對於黎剎兩部小說的討論，因為他在這裡的討論不只直接呼應了《想像的共同體》所提出的現代小說作為民族想像之媒介的著名命題，同時也為本文所再三致意的「全球漫遊的民族主義者」的精神世界提供了一個絕佳例證。*

荷西・黎剎被世人尊為菲律賓民族之父，然而他是一個非常奇妙的民族之父。他只有很少的實際政治經驗，從不曾像孫文或尼赫魯一樣直接領導一個組織性民族革命運動，既沒有甘地般的宗教性奇理斯瑪（charisma），也不是蔣渭水式的群眾魅力領袖，更沒有喬治・華盛頓或本書另一位英雄，古巴獨立之父荷西・馬蒂（José Martí, 1853-1895）那種指揮武裝革命的赫赫軍功。他短暫的一生所做的最重要的事，是為一個尚未出現的菲律賓民族寫作——主要是小說，然後透過他的小說想像（imagine）了菲律賓民族的容貌，並且召喚（summon）出後來者著手建構民族的政治行動。在《全球化的時代》書中，安德森提醒了我們，黎剎敘述民族的小說從來就不只是狹隘的本土主義敘事，而是遠離故土，從世界想像家園，在世界召喚祖國，將世界帶進祖國，不斷以菲律賓和世界相互參照、比較、聯想、置換的全球性敘事。也因如此，黎剎的小說完美體現了近代亞、非民族主義的世

* 本段節錄自筆者為林衡哲醫師的《黎剎傳》所寫之推薦序。參見吳叡人，〈寫一種廣闊的鄉愁〉，林衡哲著，《黎剎傳》（臺北：遠景，2013年），11-13頁。

界性根源：民族主義，其實是一種觀看世界的方式。

我們可以將黎剎先後完成的政治小說二部曲，分別理解為他對民族的「想像」以及「召喚」。第一部《不許犯我》(*Noli me Tangere*，一八八七，拉丁文原意為「別碰我」)，是黎剎對菲律賓與菲律賓民族的想像。在小說中，他以寫實而略帶嘲諷的筆法，描繪了一個從殖民官僚、墮落神職人員、本地協力者、新興土著資產階級、反抗知識份子到少女、農民、盜墓者、盜匪、與勞動者等等，包含了各行各業，各個階層、族群、年齡與性別的繁複圖像，而這個圖像構成了一個他稱之為「菲律賓」的整體(social whole)。換言之，黎剎以生花妙筆「想像」出了菲律賓民族的容顏。安德森指出，黎剎是第一個透過現代小說的敘事將菲律賓民族的全體像表現出來的本地作者，因此可謂「第一個菲律賓人」(the first Filipino)。事實上，這個用小說敘述民族(narrating the nation)的驚人語言行動，也使他成為近代東亞最初，而且最具創意的反殖民民族主義者。

在第二部作《起義者》(*El Filibusterismo*，一八九一)之中，黎剎一反第一部作的寫實主義風格，將他在長住歐洲時期所經歷或見聞的學生示威與無政府主義者四處「以行動宣傳」(propaganda by deed)的恐怖暗殺行動等當時在菲律賓難以想像的場景移入、置換到這個殖民地社會之中。此外，他也在這部作品中大量暗示了一八九〇年代全球地緣政治的種種衝突。借用安德森生動的語言來說，黎剎在《起義者》之中「想像了(第一部作中所描繪的菲律賓社會)在政治上的解體，以及整個統治菁英的瀕臨消滅」，而且這是一個空前的想像——菲律賓人從來沒有想過殖民秩序解體，統治集團消滅的可能，但黎剎的小說大膽地、生動地，而且激烈地提示了這個可能性。如同安德森所言，黎剎這個想像的民族革命在現實中產生了巨大的後果，「彷彿這個天才的精靈已經逃出瓶子」，而小說中奮袂而起的反叛英雄開始獲得了他們自己的生命。這就是《起義者》的功能：它召喚了行動者。深受黎剎小說感動與鼓舞，終於在一八九六年揭竿而起，領導武裝革命，並在兩年後暫時終結了三百五十年的西班牙殖民統治的民族英雄波尼費希歐（Andrés Bonifacio，一八六三——一八九七，也是本書英雄之一），豈不是黎剎筆下「起義者」的化身嗎？在這裡，小說與小說家分道揚鑣了：小說家黎剎並不支持武裝鬥爭，然而他在小說中想像的武裝鬥爭，卻鼓舞、召喚、誘發了現實中終極的反抗與決裂行動。

6.

就像許多十九世紀的通俗連載小說一般，我們這本《全球化時代》講述的故事也是「未完待續」的，因為它終結於新帝國與再殖民，而不是殖民地菲律賓的獨立。然而這本書必然是未完待續的，因為它講述的是帝國夾縫之中的弱小民族的故事，而未完成、不可完成正是帝國夾縫中弱小民族主義的地緣政治宿命。然而，這篇奇妙的文本完整、鮮明地描繪了一個在早期全球化過程中興起的反殖民民族主義的原型——受胎於全球化（帝國主義與殖民主義），因而也深受全球化形塑的一種開放的，高度意識到當代世界，非常重視相互連結、具有強烈國際主義精神的民族主義。這個圖像徹底顛覆了通俗論述對民族主義封閉性格的描繪與指責，因為它捕捉到全球化時代，殖民邊陲如何辨證地運用了帝國創造的全球路徑進行抵抗。於是我們知道，原來安德森在奧林帕斯山頂上看到的景色，是一種雙重結構：它顯示了地緣政治對弱者的嚴厲限制（如帝國夾縫），但同時也提示了弱者的出路（反向利用帝國創造的全球網路進行國際連結與逆襲）。

我們所身處的當代距離本書所講述的時代已經超過百年之久，可說是一個「晚期全球化」（late globalization）的時代。在晚期全球化的時代中，帝國雖然不再具有正當性，但新自由主義失控而不均衡的全球資本擴張與全球治理的失敗，反而誘發了新一波帝國爭霸。對地緣政治的弱小者而言，晚期全球化是一個高度不確定的、危險的年代，因為帝國夾縫結構不動如山，新舊宗主國交替與再殖民的宿命如恆。然而安德森在《全球化的時代》裡所提示的帝國與殖民地的辯證，我們在奧林帕斯山頂上看到的制約與逃逸、壓迫與自由的雙重結構，在這個時代卻也顯得更清晰明確。如同羅德里克所言，晚期全球化是一個「極端全球化」（hyper-globalization）的年

2011年5月，本文作者吳叡人與班納迪克．安德森，到東京日比谷公園向黎剎銅像致敬。左起：吳叡人、班納迪克．安德森、日本學者松谷基和。

代[*]，沒有全球治理制約的資本到處擴張、肆虐，並且誘發了激烈的地緣政治衝突，把全世界緊緊地結合在一個共同災難之中。然而這個地獄般景象的另一面，卻是解放與自由的承諾：極端全球化同時意味著帝國更受制約，不易採取片面行動，而邊陲弱者的國際化程度則更加深，國際知識愈豐富，國際連結愈強。在帝國正當性下降的條件下，這意味著今日弱者抵抗、逃逸的可能性更高。

這就是東亞兩個島嶼邊陲——臺灣與香港——此時此刻正在上演的故事。在晚期全球化的時代，我們不得不繼續承受宗主國交替與連續殖民的命運，但我們卻也因極端全球整合而吸收了大量關於世界的知識，結交了無數跨國的友人，也建立了巨大的國際連結網絡——如今我們的國際化程度已經遠遠超過一個世紀多以前的黎剎。在晚期全球化的時代，每一個臺灣人，每一個香港人都是漫遊世界的黎剎。如果一個黎剎就開啟了想像民族之路，那麼數以百萬、數以千萬計的黎剎可以成就甚麼？帝國強大而脆弱，因為帝國困守大陸，但島嶼卻擁有全世界。受困與自由的辯證——這就是班納迪克．安德森這本看似難解的《全球化時代》給我們的啟示。

二〇一九年九月十二日　草山

謹以此文向所有正在流水革命中奮戰的香港「巴絲」——世界的香港人，以及所有獻身於保衛臺灣民主獨立的臺灣人——世界的臺灣人——致敬。

---

* 丹尼．羅德里克，《全球化矛盾：民主與世界經濟的未來》，187-200頁。

本文作者為芝加哥大學政治學博士，中央研究院台灣史研究所副研究員，也是班納迪克・安德森《想像的共同體：民族主義的起源與散布》一書的中文譯者。著有《受困的思想：臺灣重返世界》。

誌謝

在籌備這本書的過程中，許多人和許多機構都為我提供了不可或缺的幫助。在這些人當中，幫了我最多忙的就是我的弟弟培利，他不但孜孜不倦地搜找材料以增加我的思考廣度與細膩度，也為我提供了他一貫嚴謹又富有洞察力的批評。僅次於他的是Carol Hau與Ambeth Ocampo。我要深深致謝的其他對象還有Patricio Abinales、Ronald Baytan、Robin Blackburn、Karina Bolasco、Jonathan Culler、Evan Daniel、Neil Garcia、Benjamin Hawkes-Lewis、Carl Levy、Fouad Makki、Franco Moretti、白石隆、Megan Thomas、土屋健一郎、梅森直之、王超華、汪暉、Susan Watkins、Joss Wibisono以及Tony Wood。

為我提供罕見材料的四個機構是阿姆斯特丹的國際社會史研究所、菲律賓國家圖書館、菲律賓大學圖書館，以及馬尼拉雅典耀大學圖書館，尤其是管理帕爾多收藏的館員。我深深感謝他們。

引言

如果你在熱帶地區一個沒有月亮的乾季夜晚，抬頭仰望夜空，會看見一片閃閃發光的頂篷，布滿靜止不動的星星，星星和星星之間什麼也沒有，只有深邃的黑暗和我們的想像力把它們連繫在一起。這幅靜謐的美景，浩瀚無垠，必須特別提醒自己才會想到：星星其實是在進行著恆常而瘋狂的運動，被重力場無形的力量推動著此來彼去，而且那些星星本身也是重力場中不可少的活躍成員。比較研究方法就具有這種天文學般的優雅特質，讓我可以把不同國家的民族主義並置在一起：「日本」與「匈牙利」、「委內瑞拉」與「美國」、「印尼」與「瑞士」。它們各自閃耀著個別、穩定、內在一致的光芒。

當夜幕落在革命時期的海地，夏爾・勒克萊爾將軍（Charles Leclerc）率領著一支罹患黃熱病的波蘭士兵，奉拿破崙之命去恢復奴隸制度。當入夜之後，士兵們聽到敵人在不遠處唱著〈馬賽曲〉與〈一切都會變好！〉（Ça Ira!）[*]。這歌聲責備了他們的良心，他們於是抗命，拒絕接受屠殺黑人囚犯的命令。[1] 蘇格蘭啟蒙運動對美洲的反殖民起義有決定性的影響。西班牙美洲民族獨立運動也和自由主義、共和主義的普世潮流密不可分。浪漫主義、民主、唯心論、馬克思主義、無政府主義，甚至後來的法西斯主義，這些不同的思潮都曾被認為是延伸至全球，連結了各個國家。而民族主義就像是效價最高的元素，在不同時刻，以各種方式，和上述這些思潮結合在一起。

本書是一個梅爾維爾可能會把它叫做政治天文學的實驗。它企圖描繪出，在地球兩端訴諸武力的民族主義之間，存在著一股有如重力般互相牽引的無政府主義力量。在第一國際瓦解，馬克思本人也在一八八三年去世之後，無政府主義以其典型的多變樣貌，成為自認具有國際主義色彩的激進左派當中的主導性元素。這不只是因為：無政府主義在年輕的一代當中產生了彼得・克魯泡特金（Pyotr Kropotkin，比馬克思晚了二十二年出生）這位充滿說服力的哲學家，以及馬拉泰斯塔（Errico Malatesta，比恩格斯晚了三十三年出生）這位迷人多彩的運動領袖，而主流馬克思主義卻沒有對等的人才。儘管馬克思的思想博大精深，無政府主義也經常借用其中的元素，但在當時真正的工業無產階級還只限於歐洲北部範圍的時候，無政府主義運動並不會像正統馬克思主義者那樣忽視農民和農工。無政府主義運動秉持個人自由的名義向布爾喬亞作家與藝術家開放，這是當時正統馬克思主義不會做的事。無政府主義雖與馬克思主義一樣對帝國主義抱持敵意，但他們對「小型」以及「非歷史性」的民族主義，包括殖民地的民族主義，卻沒有理論上的偏見。無政府主義也更快利用起那個時代浩浩蕩蕩的跨洋移民潮。馬拉泰斯塔在布宜諾斯艾利斯住了四年——這對從來沒離開過西歐的馬克思與恩格斯來說，是完全無法想像的。五一勞動節紀念的是一八八七年在美國被處決的外來移民無政府主義者，而不是馬克思主義者。

本書之所以聚焦在十九世紀最後的幾十年，還有其他的理由。新大陸的最後一場民族主義起義（古巴，一八九五年）與亞洲的第一場民族主義起義（菲律賓，一八九六年）幾乎同時發生，這不是巧合。同樣土生土長於著名的西班牙全球帝國最後剩下的重要殖民地，古巴人（連同波多黎各人以及多明尼加人）與菲律賓人不僅閱讀了關於對方的記載，彼此之間還存在著關鍵性的個人聯繫，而

＊ 編按：法國大革命時期的代表歌曲。

且在一定程度上也協調了雙方的行動——那是這種環球協調做法在世界歷史上得以實現的首例。這兩場起義終究在相隔幾年內陸續遭到同一個想要成為世界霸權的國家所鎮壓*。不過，這兩場起義之間的協調不是由古巴東方省（Oriente）這座散布丘陵的鄉下省分與菲律賓甲米地省（Cavite）之間直接進行，而是透過「代表」的中介，主要發生在巴黎，其次是香港、倫敦和紐約。閱讀報紙的中國民族主義人士熱切關注古巴與菲律賓的事件——還有波耳人對抗不列顛聯合王國帝國主義的民族主義抗爭（菲律賓人也研究了這場抗爭）——學習如何「進行」革命、反殖民、反帝國主義。菲律賓人與古巴人在各種不同程度上，發現他們最可靠的盟友有法國人、西班牙人、義大利人、比利時人，與英國的無政府主義者——這些盟友各有各不同的理由支持他們，理由通常與民族主義無關。

這樣的協調之所以有可能進行，原因是十九世紀的最後二十年展開了可以稱為「早期全球化」的發展。電報一被發明，許多改進立刻跟進，並且鋪設了跨洋的海底電纜。很快地，全球各地的城市居民就把「電報」視為理所當然。一九〇三年，老羅斯福發送一份環球電報給自己，在九分鐘後就收到了。[2] 萬國郵政聯盟在一八七六年成立之後，大幅加快了信件、雜誌、報紙、照片與書籍在世界各地之間可靠的流通。安全、快速，而且便宜的蒸汽輪船使人口能夠以前所未有的龐大規模在州與州、帝國與帝國、大陸與大陸之間遷徙。在國家與殖民地的疆界範圍內，愈來愈稠密的鐵路網載運著數以百萬計的人口與商品移動，既連接遙遠的內陸地點，也連接港口與首都。

在一八一五至一八九四年這八十年間，世界大體上處於保守和平狀態。美洲以外的國家幾乎全都受到君主統治，不論是獨裁君主還是憲政君主。三場歷時最久也最血腥的戰爭，發生在世界體系的邊緣——中國內亂和美國南北戰爭、黑海北岸的克里米亞戰爭，以及巴拉圭在一八六〇年代和其強大鄰國之間的可怕衝突**。俾斯麥以雷霆般的速度擊敗奧匈帝國和法國，沒有造成重大生命損失。歐洲在工業、科學與金融資源方面擁有極大的優勢，因此帝國主義在亞洲、非洲與大洋洲都沒有遭遇多少有效的武裝抵抗，唯一的例外是印度的兵變。此外，資本也能跨越國家與帝國的既定邊界，快速而自由地移動。

不過，第一次世界大戰這場大地震的初期震動早在一八八〇年代初就開始感覺得到。沙皇亞歷山大二世在一八八一年遭到自稱為民意黨（The People's Will）的激進分子丟擲炸彈刺殺，接下來的二十五年間又有一名法國總統、一名義大利國王、一名奧地利皇后和皇儲、一名葡萄牙國王和王儲、一名西班牙總理、兩名美國總統、一名希臘國王、一名塞爾維亞國王，以及俄國、愛爾蘭與日本等國掌權的保守政治人物陸續遭刺。當然，還有更大量的刺殺未遂行動。這些刺殺行動當中時間最早而且最驚人的案例雖是無政府主義者的傑作，但民族主義者立刻就跟進了他們的腳步。在大多數的案例中，刺殺行動的直接後果乃是大批嚴苛的「反恐」立法、草率處決，以及警方公開與私下刑求行為的大幅增加，還有軍方也是如此。不過，那些刺客（其中有些人大可描述為早期自殺炸彈客）知道自己是為了一群世界觀眾而演出，包括新聞通訊社、報社、宗教進步人士、勞動階級與農民組

* 編按：指美國。

** 編按：指巴拉圭戰爭，又稱三國同盟戰爭。第四章註40進一步提到這場戰爭造成的人口浩劫。

織等等。

帝國競賽雖然直到一八八〇年仍然主要是英國、法國與俄國之間的競爭，但也已開始因為新進者的加入而愈趨激烈，包括德國（在非洲、東北亞與大洋洲）、美國（橫越太平洋乃至加勒比海）、義大利（在非洲）以及日本（在東亞）。反抗活動也開始出現比較現代而且有效的面向。一八九〇年代，西班牙派遣兵力鎮壓馬蒂（José Martí）在古巴領導的叛亂，在當時是史上航越大西洋最大的一支軍隊。在菲律賓，西班牙與一場民族主義起義形成對峙，無法加以制伏。在南非，波耳人更是對老邁的不列顛帝國造成劇烈衝擊。

本書的主要人物就是在這座舞台上四處遊蕩，扮演他們各自的角色。說得更生動一點，讀者會在阿根廷、紐澤西、法國、巴斯克地區遇見義大利人；在海地、美國、法國、菲律賓遇見波多黎各人和古巴人；在古巴、法國、巴西、菲律賓遇見西班牙人；在巴黎遇見俄國人；在比利時、奧地利、日本、法國、香港、英國遇見菲律賓人；在墨西哥、舊金山、馬尼拉遇見日本人；在倫敦與大洋洲遇見德國人；在菲律賓和日本遇見中國人；在阿根廷、西班牙與衣索比亞遇見法國人。如此等等。

原則上，要研究這套龐大的地下根莖網絡，從任何地方著手都可以——俄國終究會帶領我們到古巴，比利時會連結到衣索比亞，波多黎各會連結到中國。本書從菲律賓著手乃是因為兩個簡單的理由。第一個理由是我對那裡懷有深刻的感情，已經對那裡時斷時續地研究了二十年之久。第二個理由是在一八九〇年代，菲律賓雖然位在世界體系的邊緣，卻短暫扮演了一個後來一直不再有機會降臨其身上的世界性角色。另外還有一個次要理由，就是我能夠取得的材料。在這項研究中占有核心地位的三個人物都誕生在一八六〇年代初期，相隔不到三、四年，他們生存的是影印、傳真與網路出現之前的那個神聖時代。他們撰寫了大量豐富的信件、宣傳小冊、文章、學術研究以及小說，使用的是無法刪除的筆墨以及保存時間近乎恆久的紙張。（今天，美國國家檔案局拒絕接受影印文件，也不接受電子型態的文件，原因是前者的字跡不到二十年就會模糊褪色到無法閱讀，後者則是因為科技進展速度太快，而恐怕在更短的時間內就會無法讀取，不然就是必須付出高昂代價才能讀取。）

儘管如此，本書既然要帶領讀者去許多地方，包括里約熱內盧、橫濱、根特、巴塞隆納、倫敦、哈勒爾、巴黎、香港、斯摩棱斯克、芝加哥、卡迪斯、太子港、坦帕、那不勒斯、馬尼拉、利托梅日采、骨島（Cayo Hueso）以及新加坡，那麼無論有多麼蜻蜓點水，終究需要有一套自成一格的整合敘事手法。本書的敘事手法有兩項中心元素：其中第二項（就歷史的時間順序而言）是愛森斯坦的蒙太奇，而第一項則是由狄更斯與歐仁・蘇（Eugène Sue）開創的連載小說。請讀者想像自己是在讀一部黑白電影或是一部「未完」的小說，它的結局遠遠超出疲倦小說家的想像能力之外。

除此之外，讀者還會背負另一項負擔。十九世紀末，世界上還沒有一種醜陋的、因商業化而墮落的「國際語言」。菲律賓人寫信給奧地利人時用的是德語，寫信給日本人用的是英語，相互之間則是用法語，或西班牙語，或泰加洛語，還會自由地混用前一個美麗的國際語言：拉丁文。有些人還懂一點俄語、希臘語、義大利語、日語，和中文。雖然技術上一份電報幾分鐘內就可以橫越世界，但真正能達成溝通靠的是這些多語人士貨真價實的國際性。菲律賓的領袖人物特別能夠適應這個多語言、巴別塔般的世界。他們政治敵人的語言，也是他們自己私下會使用的語言*，儘管菲律賓人口中懂得這種語言的人數不到百分之五。泰加洛語是馬尼拉及周圍地區的本土語言，但大多數的菲律賓人都不懂，而且在國際通訊當中也派不上用場。其他地方語言的母語人士——尤其是宿霧語和伊洛卡諾語——則是偏好使用西班牙語，儘管這種語言在菲律賓人眼中是菁英階級或甚至通敵者的表徵。為了讓讀者鮮明感受到那個已經消失的多語世界，本書大量引用了這些人相互之間以及對非菲律賓人撰寫的信件當中所使用的各種不同語言。（除非特別註明，否則本書中的譯文都是由我自行翻譯。）

本書的方法和研究對象主導了書本的形式結構。一開頭的地理背景在作者的獨斷挑選下明確設定於一八八〇年代平靜偏遠的馬尼拉，然後逐漸推展至歐洲、美洲與亞洲，最後達到一個更加獨斷挑選的結局，其中沒有任何看來可行的「結論」。本書環繞著三名出生於一八六〇年代初期的菲律賓著名愛國人士年輕的人生而展開——天才小說家黎剎（José Rizal）、具有開創性的人類學家也是熱愛批判的記者陸雷彝（Isabelo de los Reyes），以及善於協調的組織者彭西（Mariano Ponce）展開，以他們三個人的人生為定錨（這是我能想到最貼切的用詞）。

第一章和第二章對兩部非凡的著作做了對比研究：一部是陸雷彝的《菲律賓民俗》（El folk-lore filipino；一八八七年出版於馬尼拉），另一部是黎剎謎般的第二本小說《起義者》（El Filibusterismo；一八九一年出版於根特）。這兩章探究的是：（一）陸雷彝這位人類學家如何公然運用當代歐洲民族學家與民俗學者的研究成果，結合他自己在本土進行的研究，破壞了殖民當局（包含教會和世俗機構）在智識上的可信度；（二）黎剎這位小說家如何向法國、荷蘭、西班牙前衛文學中的關鍵人物學習，而寫下了可能是歐洲以外的被殖民者所撰寫的第一部煽動性反殖民小說。

下一章開始從業餘文學批評轉向政治領域。《起義者》仍然是這一章的主題，但解析的觀點卻是透過黎剎在一八八二至一八九一年間身處歐洲所閱讀的讀物以及經歷，還有他傑出的小說處女作《不許犯我》（Noli me tangere）所造成的影響：他不但因此成為菲律賓反抗殖民統治的象徵，也遭到許多高層人物的憤恨仇視。這一章也探討了身處於西班牙的菲律賓社運人士之間愈來愈激烈的政治衝突。本章主張《起義者》相對於其前作乃是一種全球小說，其中的人物不再只有西班牙人和被他們統治的原住居民，還包括來自法國、中國、美國的異鄉客，甚至有角色疑似是古巴人。俾斯麥在歐洲與東亞投下的陰影，諾貝爾在工業炸藥上的創新，俄國的虛無主義，還有巴塞隆納與安達魯西亞的無政府主義，在這部小說的書頁中都明顯可見。

第四章涵蓋了黎剎從一八九一年返鄉到一八九六年底遭到處決之間的四年。本章尤其探討了古巴以及佛羅里達與紐約的古巴移民社群所出現的轉變，是這些轉變讓馬蒂在一八九五年能夠策劃發動一場武裝革命起義（也讓他的後繼者能夠在耗費巨大成本的情況下抵擋前來鎮壓暴動的遠征軍）。當古巴發動這場革命起義時，《馬關條約》才剛簽訂不到一週（這是日本在一八九五年甲午戰爭獲

* 編按：指西班牙語。

勝後訂定的條約），由於《馬關條約》把台灣讓渡給了東京，亞洲的第一個強國因此距離呂宋島北岸只需航行不到一天的時間。本章投注了許多篇幅探討黎剎在婆羅洲東北部成立菲律賓殖民地這項未能實現的計畫（有些重要學者將他此舉解讀為學習馬蒂在佛州坦帕的做法），以及他與卡蒂普南（Katipunan）這個在一八九六年發動武裝起義反抗西班牙統治的祕密社團之間充滿緊張的關係。

第五章是最複雜的一章。卡蒂普南起義爆發前兩個月，戰爭中的巴塞隆納發生了最血腥的無政府主義者炸彈攻擊事件。西班牙總理卡諾瓦斯（Antonio Cánovas del Castillo）領導下的保守政權在該市實施戒嚴，並且逮捕了許多左派人士，也在蒙特惠克山（Montjuich）的陰暗堡壘當中進行慘酷至極的嚴刑拷打。在遭到監禁的人士當中，有一位是傑出的古巴克里奧人*，無政府主義者塔利達（Tarrida del Mármol）。他獲釋之後前往巴黎，在那裡對卡諾瓦斯的政權發動了一場非凡的聲討運動，主要是透過《純白評論》（La Revue Blanche）為之。這本雜誌是當時法國最重要的前衛雜誌，甚至在全世界可能也是最重要的一本。塔利達在黎剎遭到處決前不久開始發表一系列文章，把古巴、波多黎各、巴塞隆納與菲律賓等地的劇烈壓迫連結起來。塔利達的聲討之舉在歐洲以及大西洋彼岸的無政府主義媒體當中迅速傳播開來，不久就獲得其他許多進步組織與雜誌的強力支持。他在巴黎的關鍵盟友是費尼翁（Félix Fénéon）與克里蒙梭（Georges Clémenceau）：費尼翁是《純白評論》背後的智識推動力，不但是一位傑出的藝術與戲劇評論家，也是堅定的反帝國主義無政府主義者，對於親手引爆炸彈毫不遲疑。克里蒙梭同樣也是堅定的反帝國主義者，曾在巴黎公社下擔任蒙馬特區長，也和許多遭到監禁的無政府主義者交好，並以記者與政治人物的身分致力為勞工爭取權益。這兩人都在一八九七年秋爆發的德雷福斯事件當中扮演了關鍵角色。

這一章接著轉而討論卡諾瓦斯在一八九七年八月九日遭到年輕的義大利無政府主義者安焦利洛（Michele Angiolillo）刺殺的事件背景。這個事件預示了西班牙帝國在次年的崩解。關鍵人物是貝丹賽斯醫師（Ramón Betances）。這位傳奇波多黎各人密謀了安地列斯群島殖民地的獨立，因此西班牙與貪得無饜的美國都視他為敵人。貝丹賽斯本人並不是無政府主義者，但他卻在義大利與法國的無政府主義者當中為自己的理念找到了最熱切的歐洲盟友。本章最後兩節聚焦在黎剎的好友彭西的活動以及陸雷彝身上。彭西在一八九六年秋季潛出西班牙，不久之後就開始在菲律賓革命政府當中擔任一名關鍵的外交暨宣傳使者，首先派駐香港，後來在橫濱。本書分析了彭西非常值得注意的通信，包括與菲律賓人以及其他各國的人士，遍及墨西哥市、紐奧良、紐約、巴塞隆納、巴黎、倫敦、阿姆斯特丹、上海、東京與新加坡，並且探討他的影響所產生的各種徵象，尤其是在日本以及居住在那裡的中國人社群。另一方面，陸雷彝則是在卡蒂普南起義之後不久遭到監禁，後來被送到巴塞隆納的蒙特惠克山監獄，在那裡認識了加泰隆尼亞的無政府主義獄友，對他們留下了深刻的印象。當返回馬尼拉面對新的美國殖民政權時，他也為他的國家帶回了最早的幾本克魯泡特金、馬克思與馬拉泰斯塔的著作。他實行了那些無政府主義者教他的事，組成了菲律賓第一個認真運作而且激進好戰的工會。

* 編按：克里奧人（creole），指殖民時代歐洲人在殖民地區的後裔。

最後要說的一點是，讀者如果在本書中看到一些和我們的時代平行、共鳴的現象，他們沒有看錯。二〇〇四年在紐約舉行的共和黨全國代表大會有幾千名員警和其他「保安」人員保護，當時紐約大都會警察局長向記者表示，危險不是來自於共產主義者，甚至也不是狂熱的穆斯林，而是無政府主義者。幾乎就在同一個時間，芝加哥為無政府主義的乾草市場烈士（Haymarket Martyrs）*立了一座紀念碑。《紐約時報》語帶自滿地指出：「直到現在，激情才充分消退」到得以舉行這場立碑典禮。沒錯，美國真是一座廣袤大陸。

1 這段動人的描述可見於C.L.R. 詹姆斯（C.L.R. James）的《黑色雅各賓黨人》（The Black Jacobins），rev. ed. (New York: Vintage 1989), pp. 317-18。

2 照片的電報傳送出現於本書涵蓋的時期之後。一九〇二年，德國科學家柯恩（Alfred Korn）展示了這項技術。到了一九一一年，有線傳真線路已連結了倫敦、巴黎與柏林。

* 編按：一八八六年五月四日，勞工在芝加哥乾草市場廣場舉行罷工，爭取八小時工時制，及抗議警方在五月一日的暴力鎮壓。一枚炸彈於現場引爆，警方在證據不足的情況下進行逮捕，其中有四人於次年底被判處死刑。這個事件也是國際勞動節（五月一日）的起源。

序章：公雞的蛋

一八八七年，在馬德里的菲律賓博覽會，一個住在馬尼拉殖民地，名叫陸雷彝的二十三歲「印第安人」（indio）*，以一份他稱為《菲律賓民俗》的長篇西班牙文手稿獲頒一面銀牌。他後來無意間與自己的同胞同時出版作品，因為就在他出版這部著作的同一年，時年二十五歲的黎剎在歐洲北部遊蕩了一段時間之後，也在柏林出版了他深具煽動性的第一部小說《不許犯我》。這本書導致他在一八九六年殉難，後來則是為他帶來菲律賓國父以及第一個菲律賓人的地位。

陸雷彝是誰？[1]

他在一八六四年七月七日出生於維干（Vigan）這座至今仍然美麗迷人的呂宋島北部總教區沿海城鎮，隔著南海與越南相對。他的父母是伊洛卡諾族人，該族絕大多數的成員在當時都不識字。不過，他的母親莉昂娜·弗洛倫蒂諾（Leona Florentino）顯然是一位出色的詩人，詩作曾經展示於馬德里的菲律賓博覽會以及日後其他

陸雷彝（圖右坐者）

馬尼拉的岷倫洛廣場（Binondo Square）

展覽上，供西班牙人、巴黎人以及聖路易的居民欣賞。[2]此一成就無助於挽救她的婚姻，於是六歲大的陸雷彝被託付給克利索羅戈（Mena Crisólogo）這名富裕的親戚撫養，後來就在這名親戚的安排下進入當地的奧斯定會神學院附屬的小學就讀。那些歐洲西班牙修士的凌虐行為似乎在幼小的陸雷彝心中引發了對於天主教修道會的憎惡。這種感受持續了一生，並且對他的職業生涯造成深刻影響。一八八〇年，十六歲的他逃到馬尼拉，以極快的速度在拉特朗聖若望學院（Colegio de San Juan de Letrán）取得文學士學位；接著進入古老的（道明會）聖托瑪斯宗座大學（Pontifical University of Santo Tomás）修讀法律、歷史與

＊編按：西班牙殖民統治時期，對菲律賓的南島語系原住民和美洲原住民均統稱為「印第安人」（*indio*）。本書以下所有「印第安人」皆同此意，指菲律賓的原住民族，而非美洲印第安人。

古文書學，當時這所學校是東亞與東南亞唯一的大學。

這時，陸雷彝的父親去世了，於是他在必須自己謀生的情況下投入當時欣欣向榮的新聞業，為馬尼拉大多數的報紙供稿，甚至在一八八九年發行了他自己的報紙：《伊洛卡諾報》（El Ilocano），據說是第一份完全以菲律賓本土語言印行的報紙。不過，陸雷彝在青少年時期就在馬尼拉的西班牙文報紙《西班牙大洋報》（La Oceanía Española；創辦於一八七七年）中看到一則呼籲，徵求讀者投稿幫助發展一門叫做「民俗學」的新科學，也簡要描繪了做法。他隨即聯絡那位西班牙編輯，對方給了他一批「民俗書籍」，讓他撰文描寫他的家鄉伊羅戈斯大區（Ilocos）的習俗。陸雷彝在兩個月後開始進行，不久就開始發表文章，不只寫伊羅戈斯，也寫他妻子的家鄉馬拉閔（Malabon）——這座城鎮位於馬尼拉外圍，在中央呂宋大區的三描禮士省（Zambales）內，以及他所廣泛稱呼的「菲律賓民俗」。這項工作成了他人生中的一大熱情。

新科學

當然，我們不禁要問的是：為什麼？對於一八八〇年代一名受過神職教育的本土青年而言，風俗學帶有什麼意義？我們可以從他年輕時寫下的這部巨作的〈引言〉以及開頭幾頁當中獲得許多瞭解。[3]儘管他的語氣略帶遲疑，陸雷彝把民俗學稱為一門「ciencia nueva」（新科學），可能是有意地在呼應維柯（Giambattista Vico）的《新科學》（Scienza Nuova），因為這部著作在米榭勒（Jules Michelet）

等人的努力下正風靡十九世紀中葉的歐洲。陸雷彝向他在菲律賓與西班牙的讀者解釋，「民俗」一詞——他巧妙地將其翻譯為「el saber popular」（流行知識）——直到一八四六年才由英國古物研究者湯姆斯（William Thoms）在一篇發表於《雅典娜神殿》雜誌（Athenaeum）上的文章裡創造出來。世界上第一個民俗協會更是晚近至一八七八年才在倫敦成立，只比陸雷彝開始他的研究早了六年。[4]法國人直到一八八六年才成立這方面的全國組織，正是陸雷彝開始寫作的同一年。西班牙人則是一如往常，又被逮到了在智識上偷懶；因為輪到他們的時候，他們根本毫無想法，只是單純把英文詞語納入西班牙語當中，成為「el folk-lore」。陸雷彝開始把自己和開創這個領域的英國擺在一起，領先於殖民母國西班牙。他就像是個動作敏捷的衝浪者，踩在世界科學迅速進展的浪頭上；這是菲律賓本土人口在先前完全無法想像的事情，連他都把自己的家鄉稱為「一座偏遠的西班牙殖民地，文明之光在這裡只有暗淡的微光」。[5]接著，他又以若干頗具啟發性的方式強化自己的這個立場。

一方面，他在〈引言〉裡立刻就指出自己的部分研究已經翻譯成德文——那是當時先進學術思想的主要語言——並且發表於《外國》（Ausland）與《寰宇》（Globus）這兩本期刊裡，他聲稱這兩本刊物是此一領域的首要歐洲媒體。《菲律賓民俗》也審慎討論了當代首要英國人物對這門「新科學」的地位所抱持的意見，委婉地指稱他們比西班牙的民俗學者認真得多。他提出以下這項評論想必也樂在其中：「喬治・福斯爵士」（George Fox）犯了概念錯誤，把民俗與神話混為一談，而有些當代西班牙人士也犯了類似的錯誤，把神話與神譜一概而論。[6]

另一方面，他也毫不猶豫地強調，這門「科學」的新穎性帶有一種特殊的殖民面向。他把自己的著作題獻給「半島上的西班牙民俗學者，他們為我提供了各式各樣的思考」。陸雷彝的〈引言〉溫暖地提到在西班牙的「同僚」——也就是《西班牙民俗》(El Folk-Lore Español) 與《馬德里自由教育公報》(Boletín de la Enseñanza Libre de Madrid) 等期刊的執行委員——針對伊比利半島上與他類似的研究工作為他提供最新訊息。

那些同僚的半島性質（如果可以這麼說的話）經常受到強調，還有他們的研究所帶有的半島性質也是如此。陸雷彝雖然沒有明說，但他影射了殖民地西班牙人或克里奧人完全沒有在菲律賓從事類似的研究（實際上也確實如此）。當然，這樣的暗示讓他可以把自己定位為在這門新的普世科學中遠遠超越其殖民主的先驅。為了說明這種奇特的狀況，陸雷彝採用了一項巧妙的手法：他之所以必須這麼做，無疑是因為當時由神職人員主導的殖民政權既暴力又反動。他描述了自己在馬尼拉的新聞媒體上和一個人進行的一系列文雅的對話；那個人是一名思想開明的醫師暨業餘文學家（幾乎可以確定是來自於伊比利半島），以艾斯托這個筆名向當地報紙供稿。[7]此舉使他能引用這位半島人的話，說他仰慕陸雷彝的勇氣和想像力，但同時又因為殖民地深切的冷漠、怠惰與心理僵滯而對陸雷彝成功的機會感到悲觀。「在這裡，唯一會茂盛生長的只有白茅與牡荊——兩種頑強的本土野草。」[8]當艾斯托最後在絕望中結束這場對話，先前曾經間接質問「有些當局」（意指修道會）為何沒有做出任何貢獻的陸雷彝評論指出，在這種情況下，「審慎的要求使我沒有別條路可走」。於是，陸雷彝認為自己是將現代歐洲的光芒帶進了殖民政權的心理黑暗當中。

《菲律賓民俗》的新穎性還以另一種面貌出現，而且和「科學」的概念有關。〈引言〉裡有一段非常值得注意的內容，探討了民俗研究的科學地位這項更廣泛的辯論。陸雷彝譏嘲指出，伊比利半島上有一個派別的民俗學者因為急著把民俗學變成一門理論科學，以致其成員在不久之後就再也聽不懂彼此說的話，從而為一場很有必要的國際討論打開大門，結果英國人的表現不但比較樸素，也比較務實。屬於另一個極端的西班牙民俗學者，則僅僅是多愁善感地蒐集各種消失中的習俗與概念，以供未來某個紀念過往的博物館收藏展示。陸雷彝明白指出他自己認為民俗學的重點何在，以及他如何看待其社會價值。首先，民俗學提供了一個重建本土過往的機會，這點在菲律賓絕不可能以任何其他方法做到，原因是菲律賓在受到西班牙殖民前並沒有留下什麼紀念建物或碑文，文字記錄更是付之闕如。（黎剎後來想做同樣的事情，發現唯一可行的做法就是仔細研讀占領初期最傑出的西班牙行政官留下的著作，再推敲出字裡行間的隱藏意義。）針對習俗、信仰、迷信、諺語、繞口令、咒語等民俗傳統所進行的嚴肅研究，雖然能夠讓人對他所謂西班牙殖民前的「原始宗教」有所瞭解，但他也強調比較的重要性，而這正是這位伊洛卡諾年輕人和業餘風俗作家的明確不同之處。他坦承指出，他在完成研究之前曾經認定比鄰而居的泰加洛族與伊洛卡諾族是「不同的種族」（razas distintas），原因是他們各有不同的語言、外貌、行為等等。不過，比較研究證明了他的想法錯誤，兩族其實衍生自同一個源頭。《菲律賓民俗》這部著作的書名暗示了一點，亦即深入研究將會證明菲律賓群島上的所有原住人口都有共同的起源，不論他們目前各自使用多少不同語言，或是他們當今的習俗與宗教信仰有多麼不同。這一切所代表的意義是，雖然殖民地的神職人員史料編纂者都以十六世紀的西班牙征服做為敘事起點，但菲律賓群島和菲律賓的民族／民族們（pueblo/pueblos，他對群島上的民族應該是單數或是複數經常猶豫不決）的真正歷史其實更加久遠得多，因此無法用殖民史來完整涵蓋。

地方知識的豐富寶藏

另一方面，這門新科學不能夠也不應該侷限於發掘古樸的事物；而陸雷彝在這一點上也將自己和伊比利半島上的許多同僚徹底區隔開來。《菲律賓民俗》最主要在於研究當代民俗，尤其是他所謂的「el saber popular」（今天，我們會用「地方知識」一詞）。這種「saber」是真正的知識，而不是帶有老舊遠古意味的「傳說」。他提出一個假設性的例子：在他的家鄉南伊羅戈斯附近的森林裡，有個「selvaje」（野人，也許是野蠻人）可能會在任何一天發現（陸雷彝說是意外發現）當地的一種水果能夠殺死霍亂弧菌，效果比當前依照西班牙醫學家費朗（Jaume Ferran i Clua）[9]的指示而生產的藥物好。這種說法的基礎在於我們對菲律賓群島上的一切幾乎都缺乏嚴肅的科學知識。舉例而言，由某些奧斯定會修士新進彙編的一本《菲律賓植物誌》（Flora de Filipinas），內容就遠遠稱不上完整。[10]原住民對於藥用植物、各種動植物以及土壤與氣候變化的瞭解都比殖民者深入得多，而這些保存在「地方知識」中的龐大知識庫，仍未受到世人所知。因此，菲律賓這個地區看起來不僅含有歐洲人未知的眾多新奇事物，而且未來也可能對人類做出重大貢獻：產生這些貢獻的知識就存在於一般人民使用的各種語言當中，只是西班牙人對此一無所知而已。正是因為菲律賓的這種「未知性」，使它的民俗具有一種未來導向的特質，是半島西班牙民俗必然沒有的。菲律賓活生生的特殊存在，正是它能為全人類做出貢獻的獨特位置，其貢獻和其他任何國家平行、平等。後來就是因為這樣的思考邏輯，聯合國才有成立的可能與可行性。這一切都非常清楚明白，但也許太過明白了。陸雷彝的著作雖然主題明亮清晰，其中卻也不乏隱而不顯的複雜問題。我們也許可以暫時從三個面向加以思考。

第一，陸雷彝在自己眼中是什麼人？首先必須強調的是「filipino」（菲律賓的）這個西班牙詞本身的性質很模糊。在陸雷彝年輕時期，這個形容詞在一般用語中有兩種不同的意義：（一）屬於、位於或者源自菲律賓群島；（二）在當地誕生但屬於「純西班牙人」社會階層的克里奧人。但這個詞在當時卻沒有它今天所代表的涵義：也就是原生於菲律賓本土的民族與族裔。只要把陸雷彝的〈引言〉當中的一句話拿來和最近兩名菲律賓學者翻譯的美語版本比較，即可看出過去這一百年來有多大的改變。陸雷彝寫道：「Para recoger del saco roto la organización del Folk-Lore regional filipino, juzgué oportuno contester al revistero del *Comercio* y, aprovechando su indirecta, aparenté sostener que en Filipinas había personas ilustradas y estudiosas que pudieran acometer la empresa」。[11] 就字面上而言，這句話的意思是：「為了挽救菲律賓地區的民俗學組織，我認為現在正是對《商報》的評論者提出反駁的適當時刻，而且根據他的影射，恕我假裝〔冒昧？？〕主張菲律賓有開化（enlightened,〔ilustradas〕）又勤奮的人士能夠從事這項任務。」翻譯版本完全忽略了當時的時代背景，把這句話翻成：「為了替菲律賓民俗體制辯護，因此我要回應《商報》專欄作者的指控而大膽主張，實際上的確有具備足夠能力的現成菲律賓學者可以擔當這個任務。」[12] 陸雷彝心中所想的是一種全球民俗學，其中包含了菲律賓群島這個地區，並且談到在菲律賓的開化人士——沒有指明族裔特性——但翻譯者卻省略了「區域性」而創造出一種「菲律賓民俗」學，並且用新奇的「菲律賓學者」一詞代替「開化人士」。

森林民族的兄弟

在《菲律賓民俗》裡，陸雷彝沒有把自己描述為「菲律賓人」，原因是這種民族主義用詞當時在殖民地還不為人熟悉。並且，「un filipino」在當時所指的正是他所不是的那種人：克里奧人。不過，他倒是曾以其他方式描述自己：例如有時把自己稱為原住民（但從不曾採用帶有貶義的西班牙詞語「indio」〔印第安人〕），有時則是稱為伊洛卡諾人。他在一段非凡的文字中指出：「談到愛國主義，報紙上不是經常這麼提到嗎：對我來說，只有伊羅戈斯和伊洛卡諾人是好的？……每個人都是用自己的思維方式，服務自己的同胞。我相信我要做的貢獻，是去照亮闡明我同胞的過往。」不過，他在其他地方卻堅稱自己秉持極度的客觀，因此「為科學而犧牲了我對伊洛卡諾人的情感，以致他們埋怨我公開了他們最不吸引人的行為」。所幸，「我收到歐洲不少學者（sabios）的熱切反應，指稱我沒有受到愛國心蒙蔽的做法，反倒對伊羅戈斯——我心愛的家鄉（mi patria adorada）——做出了重大貢獻，因為我為學者提供了大量材料，可讓他們研究其史前史，以及關於這個…省分的其他科學題目（原文照錄）」。[13]

在《不許犯我》這部充滿怒火的小說中，黎剎以一篇致家鄉的著名序言做為開頭，其中有以下這段文字：「為了追求你的福祉——同時也是我們的福祉——以及（為你的疾病）尋求最好的解藥，我將以古人對待病患的方式對待你：也就是把病患放在廟宇的階梯上，好讓每一個前來向神明求助的人都能夠提議一種療法」。[14]在一八九六年他被處決前寫的最後一首詩中，他也提到自己心愛的家鄉（*patria adorada*）。但那與陸雷彝所指的，是不是同一個家鄉？

《菲律賓民俗》的〈引言〉裡有一個優美的句子，陸雷彝在其中把自己描述為「森林民族的兄弟，包括阿埃塔人（Aeta）、伊哥洛特人（Igoro）與廷吉安人（Tinguians）」。這些所謂的原始民族都居住在鄰近伊羅戈斯狹長海岸平原的連綿山區裡，其中大多數人在二十世紀之前都是異教徒，而且許多民族從來沒被西班牙殖民政權馴服過。陸雷彝在兒時一定看過他們穿著「稀奇古怪的服裝」，從森林裡下山來到平地，用他們的森林物產交易低地的商品。直到今天，伊洛卡諾語的其中一種型態仍是大山脈（Gran Cordillera）的通用語言。在陸雷彝的時代，除了他沒有其他——至少沒有任何自認文明開化的人（*illustrado*）——會用這種方式談論這些森林居民，因為他們那種桀驁不馴的頑強姿態看起來與任何西班牙化而且天主教化的都會環境都顯得天差地遠。（那時候，陸雷彝也沒有把菲律賓的其他族群稱為他的兄弟。）我們可以從這裡開始看出，他是如何把自己的省分視為一個較大的人群以及親愛的家鄉的——因為省份以最具體的方式把山林裡的「野蠻」異教徒和一個在馬德里得過獎的人連結為兄弟。我們由此也可察覺到陸雷彝在他的原初民族主義奮鬥中之所以選擇民俗而不是其他新奇或廣大事物的一項潛在原因。民俗學——比較民俗學——讓他得以彌縫殖民社會裡最深的鴻溝，那道鴻溝不是存在於被殖民者與殖民者之間：因為這兩者都住在低地，都是天主教徒，也隨時都在互動。那道鴻溝是存在於這些低地居民以及我們今天所謂的「少數部族」之間：山上居民、遊牧火耕農民、「獵頭族」，也就是未來面臨了同化（可能是暴力強迫同化）或甚至滅亡命運的男女老少。藉由湯姆斯開創的民俗學，這些人之間產生了一種奇特的兄弟情誼，也出現了令年輕的陸雷彝鍾愛不已的家鄉。

奇異之美

民俗學者在菲律賓群島的研究有什麼更深層的目的？除了對現代科學以及對「原始人」性質的重建所可能做出的貢獻之外，我們還能夠發現三項明顯帶有政治性的目的。第一，地方文化復興因此有了實現的可能（以及希望）。陸雷彝以略帶狡詐的審慎姿態，讓艾斯托代替他發言：

> 民俗也許會為菲律賓詩文（poesía filipina）提供發展的源頭。這是由菲律賓人民啟發的詩文，誕生於菲律賓詩人（vates）的心智裡。我已聽得到那些自吹自擂的傢伙取笑你而發出嘲諷的笑聲。任由他們去笑吧，因為他們也曾經嘲笑人民的天分（ingenio），後來卻不得不在胡安・盧納（Juan Luna）與費利克斯・伊達爾戈（Félix Resurrección Hidalgo y Padilla）的桂冠之前困惑不解地低下頭來。你為世人揭露的這些傳統與迷信行為，有一天可能會啟發偉大的詩人，以及對這座豐富花園的奇異之美熱切喜愛的人士。[15]

陸雷彝在別的地方又再度引用艾斯托的話：

> 陸雷彝先生的研究與調查如果指涉及como el filipino的人民（像菲律賓人口的人民？或者甚至是像菲律賓人的人民？），這些原住民（naturales）的性質目前只受到駑鈍畫匠的粗略描繪，那麼我們即可看出這些研究與調查將在未來帶來多少潛在的價值。

在這裡，陸雷彝印行於馬尼拉的著作有可能促成「原住民」文學與詩文人才的煥發綻放，粗暴的西班牙人與克里奧人在這些人才面前只得困惑不解地低下頭來。這正是反殖民民族主義者一般懷有的希望與策略：讓自己「越級」而與帝國主義者平起平坐

陸雷彝的第二個目的想必是顛覆反動教會在殖民地的支配地位，而這點也充分展現於一個故作正經的反諷章節裡，標題為〈發現於歐洲的伊洛卡諾迷信〉。這個章節的開頭是這麼寫的：

> 利用圭查特博士（Alejandro Guichot）與蒙托托博士（Luis Montoto）在安達魯西亞蒐集的民俗材料，還有歐拉伐利亞博士（Eugenio de Olavarría y Huarte）在馬德里蒐集的內容、巴耶斯特洛斯博士（José Pérez Ballesteros）在加泰隆尼亞蒐集的內容、阿利瓦博士（Luis Giner Arivau）在阿斯圖里亞斯（Asturias）蒐集的內容、貝德羅索（Consigliere Pedroso）在《葡萄牙民間傳統》（Tradiçoes populares

portuguezas）這部著作裡敘述的葡萄牙民俗，以及其他材料，我認為我以下列出的這些迷信都是在過去幾百年來由西班牙人傳入菲律賓的。這份清單應該不會令任何人感到吃驚，因為在西班牙統治初期，許多荒謬至極的信仰（las creencias más absurdas）就風行於伊比利半島上。[16]

他以淘氣的筆調展開這份清單：

公雞一旦到了晚年，或是在人家當中飼養了七年之後，就會產下一顆蛋，從中孵出一種綠色蜥蜴，而會把那一家的家長殺死；不過，葡萄牙人與法國人認為那種蛋孵出的是一條蛇。那條蛇如果先看見那一家的家長，那名家長就會死，但如果是家長先看見蛇，死的就會是那條蛇。義大利人與英國人還有某些中歐人，則是認為那種蛋會孵出蛇怪。費霍神父表示：「真的，公雞到了晚年確實會下蛋。」不過，葡萄牙人與伊洛卡諾人一致認為那種蛋會孵出蠍子。[17]

其他令人絕倒的例子還有：「為了讓訪客不要待太久，伊洛卡諾人會在賓客的椅子上放鹽巴，西班牙人會在門後直立放一根掃帚，葡萄牙人會在同樣的地點把一隻鞋子放在板凳上，或是在火裡撒鹽。」「在卡斯提爾（Castile），和在伊羅戈斯一樣，掉了的牙齒會被丟到屋頂上，以便促使新牙長出。」「根據加利西亞人的說法，貓洗臉表示快下雨了；而伊洛卡諾人則說，給貓洗澡，天會下雨。」「加利西亞人說，貓如果發狂亂跑，表示要刮大風了；菲律賓的人則是把貓取代為蟑螂。」最後一個例子：「對伊洛卡諾人而言，床頭板朝東會帶來厄運。對於半島人而言（西班牙人與葡萄牙人）卻是會帶來好運。不過，三者一致認為床頭板朝南會帶來厄運。」

我們可以看出陸雷彝為什麼會樂於把這部著作獻給伊比利半島上的民俗學者，因為他們為他提供的科學材料展示了西班牙征服者的「荒謬信仰」，也證明如果殖民者譏嘲伊洛卡諾人的迷信，那麼他們更應當要知道其中許多是他們引進的結果：伊洛卡諾民俗信仰中的任何怪異性，都可在伊比利半島、義大利、中歐或甚至英國輕易找到類似的東西。

第三個目的是政治上的自我批判。陸雷彝寫道，他希望藉由條理清晰地闡述「地方知識」，顯示出人民必須秉持自我批判的精神而對自己的觀念與日常生活實踐做出什麼樣的改革。他指稱自己的著作「遠比單純嘲笑我的同胞要嚴肅得多。他們一旦看見自己所受到的描述，將會學著改正自己」。從這個角度來看，民俗學即是對一群人口舉起的一面鏡子，好讓他們在未來能夠持續朝向人類解放的目標邁進。因此，明顯可見陸雷彝的書寫對象是一群半的讀者：其中的一群是西班牙人，他使用的也正是他們的語言；另外的半群則是他自己的同胞，他不但沒有使用他們的語言，而且他們之中也只有極少數能夠看得懂他的著作。

在從事這項工作時，陸雷彝把自己定位在哪裡？在這一點上，我們終於來到了也許可以說是這項探究當中最有趣的部分。在他的著作長達數百頁的篇幅裡，陸雷彝敘事的語氣都彷彿自己不是伊洛卡諾人，或者至少彷彿他是置身於自己的同胞之外。在他筆下，伊洛卡諾人幾乎總是「他們」，而不是「我們」。舉例而言：「伊洛卡諾人相信閃電造成的火只能用醋澆熄，不能用水。」更鮮明的一個例子：

> 伊洛卡諾人無法讓我們完整理解mangmangkik的本質，他們說mangmangkik不是天主教觀念中的那種魔鬼。[18]

陸雷彝在這裡把自己歸屬於世界民俗專家的行列，從上方俯瞰著「伊洛卡諾人」，平靜客觀地把他們的迷信和「天主教徒」同樣的輕信易欺區別開來。

另一方面，有一些段落的口氣卻非常不同。在剛開始闡釋他的研究結果之時，陸雷彝寫道：

> 伊洛卡諾人，尤其是來自北伊羅戈斯的人口，在著手砍伐山上的樹木前，會先唱以下這首詩歌：
>
> Barí, barí!
> Dika agunget pári
> Ta pumukan kami
> Iti pabakirda kamí
>
> 依照字面意思翻譯，這幾句歌詞的意思是：barí-barí（這是伊洛卡諾人的感嘆詞，在西班牙語當中沒有相等的詞語），朋友請不要生氣，我們只是奉命才不得不來砍你。

在這裡，陸雷彝將自己明確定位在伊洛卡諾人的世界當中。他懂得這些伊洛卡諾語詞的意思，但他的讀者不懂：他們（這裏他所謂的他們不僅是指西班牙人，也指其他歐洲人，以及菲律賓群島上除了伊洛卡諾人以外的原住人口）無法接觸到這項經驗。陸雷彝性情和善而且重視科學，希望讓外人瞭解這個世界；但他不是採用平順的意譯。讀者先看到無可理解的伊洛卡諾語原文感嘆詞，然後才讀到翻譯。不僅如此，他還是保留了一些東西沒說，也就是「bari-bari」這兩個在西班牙語當中找不到相等字眼的詞語。無法翻譯，沒錯；而在此之外，可能即是無法比較的事物。

我相信陸雷彝懷疑自己的西班牙語並不完美，可能會遭到「駑鈍的畫匠」與「自吹自擂的傢伙」取笑。他可能也意識到自己使用的特定民俗學方法，在分類學上或許存有疑義，會在科學持續邁向未來的世界性進展之中被取代。不過，他的智識錦囊當中還藏有「bari-bari」這個字眼以及伊洛卡諾語這套語言。這部分沒人能質疑他。他必須展示或者略微展示自己的王牌。這就是他引逗讀者的方式：親愛的讀者，我把伊洛卡諾攤開在你面前讓你觀看，但你只能看見我允許你看見的部分；而且有些東西是你實際上沒有辦法看見的。

另外還有第三種立場，又導致問題更加複雜。在探討「音樂、歌曲和舞蹈」的一個章節裡，陸雷彝寫了以下這段文字：

「Dal-lot」的歌詞非常值得一探究竟。「Dal-lot」由八句的詩節構成，採用一種特殊的伊洛卡諾語韻式，可從以下這段副歌看得出來：

Dal-lang ayá daldal-lut

Dal-lang ayá dumidinal-lot.

我只能把原文照錄於此，因為我不知道要怎麼翻譯這段歌詞，甚至也看不懂這段歌詞是什麼意思，儘管我自己是伊洛卡諾人。這段歌詞在我看來並沒有意義。[19]

但這段歌詞還是「非常值得一探究竟」，因為這是原汁原味的伊洛卡諾語，也可能甚至是因為這段歌詞對於通曉雙語的作者本身而言也無法理解。陸雷彝就只談到這裡，沒有提出臆測。然而，這段文字暗示了「地方知識」的龐大廣博。

因此，我們可以看到三種互不相容的情況：身在外部（他們無法讓我們完整理解）；身在內部（「barí-barí」在西班牙語當中沒有相等的詞語）；以及橫跨外部與內部的立場（儘管我自己是伊洛卡諾人，我也不懂這段伊洛卡諾語的副歌；但我是在告訴「你們」這一點，而不是「我們」。）

比較性的省思

從十八世紀末到我們這個憔悴的世紀，民俗研究已證明是民族主義運動的一項基本資源，儘管這門學問不一定有所自覺地如此自我界定。在歐洲，民俗研究為口語文化的發展提供了強烈的動機，而且這些口語文化特別連結了農民、藝術家與知識分子，以及對正當性的力量進行複雜對抗的資產階級。都會作曲家蒐集民俗歌曲，都會詩人呈現並且轉變了民俗詩詞的風格與主題，小說家則是轉而描寫民俗鄉間。隨著新近想像中的民族社群邁向充滿磁性的未來，一個有用而且真實的過往也就成了最有價值的東西。

印刷口語幾乎總是具有中心地位。挪威民俗學者會以「新諾爾斯語」（相對於丹麥語和瑞典語）寫作，藉此復興挪威的「saber popular」；芬蘭人會以芬蘭語寫作，而不是瑞典語或俄語；而且這樣的模式也會重複出現於波希米亞、匈牙利、羅馬尼亞、塞爾維亞等等。就算在不完全採取這種做法的地方——一個引人注目的例子是愛爾蘭復興運動，他們推動運動的語言是蓋爾語和殖民者強加於他們的英語，那也是許多愛爾蘭人民通曉的語言。他們的終極目標是尋回自己的民族身分，以及民族的「覺醒」與解放。

乍看之下，陸雷彝的嘗試看起來頗為不同，因為他寫作的對象包括了非本國人民，使用的還是殖民帝國的語言，菲律賓原住人口當中通曉這種語言的也許只有百分之三，他的伊洛卡諾同胞更可能只有百分之一看得懂。如果說歐洲民俗學者的寫作對象是以本國同胞為主，向他們闡述他們共同的真正起源，那麼陸雷彝的書寫對象主要是他置身其中的那個早期全球化的世界，證明伊洛卡諾人以及其他菲律賓原住人口都已完全有能力而且熱切想要在平等與自主貢獻的基礎上進入那個世界。

陸雷彝的研究也使他的國家因此和東南亞地區的許多鄰近殖民地區隔了開來。在其他的這些殖民地裡，我們可以非正式地歸類為「民俗研究」的大部分活動都是由富有才智的殖民地官員進行，在那個還沒有收音機與電視的世界藉此排遣多餘的時間；那些研究的主要用意是要供殖民地統治者使用，而不是為了受研究的人口本身著想。這些殖民地獨立之後，民俗研究就遭到了邊緣化，只有在後殖民時期的菲律賓才具有比較好的地位。為什麼會如此呢？一個可能的答案是，其他那些殖民地都存留有大量的前殖民時代書面記錄，包括皇室編年史、佛教宇宙論、僧院記錄、蘇菲派手冊、宮廷文學等等。在民族主義運動展開之後，這些文件就比民俗學更有效提供了本土性與輝煌的本真性。偏遠的菲律賓沒有強大、中央集權而且注重文學的國家傳統，受到伊斯蘭教與佛教的影響又極為輕微，因此大多數居民都根本沒有受到什麼暴力脅迫就信奉了基督教。從這個角度來看，民俗可以取代古老的榮光。

另一個可能更好的答案，則是在於十九世紀伊比利半島帝國主義的本質當中。西班牙與葡萄牙一度是世界的帝國中心，但這兩個國家自從十七世紀中葉以來就已日趨衰微。喪失拉丁美洲之後，西班牙帝國即告大幅縮減，只剩下古巴、波多黎各、菲律賓與里俄特俄羅（Rio de Oro）。十九世紀期間，西班牙在努力要從封建過往轉型至工業現代化的過程中遭到了極為猛烈的內部衝突撕裂。在該國許多居民的眼中，西班牙落後、迷信，又幾乎沒有任何工業化的發展。這種觀點不僅普遍存在於歐洲當中，而且殘存的西班牙殖民地裡的年輕知識分子也是這麼認為。（這就是為什麼陸雷彝對於自己的著作在德國出版為傲，而且後來的類似研究者也都傾向於在他們「自己」的殖民母國尋求出版。）因此，進步是一面旗幟，代表了一場在西班牙尚未開始盛行的啟蒙運動（Ilustración）。陸雷彝認為自己是啟蒙人士，是狄德羅的曾孫；因此也就自然而然地連同伊比利半島上的眾多西班牙人一起涉入一場共同的奮鬥。這種跨越大陸的結盟就整體而言並不是歐洲本土那些奮力掙扎的民族主義者的典型特色。因此，在這名年輕的伊洛卡諾人眼中，把他的著作題獻給他在西班牙的同僚也就顯得頗為尋常。

不過，如同我們已經見過的，十九世紀的東南亞殖民地當中卻也只有「落後」的菲律賓擁有一所真正的大學，儘管這所大學受到極度激進的道明會所把持。聖托瑪斯宗座大學是陸雷彝和他許多民族主義同志的學校。菲律賓之所以會在十九世紀末成為亞洲第一場民族主義革命的發生地，原因終究就在於這所大學。

啟蒙藉由「落後」西班牙的不落後語言來到了菲律賓，因此這個啟蒙運動的主要使者都（至少）通曉兩種語言。（許多第一代的菲律賓知識分子也在馬尼拉學了拉丁文和一點法語；如果他們去海外，可能又會學到一點英語和德語。）這些羅曼語系的語言沒有受到明顯的厭惡或懷疑，不像阿拉伯語這種反動與啟蒙的共同載體。為什麼會這樣，是一個非常值得注意的問題。一個答案無疑是，和幾乎整個拉丁美洲完全相反，西班牙語在菲律賓從來不曾接近於成為多數語言。當時有數十種以口語為主的地方語言盛行於菲律賓，就和現在一樣。陸雷彝的文字當中完全沒有顯示他認為西班牙語對於伊洛卡諾語的未來會是一大威脅。此外，西班牙語在他眼中不但是對西班牙發言的必要語言媒介，也是透過西班牙對所有現代、科學與文明中心發言的必要語言媒介。西班牙語比較是一種國際語言，而不是殖民語言。奇特的是，陸雷彝從來沒想過以西班牙語寫作可能是對同胞的背叛，或者代表他受到了強勢文化的吸收。我認為他之所以會採取這種看似天真的立場，原因是在一八八〇年代期間，菲律賓群島的未來地位已顯見不穩定，而且某種政治解放似乎即將來臨。

這種不穩定性雖與當地情勢脫不了關係，但卻是終究植根於拉丁美洲在超過半個世紀之前的解放。西班牙是十九世紀期間唯一喪失其帝國的帝國強權。殖民世界當中其他地區的被殖民者，都沒有這種達成自由解放的例子擺在他們眼前。在這一點上，我們看見的狀況和二十世紀的新世界完全不同。在二十世紀，西班牙語成了拉丁美洲所有本土語言的「恆久」多數主宰者，也包括美國一群同樣「恆久」受到壓迫的少數族群。這兩者在近期內都看不到解放的可能。

儘管如此，就像先前提到的，年輕的陸雷彝所寫的著作中帶有頗具啟發性的沉默，由他在使用我與他們，我們和你們這些代名詞時的猶疑不定突顯出來。他的心目中總是有兩群受眾，即便他寫作的對象是一群半的讀者。「最糟的人，就是不具備愛國心這種崇高神聖精神的可憐蟲，」他寫道。在他眼中，西班牙語不是一個國家的語言，而純粹只是一個國際語言。不過，實際上有沒有能夠與西班牙語相對的國家語言呢？不盡然。使用人口最多的地方語言——北部的伊洛卡諾語、中部的泰加洛語以及南部的宿霧語——都是相對較小的少數語言，而且在當時才剛開始成為印刷文字。他本身的語言有個明確的祖國可以依附嗎？有個假設性的伊洛卡諾國度嗎？他從來不曾這麼說過。此外，還有身為他的兄弟的阿埃塔人與伊哥洛特人，各自擁有自己的語言。另外還有泰加洛人，經由他的調查顯示並不是與伊洛卡諾人「相異的種族」；但身為這個真相的發現者，他知道泰加洛人和伊洛卡諾人都還沒有知覺到這一點。於是，這種流動性的狀態引導二十三歲的他回到他生長於其中的那個邊界模糊的文化，而他也意識到自己的成長已經在部分程度上超越了那個文化的範圍。於是，在這位年輕愛國者的眼中，伊洛卡諾人的民間知識或文化也就需要從外部調查，從內部體驗，向全世界展示，但也必須受到矯正——當然是由伊洛卡諾人自己為之。他的母語伊洛卡諾語也因此一方面需要翻譯，卻又有部分無可翻譯。有些時候，這個語言甚至也悄悄溜出了這位受到啟蒙的年輕雙語者本身陽光普照的地平線之外。

1 陸雷彝的職業生涯雖然長久又可敬——其中的部分面向將探討於本書的最後一章——卻至今都沒人為他撰寫一部像樣的職業傳記。以下對於他年輕時期的描述，摘自他的長子荷西（José de los Reyes y Sevilla）的著作《參議員陸雷彝傳：勞工之父暨菲律賓獨立教會創立者》（Biografía del senador Isabelo de los Reyes y Florentino, padre de los obreros y proclamador de la Iglesia Filipina Independiente；Manila: Nueva Era, 1947, pp. 1-6）；亞尼斯（José L. Llanes），《參議員陸雷彝的一生》（The Life of Senator Isabelo del los Reyes；轉載自《馬尼拉紀事報》每週雜誌的專題文章，一九四九年七月二十四與三十一日，以及八月七日，pp. 1-6）；以及菲律賓全國歷史協會出版的《歷史上的菲律賓人》（Filipinos in History）第二冊（Manila: NHI, 1990, pp. 137-9）當中關於他的條目。

2 根據莉昂娜．弗洛倫蒂諾的半正式迷你傳記，她在一八四九年四月十九日誕生於維干的一個富裕家庭裡。她的父母同姓，可能是堂親，而且兩人似乎都是黎剎外祖父的近親。莉昂娜．弗洛倫蒂諾相當早熟，十歲就開始作詩，使用的語言包括伊洛卡諾語以及她的修士家庭教師所教她的西班牙語。她在十四歲被嫁出去，而在十六歲生下陸雷彝。可嘆的是，她在三十五歲去世，身後留下五名子女。見菲律賓全國歷史協會，《歷史上的菲律賓人》第五冊中關於她的條目（Manila: NHI, 1996, pp. 141-2）。

3 此後的引文主要都來自於該書原文，在一八八九年由Tipo-Lithografía de Chofré y C出版於馬尼拉。在值得參考之處，我將會比較一部近來的重印版，其中附有狄松（Salud C. Dizon）與依姆森（Maria Elinora P. Imson）的英文翻譯（Quezon City: University of the Philippines Press, 1994），此後皆簡稱為狄依版。這部新版本雖然在許多面向上深具價值，可惜卻出現了數以百計的翻譯錯誤，而且其中抄寫的西班牙原文也有些許錯誤。

4 《菲律賓民俗》，p. 8。

5 同上，p. 19。

6 狄依版，p. 30。

7 陸雷彝指出對方是拉卡葉（José Lacalle y Sánchez），他是聖道頓馬士大學（University of Sto. Tomás）的一位醫學教授。《菲律賓民俗》，p. 13。

8 《菲律賓民俗》，p. 14。

9 狄依版，p. 24。

10 同上，p. 11。編者表示，這部經過多人彙編並且由納費斯修士（Andrés Naves）編輯而成的著作，在一八七七年由Plana y C出版於馬尼拉。

11 《菲律賓民俗》，p. 13。

12 狄依版，p. 13。

13 《菲律賓民俗》，pp. 18 and 17。

14 黎剎，《不許犯我》（Manila: Instituto Nacional de Historia, 1978），標題頁。

15 《菲律賓民俗》，p. 15。我們後續會再談到胡安·盧納（一八五七—一八九九），他也是伊洛卡諾人，後來成了西班牙殖民時期最著名的本土畫家。他的《埃及豔后之死》（The Death of Cleopatra）在馬德里的一八八一年美術展獲得第二名的獎牌，他的《掠奪》（Spoliarium）在一八八四年的同一項展覽上贏得金牌，《勒班陀戰役》（The Battle of Lepanto）也在一八八八年的巴塞隆納美術展贏得金牌。費利克斯·伊達爾戈（一八五三—一九一三）的成就僅略遜於他。伊達爾戈是泰加洛人，和盧納一樣土生土長於馬尼拉。

16 同上，p. 74。陸雷彝在一連串的注腳當中列出了這些作者的著作：《安達魯西亞民俗》（El Folk-Lore Andaluz）；《安達魯西亞民間習俗》（Costumbres populares andaluzas）；《馬德里民俗》（El Folk-Lore de Madrid）；《加利西亞民俗》（Folk-Lore Gallego）；《阿斯圖里亞斯民俗》（Folk-Lore de Asturias）。他也順帶提及自己先前的一部著作，稱之為一部「largo juguete literario」（長篇文學幽默劇），書名為《菲律賓的惡魔，如我們的編年史所述》（El Diablo en

Filipinas, según rezan nuestras crónicas）。

17 同上，p. 75。其中提出的參考文獻包括：前述貝德羅索的著作；羅蘭（Eugène Rolland）的《法國的野生動物》（Faune populaire de la France）；卡斯泰利（Raffaele Castelli）的《西西里民間信仰與習俗》（Credenze ed usi popolari siciliani）；格雷戈爾（V. Gregor）的《東北蘇格蘭民俗筆記》（Notes on the Folk-Lore of the North-East Scotland）；以及拉魯斯（Pierre Larousse）的《十九世紀大百科辭典》（Grande dictionnaire encyclopédique du XIX siècle）。從陸雷彝的注腳，我們可以看出他除了西班牙語以外，也能夠通曉羅曼語族的其他主要語言（法語、義大利語和葡萄牙語）以及英語。我們後續將會看到，對於黎剎而言至關緊要的德語，則似乎不在他通曉的語言範圍內。

18 狄依版，p. 32。

19 同上，pp. 258-9。

Allá... Là-bas

為什麼說是陽光普照？要理解這一點，最好的方法或許是把陸雷彝的性情、經驗與著作拿來和他的泰加洛人同胞黎剎比較。本章要做的正是這一點。

陸雷彝熱情、務實，而且活力充沛，不太內省。他二十歲結婚，第一任妻子生下了六名子女之後，在一八九七年初春死於悲慘的景況之中。（後來，他又陸續娶了一名西班牙女子和一名中國女子，兩人都死於難產，而且都生產了九次。）[1] 在必須養活一家眾口的情況下，他因此忙於成功的文學與文化報導工作、民俗研究，以及若干小生意副業，直到菲律賓革命在一八九六年爆發。一開始，他對這場革命只是一名訝異的旁觀者。雖然他對修道會有敵意，但他的寫作卻似乎從來不曾為他惹來任何嚴重的政治問題。他是一名在殖民地首都獲得成功的鄉下人，而且他大體上對自己的生活頗為滿意。他在一八九七年夏季才第一次前往歐洲，而且我們後續將會看到，當時三十三歲的他完全是被迫進行這項旅程：在鎖鏈加身的情況下被送往巴塞隆納蒙特惠克山的刑求堡壘。他在年輕時期所知的歐洲是透過郵件認識的——是由地球另一端的友善學者、業餘民俗學者以及記者所寄來的信件、書本與雜誌。光輝燦爛的進步近在眼前。

比陸雷彝大了三歲的黎剎則是相反的極端：憂鬱、敏感、不斷內省、不切實際，並且相當明白自己的天賦。他直到在遭到處決的那一夜才可能結了婚，也沒有生育子女。他在一八八二年即將過二十一歲生日時前往歐洲，接下來十年大部分的時間都待在那裡（先在西班牙，後來在法國，德國，英國，比利時）。他是先天的多語好手，學會了英語、德語，甚至還有些許義大利語。他對歐洲的理解無疑比他的同胞都還要深入而且廣泛。他在西歐的職業民族學界結識了許多私交，但他初期發表的作品大多數都是論述巧妙的辯論文章，探討與他遭到殖民的祖國有關的政治主題。後來，他轉變為小說家，在一八八七年出版《不許犯我》，一八九一年又出版了《起義者》，很有可能是十九世紀由亞洲人所寫的唯二「世界級」小說。於是，他一夕之間成了他的國家最具爭議性又最有名的「本土人」。

就某種有限的意義上而言，這兩部小說算是橫空出世。在《不許犯我》之前，菲律賓人只寫過一部小說，而且還是一部非常拙劣的小說。[2]不過，如果把這兩部小說的問世放在更大的背景環境中來看，事情就不同了。

跨國藏書

直到十九世紀中葉，「傑出小說」的生產大體上都是一門由英、法兩國壟斷的事業。在那之後，卡薩諾瓦（Pascale Casanova）所謂的「世界文學共和國」的界線迅速開始全球化。[3]梅爾維爾（出生於一八一九年）震驚世人的《白鯨記》在一八五一年問世，接著一八五七年他又出版了同樣驚人的《大騙子》（The Confidence Man）；岡察洛夫（Ivan Goncharov；一八一二年生）的《奧勃洛莫夫》（Oblomov）也出版於一八五七年，接著是屠格涅夫（一八一九年生）的《前夜》（On the Eve；一八六〇）和《父與子》（一八六二）。戴克爾（Eduard Douwes Dekker；一八二〇年生）在一八六〇年出版了第一部重要的反殖民小說《馬格斯．哈弗拉爾》（Max Havelaar）。一八六六年有杜斯妥也夫斯基

（一八二一年生）的《罪與罰》與托爾斯泰（一八二八年生）的《戰爭與和平》。接著，第三世界也加入行列，帶頭的是巴西的阿西斯（Machado de Assis，一八三九年生）的《布拉斯・庫巴斯死後回憶錄》（Memorias póstumas de Bras Cubas，一八八一）。黎剎的世代包括了波蘭的康拉德（出生於一八五七年）、孟加拉的泰戈爾（出生於一八六一年），以及日本的夏目漱石（出生於一八六七年），儘管他們的重要小說出版的時間都比黎剎這位不幸的菲律賓人晚。從這個角度來看，黎剎的著作雖仍顯得早熟，卻一點都不算是無中生有的神奇發展。

卡薩諾瓦提出了一項強而有力的論點，認為身處世界文學共和國邊緣的作家找到自身原創性的方式，向來都是藉著以不同文體質疑文學首都的前提而打入其中。本章後續將致力於概述黎剎如何以及在哪裡進行這項工作。我必須在一開始先坦承指出，小說以外的證據其實相當稀少。黎剎雖然大量通信，保存下來的信件數量也多得驚人，而且他還記有日記，也針對文學議題寫了一些沒有發表的文章，但他對其他作家卻通常保持緘默，對於小說家尤其如此：他對其他作家的評論只有年輕時期以法文寫的一篇短文，探討高乃伊（Pierre Corneille）的原創性，還有後來在柏林針對都德（Alphonse Daudet）的《阿爾卑斯山的韃靼人》（Tartar in sur les Alpes）所寫的一篇短文（同樣採用法文，寫於一八八七年）、針對歐仁・蘇和戴克爾所寫的幾句話、讚賞席勒的幾個段落，以及引用了海涅（Heinrich Heine）的一些文字。[4]

兩批私人藏書的記錄提供了間接的額外線索。黎剎本身從歐洲帶回來的藏書，包括法國的夏多布里昂（François-René de Chateaubriand）、都德、大仲馬（五本）、雨果、拉薩日（Alain-René

Lesage)、歐仁·蘇(十本)、伏爾泰以及左拉;英國的布爾渥利頓(Edward Bulwer-Lytton)、笛福(Daniel Defoe)、狄更斯與薩克萊;德國的歌德與霍夫曼(E. T. A. Hoffman);義大利的孟佐尼(Alessandro Manzoni),荷蘭的戴克爾以及西班牙的塞萬提斯。從他的通信可以看出,他也讀安徒生、巴爾扎克、黑貝爾(Johann Peter Hebel)與斯威夫特(Jonathan Swift)。[5]這份書單不太可能完整反映他在歐洲擁有的全部書籍,因為他知道自己回國入境之時,他攜帶的書本將會受到殖民地海關與警方的徹底查驗。不過,這份書單倒是明確無疑地顯示了法國在他的小說閱讀當中占有多麼核心的地位。

不久之前,醫學博士暨傑出語文學家帕爾多(Trinidad Pardo de Tavera)去世後遺留下來的書籍與文件已受到編目並且提供給馬尼拉雅典耀大學(Ateneo de Manila University)的研究者使用。黎

在帕爾多的住處。黎剎為後排左二。

剎是帕爾多的好友，他在一八八五—八六年間待在法國首都的七個月裡，其中就有一段時間是住在帕爾多華麗的住處。這是他開始寫作《不許犯我》的時期。在帕爾多的書單裡，法國作家包括阿布（Edmond About，兩本）、保羅．亞當（Paul Adam）、巴爾扎克、龐維勒（Théodore de Banville，兩本）、巴比塞（Henri Barbusse）、巴雷斯（Maurice Barrès）、比貝斯科（Marthe Bibesco）、布爾熱（Paul Bourget，兩本）、法雷爾（Claude Farrère，三本）、福婁拜、佛朗士（Anatole France，五本）、雨果、羅杭（Jean Lorrain）、莫泊桑（兩本）、莫里哀（著作全集，共六冊）、普弗（Antoine François Prévost）以及左拉；西班牙作家有阿拉爾孔（Pedro Antonio de Alarcón）、巴羅哈（Pío Baroja，兩本）、伊巴涅斯（Blasco Ibáñez，十本）、加爾多斯（Benito Pérez Galdós，十六本）以及拉臘（Mariano José de Larra）；俄國作家有安德列耶夫（Leonid Andreyev，六本）、契訶夫（三本）、杜斯妥也夫斯基（三本）、高爾基（四本）以及屠格涅夫；英美作家則只有柯南．道爾（兩本）、哈格德（H. Rider Haggard）、歐．亨利（O. Henry，四本）、吉卜林、辛克萊（Upton Sinclair）以及薩克雷（著作全集，共二十二冊）。再一次，法國作家占了完全主要的地位。[6]這兩批藏書的主要差別在於帕爾多沒有收藏德國著作，黎剎的藏書則是因為幾乎沒有西班牙著作而頗顯奇特。

在此一具有暗示，但還沒有確切結論的背景之上，接著就該來看看黎剎的小說本身可能揭露了些什麼。我們在這裡將會得到一些出人意料的發現。

石榴內的硝化甘油

《不許犯我》雖然充滿了高超的諷刺內容，也為菲律賓十九世紀末的殖民社會描繪了概略的圖像，但這部小說在一定程度上仍可稱為是寫實主義風格的作品。小說主角伊巴拉（Crisostomo Ibarra）是一名年輕富裕的麥士蒂索人，在歐洲留學多年後返鄉，打算迎娶他的青梅竹馬瑪麗亞·克拉拉，並且在家鄉成立一所現代的非教會學校。到了小說結尾，這些夢想都已灰飛煙滅，原因是反動貪婪的修道會成員對他陰謀陷害，殖民政權又腐敗無能。瑪麗亞·克拉拉後來被發現是一名不守清規的方濟各會修士的女兒，而隱居到修女院難以形容的恐怖生活中。伊巴拉則似乎性命不保，因為修道會誣陷他密謀革命，導致他遭到政府槍殺。[7]

《起義者》的內容則更古怪得多。讀者逐漸發現伊巴拉其實沒死，而是他的知己，人格崇高的伊利亞斯（Elias）犧牲性命救了他。在古巴與歐洲遊蕩了許多年，藉著從事珠寶買賣而攢聚了大筆財產之後，伊巴拉以「西蒙」的身分返回祖國，他模樣憔悴，蓄著一頭白長髮，戴一副深藍色的眼鏡遮住他臉孔的上半部。他的目標是要讓腐敗的政權更腐化，促成武裝起義，摧毀殖民制度，讓瑪麗亞·克拉拉重獲自由。故事的高潮是一項攻擊計畫，打算在一場所有殖民地菁英都會參加的盛大婚禮上引爆一枚巨大的硝化甘油炸彈，藏在一具石榴形狀的珠寶檯燈裡。不過，這項計謀卻出了差錯。瑪麗亞·克拉拉被發現早已死亡，後來身受重傷的西蒙也在被捕之前死在無人的海灘上。「真實」的菲律賓歷史上完全沒有發生過近似西蒙與他那駭人陰謀的事件。我們也許可以把這本小說想成一部預期式的作品（我們後續將會看到，這樣的想法並非全然不正確），背景設定在尚未來臨的時代——儘管接下來一百多年間不再有其他菲律賓人以這種方式書寫未來。是什麼原因促使黎剎以這麼奇特的方式撰寫《不許犯我》的續集？

來自巴爾的摩的影響？

我在一九九八年寫成的那部著作[*]，書名誤譯了《不許犯我》開頭後不久出現的一句精彩的話：「比較的幽靈（el demonio de las comparaciones）」。黎剎用這句話描述伊巴拉的詭異感受，也就是當他再次看見馬尼拉那座髒亂的植物園之時，卻無可克制地想像起他在歐洲經常造訪的宏偉植物園。他感覺自己彷彿再也無法將眼前的景物單純視為熟悉的事物。不過，「demonio」也影響著作者黎剎本人，因為他在巴黎與柏林書寫一名身在馬尼拉「allá」(「那邊，沒錯，那邊，那邊，那邊」)的年輕人，而那名年輕人又在想著……另一個「allá」，也就是柏林與巴黎。[8]我深深陶醉於這幅複雜的圖像，以致完全忽略了一項關鍵重點。《不許犯我》雖然充滿了一針見血的雋語和風趣詼諧的省思，卻沒有別的句子能像這句話那麼詭異又不具諷刺性。

這句話同樣也引起了我弟弟培利的注意，而他大概就在那個時候寫信向我提議了一個可能的來源：馬拉美（Stéphane Mallarmé，一八四二—九八）的一首散文詩，詩名為〈比喻的惡魔〉（Le Démon de l'analogie），也許作於一八六四年，當時黎剎三歲。這首詩在一八七四年以〈倒數第二〉（La

Pénultième）這個詩名發表於《新世界評論》（La Revue du Monde Nouveau），後來又在一八八五年三月二十八日以原詩名發表於《黑貓》（Le Chat Noir）。[9]他認為黎剎的寫作靈感可能來自這首詩，因為他在三個月後就來到了巴黎居住。

我對這項提議的最初反應是不可置信。黎剎雖然在他十二歲進入馬尼拉的耶穌會菁英學校雅典耀中學就讀的時候就開始學法語，但他要閱讀一件如此困難冷僻的作品卻似乎是不太可能的事情。不過後來發現，這個提議還是值得研究。原來，馬拉美那首詩的詩名是在向波特萊爾的〈Le Démon de la perversité〉致敬，也就是愛倫坡的故事〈悖理的惡魔〉（The Imp of the Perverse）經過波特萊爾翻譯的版本。[10]這篇故事最早在一八三九年發表於未開化的巴爾的摩，收錄在愛倫坡的《奇異怪誕故事集》（Tales of the Grotesque and the Arabesque），後來又由波特萊爾收入他翻譯的愛倫坡作品集的第二冊。[11]一條奇怪的可能性連鎖鏈出現了：從愛倫坡筆下那個神經質的「imp」，經由波特萊爾半神性的「démon」與馬拉美神秘的詩作靈感來源，到達一個被殖民者「黎剎在歐洲」（Rizal-in-Europe）的政治想像。不過，黎剎有沒有讀過波特萊爾，或是愛倫坡呢？在德歐坎波的書目裡（見注5），和黎剎在洛佩茲博物館暨圖書館的借書卡上，都沒有愛倫坡、波特萊爾或馬拉美的記錄。

* 編按：指安德森在一九九八年出版的著作《比較的幽靈：民族主義、東南亞與全球》（*The Spectre of Comparisons: Nationalism, Southeast Asia and the World*，詳附錄書目）。

同種療法的學習者

接著又出現了第二個意外：我收到菲律賓大學的同志研究先鋒學者賈西亞（Neil Garcia）的一篇文章草稿。賈西亞自問黎剎是不是同性戀，並且自行為這個問題提出了傅柯式的否定回答：在一八八〇年代菲律賓還沒有同性戀存在。賈西亞也似乎認為，身為第三世界的鄉下人，黎剎在性方面一定很純真。[12]不過，這篇文章高度提醒注意在《起義者》裡〈馬尼拉人面面觀〉（Tipos manileños）這一章中的一小段文字。[13]在一個巡迴法國綜藝劇團的盛大開幕夜，憤世嫉俗的學生塔德奧給他的鄉下土包子表親講了觀眾中的馬尼拉菁英們的八卦醜聞（大部分都是捏造的）。塔德奧一度評論道：

> 那個衣裝高雅的體面紳士，他可不是醫生，是個特殊類型的同類療法治療師；他對一切事物都主張同類相隨的原則。跟他一起進場的那個年輕騎兵隊長，是他最喜歡的徒弟。

這話雖然說得刻薄，卻沒有顯露出震驚的神情；此外，那個不懂拉丁文的鄉下男孩對話語中的同性戀暗示渾然無知，也不懂「同類療法（homeópata）」這個字眼的意思。換句話說，塔德奧說話的對象似乎實際上不是那個鄉下男孩，而是一群見多識廣的讀者。

那些讀者是誰？我後來查閱《起義者》原始手稿的大版式影印本，這個問題又顯得更加迫切，原因是黎剎在手稿中寫下又劃掉了這句話：「profesa en el amor el princ . . . similia similibus gaudet.」[14]如果把「princ」視為「principio」，那麼這整句話就可以翻成「他在情愛當中主張同類欣悅於同類的原則」，或者「同類可從同類身上得到快樂」。「Gaudet」在拉丁文當中是個很強烈的字眼，代表欣喜、快樂，甚至是狂喜。我們可以輕易看出黎剎後來為什麼決定把這句話改掉。就藝術上而言，這句話完全不符合塔德奧這個人物憤世嫉俗的個性，因為他從不談愛。但就文化與道德上而言，這句話在修士統治的菲律賓一定會引起軒然大波。此外，在殖民晚期的馬尼拉，真的有地位顯赫的男性會帶著自己長相俊帥的軍人男友現身在大型公共場合嗎？看起來不太有可能。[15]（然而，更早期一部值得注意的參考來源描繪了頗為明顯可見的年輕男妓交易）。[16]

另一方面，賈西亞卻沒有提到下一章——標題為〈表演節目〉（La función）——另一個同樣奇特的段落，其中描述了那場綜藝演出以及小說中若干角色對表演的反應。劇團演出了一場由丫鬟（*servantes*）、家僕（*domestiques*）與馬車夫（*cochers*）在僕役住處狂歡作樂的場景。其中第一群顯然是女性，可能是廚房人員；第二群的性別比較沒那麼明確，可能是女傭；第三群則是馬車伕，而且明白都是男性。不過，這三群角色都由女演員飾演，所以最後一群乃是採取逗人發笑的變裝打扮。在這一章的結尾，無名的敘事者描述了長相美麗而性好投機的麥士蒂索*女子寶麗塔・戈梅茲看見她的現任男友——一個名叫伊薩加尼的學生——坐在觀眾席裡，而不禁感到一陣嫉妒。

* 編按：麥士蒂索人（*mestizo*）是在西班牙帝國統治下的菲律賓人種分類之一，指祖先有一方是外來民族，與本地民族混血的後裔。根據祖先的族群，又可區分為華裔麥士蒂索人，西班牙裔麥士蒂索人，等等。

賓麗塔覺得愈來愈沮喪，想著其中有些叫做「cochers」的女孩可能會吸引伊薩加尼的眼光。「Cochers」一詞令她想起修院學校裡的女孩在她們自己之間用來解釋某一類情感的特定名稱。[17]

那個雄性名詞，連同「騎士」明顯帶有的性暗示，清楚揭示了「某一類情感」所代表的意思。我們可以再進一步，主張其中涉及某種性與社會的現實，因為把那個法語字眼解釋成（為了迴避修女的耳目而使用的）青少年專門用語，是敘事者本身下達的評注：看看文中突然轉變成「usan」這個概括性的現在式動詞（「她們」在她們自己之間用來解釋）。

值得注意的是，這個段落並未出現在影印本裡，意思就是說黎剎在最後一刻才加進這段內容。為什麼？「同種療法治療師」和「馬車伕」在劇情中都不具重要地位，後來也沒有再提起過。天外飛來一筆嗎？看起來不太可能。那些段落是為了菲律賓讀者而安插的嗎？有可能，但從此以後又過了一百多年，才有別的菲律賓作者再度以這種影射性但漫不經心的方式提及男同性戀或女同性戀。[18]另外一個可能，則是黎剎撰寫這些段落的目標對象是他的歐洲讀者。[19]

LÀ-BAS

無論如何，黎剎提到同類療法，在我已經模糊的記憶裡喚起了共鳴。我隱約記得有一部小說把同性戀與同種療法擺在一起，也就是驚世駭俗而且怪異又前衛的《違反天性》（À rebours），作者是荷法混血小說家於斯曼（Joris Karl Huysmans；一八四八—一九〇七），我大約十六歲的時候偷偷讀了這部小說。不過，事實證明我的記憶只對了一半：這部小說裡的確有提到同性戀，也有提到同種療法，但兩者的背景情境毫不相關。把這兩者擺在一起是不是黎剎的巧思？不過，於斯曼的名字並未出現在德歐坎波的那本書裡，也沒有出現在洛佩茲博物館的借書卡上（也沒有出現在帕爾多的個人法文藏書裡）。此外，《違反天性》雖然出版於一八八四年，卻直到一九一九年左右才譯入西班牙文（附有伊巴涅斯撰寫的前言），已是黎剎死後許久的事情。[20]第一部英文譯本也幾乎是在同一個時間。[21]黎剎如果看過《違反天性》，一定是看了法文原著。於斯曼和黎剎把同種療法與同性戀共同寫在兩部相距不到七年的小說裡，也許只是單純的偶然。不過，繼續深入閱讀似乎是明智的做法。

《違反天性》只有一個孤傲的中心人物，就是富裕又高雅的貴族德澤善。他對在法蘭西第三共和國中居於主導地位的資產階級之粗鄙、天主教

於斯曼（*Joris-Karl Huysmans*）

會的腐敗、政客的偷雞摸狗、大眾文化的低劣素質等等深感驚駭，因此退縮到一個美學幻想的私人世界裡，培育奇異的性經驗、前衛文學、洛可可古物研究，以及「中世紀」基督教神秘主義。他還為自己建造了一幢古怪而昂貴的住宅，目的在於排除自然，因為他認為自然已是過時的東西。例如那幢住宅裡沒有真花，只有用珍奇珠寶製成的人工花朵；一隻寵物陸龜被鑲滿寶石的沉重龜殼壓得奄奄一息。我們不禁聯想到《起義者》的中心人物西蒙之所以舉止怪異，並且擁有龐大的財富與權勢，就是藉著買賣稀有的古董珠寶而來。這又是另一個巧合嗎？

也許。不過，還有其他更強的對應。當德澤善的前衛文學偏好在一個很長的章節被闡述出來時，於斯曼特別讚許了自己的好友馬拉美；而在列出這名貴族最喜歡那位傑出詩人的哪些作品時，〈比喻的惡魔〉被特別指名了。[22] 波特萊爾的〈悖理的惡魔〉與愛倫坡也被提到。[23] 如果黎剎的法語造詣還不足以閱讀馬拉美的那首散文詩，那麼他是不是有可能純粹因為在《違反天性》中讀到那首詩的詩名，而為他的《不許犯我》想到一個有趣的點子？不過，於斯曼和黎剎的著作之間最引人注意的巧合，卻是在《起義者》，而不是在《不許犯我》。我在此只提出三項，全都涉及不同類型的性。

福婁拜與一名未來的謀殺犯

首先是《違反天性》裡的一幕，已近性無能的德澤善結交了一個短期情婦，是一名年輕的腹語女演員。為了營造上床情緒，他買了兩座小雕像，一座是由彩陶捏塑成古典神話裡的喀邁拉

（Chimaera），是個傳說中的雌性怪物，擁有獅頭、羊身、蛇尾；另一座則是由黑色大理石雕成同樣也是雌性怪物的斯芬克斯（Sphinx）。這兩座雕像放在臥房尾端，只由壁爐裡煤火餘燼的黯淡光芒照亮。和德澤善一同躺在床上的女子，事先受過她愛人的調教，因此代表那兩座雕像開始了一段陰森的對話，並且引用了福婁拜的《聖安東尼的誘惑》當中的一句名言：「我尋求新的香氣、更豐富的花朵、不曾嘗試過的樂趣」。[24]就在這個時候，如同盼望和計畫中的，德澤善恢復了他的男性雄風。

在《起義者》極為精彩的第十八章——章名為〈欺詐〉（Supercherías）——當中，西蒙調教了里茲先生，一位技巧熟練的美國（北方佬）魔術師暨腹語演員，這一幕令人聯想到哈姆雷特利用演員激起他繼父良心不安的橋段。[25]里茲先生讓一個遠古埃及男性的木乃伊頭顱述說起數千年前遭到狡詐的祭司陷害的恐怖經歷，而那些罪行正反映了年輕的伊巴拉與他心愛的瑪麗亞·克拉拉遭到貪婪狡猾的道明會神父薩爾維陷害的作為。薩爾維被誘去出席這場表演，結果因為迷信的恐懼昏了過去。奇特的是，里茲先生召喚那個明顯為男性的木乃伊頭顱開口說話的方式，用的是這個詞：「¡Esfinge!」（斯芬克斯！）。[26]在於斯曼的作品中純粹帶有性與文學色彩的元素，似乎被黎剎拿來將之跨越性別、轉用為心理政治素材。

接下來是一幕奇特的劇情，德澤善在街上勾引了一名青少年，把他帶到一家非常昂貴的妓院。[27]在那裡，他付錢請梵妲這名經驗豐富又誘人的猶太妓女為那名青少年破處。就在男孩忙著擺脫德澤善認為他還擁有的處男身分之時，德澤善則是和自己熟識的老鴇聊了起來。蘿荷夫人說：

「所以你今晚來不是為了你自己……可是那個小孩你去哪裡找來的呀？」「在街上，親愛的。」「可是你又沒醉，」老婦喃喃說道。沈思一會兒之後，她露出一道母愛般的微笑說：「啊！我懂了；你喔，你這個壞蛋。告訴我吧，你需要找年輕的。」德澤善聳聳肩。「你猜錯了，不是那麼一回事，」他接著說：「老實說，我只是在培養一個謀殺犯而已。」

否認了自己對那名男孩有任何性興趣之後，他接著說明了自己的計畫。他會付錢為男孩買梵妲大概六個星期，然後就中斷對他的金援。到了那時候，這個男孩對性成癮，為了籌錢嫖妓將不得不行竊，最後更將因此殺人。德澤善的終極目的是要製造「多一個敵人給這個脅迫我們的醜惡社會」。不過，這只是一種道德／不道德的美學姿態而已。多一個墮落的青少年，並不會對法國造成任何改變。

但在《起義者》當中，西蒙的基本計畫卻是要改變一切。他對年輕的醫學生巴希里奧這麼說（巴希里奧對於他弟弟被神職人員殺死一直感到無能為力，而他弟弟的死也導致他母親因而發瘋）：

身為這個惡毒制度的受害者，我走遍全世界，日夜不休地攢積財富以實現我的計畫。我現在回來就是要摧毀這套制度，促成它的腐敗，在它麻木不仁地衝向深淵之際再對它推上一把——就算必須用大量的眼淚和鮮血來達成也不在意。那套制度矗立在那兒，連它都詛咒它自己，而我要活著看它粉碎在深淵的底部。[28]

這時，他將利用自己龐大的財富進一步腐化整套「脅迫人民」的殖民體制——激發這套體制更大的貪婪、更嚴重的貪污、更可怕的暴行與更深刻的剝削，藉此促成巨變。如同先前提過的，他最終的計畫是要把一枚巨大的硝化甘油炸彈，藏在一盞有如於斯曼筆下描寫的那種綴滿珠寶的石榴形狀檯燈裡，在一場所有馬尼拉高層殖民官員都出席的婚禮中引爆。另一方面，巴希里奧深愛的未婚妻胡莉為躲避淫猥的卡馬羅神父強硬索歡而自殺，於是這名男孩在心理上已準備好要成為「這個醜惡的殖民社會的又一個敵人」。他很快被西蒙說服，同意幫忙籌備一場殘酷無情的大屠殺，殺害任何不支持「革命」的成年男子，藉此報復他的深仇大恨。[29]這是一個政治的計畫，不是美學舉動，並且提醒了我們一八八〇與九〇年代是走投無路又心懷希望的無政府主義者發動震驚社會的刺殺行動的鼎盛時期，在歐洲與美國都是如此。其間的關聯將在後續的章節詳細討論。

不曾嘗試過的樂趣

最後，《違反天性》裡還有一段情節是德澤善勾引了一個迷人的青少年男孩，並且和他保持了幾個月的性關係，在小說中簡要描述如下：

德澤善只要再想到那件事情就不禁顫抖；他從不曾接受過更迷人也更專橫的囚禁；從來不曾經

歷過這樣的危險，也從來不曾得到過更痛苦的滿足。[30]

我們不該對這些句子斷章取義。德澤善和於斯曼本身一樣是異性戀者，而且有過一長串的情婦。他與那個男孩的關係似乎是為了尋求福婁拜所謂的不曾嘗試過的樂趣。

《起義者》當中沒有類似的情節，而且西蒙看起來幾乎是個無性戀者。不過，那名高雅的「同種療法治療師」與他最喜歡的徒弟那段受到部分刪除的描述，也許可以在這裡找到背景原因。《違反天性》裡描寫德澤善在詩文方面的前衛品味，不僅極力讚譽馬拉美，也包括了魏爾倫（Paul Verlaine；一八四二—一九六），在為一九〇三年《違反天性》再版而寫的序文裡，於斯曼宣稱如果韓波（Arthur Rimbaud；一八五四—一八九）在《違反天性》出版那年之前就出了詩集，

敦唐的荷蘭皇家東印度陸軍兵營，位於爪哇島三寶瓏港口以南的山丘上。一八七六年七月，韓波在逃兵之前曾在這裡服役了十四天。

他一定也會給予他同樣的讚譽。不過，韓波劃時代的《彩畫集》（Les Illuminations）是在兩年後的一八八六年出版，就在《不許犯我》問世之前，當時韓波早已放棄了詩，也離開了歐洲。[31]

魏爾倫與韓波在一八七〇年代曾是一對性情暴烈得「惡名昭彰」的情侶，他們的部分詩作也明白指涉了他們的性關係。魏爾倫是於斯曼的終生好友，而且在前衛文學圈裡，鄙視資產階級、政府官方以及天主教的道德觀是關乎榮譽的事。[32] 由於黎剎在一八八五年下半年曾經待在巴黎，正介於《違反天性》與《彩畫集》這兩部同樣驚世駭俗的作品出版時間之間，而且他後來又經常造訪巴黎，因此他在《起義者》裡對於男同性戀和女同性戀的指涉，有可能在部分程度上是受到瀏覽巴黎的書籍與報章雜誌所影響的結果。此外，自從巴爾扎克以來，女同性戀的情感就非常風行於十九世紀的法國文學。因此，如果說這些段落是為了在卡薩諾瓦的「世界文學共和國」獲取一席之地而寫，想來也不是沒有可能。

最後還有一點可能也值得指出：在《違反天性》之前，於斯曼曾經出版過一本描繪巴黎社會的著作——採取他早期的文學老師左拉那種清明嚴肅的態度——書名為《巴黎人面面觀》（Types parisiens），正與《起義者》當中充滿諷刺意味的〈馬尼拉人面面觀〉章名相類，儘管兩者的筆調不同。而且，黎剎推出第二部小說的時間，也正是於斯曼出版他下一部驚世駭俗的前衛文學作品的同一年，而這部作品就是探討撒旦崇拜的《在那邊》（Là-bas）——譯為西班牙文正是「Allá」。

不必要的法文

於斯曼的影響就講到這裡，除了還要一提的是出版於一八八四年五月的《違反天性》是個成功的「大醜聞」，尤其激怒了天主教神職人員以及抱持正統觀念的資產社會。[33]二十四歲的黎剎在十四個月後抵達巴黎，在那裡待到一八八六年一月才轉往德國。《違反天性》在那時候仍是巴黎的熱門話題。我們對於黎剎在巴黎做了什麼所知極少，只知道他接受了當時一位著名的眼科外科醫生的教導。不過，他當時同住的菲律賓好友不只是語文學家帕爾多，還有畫家胡安．盧納。盧納在這座奇幻城市居住的時間比較久，對於法語也比較精熟。[34]

黎剎曾說《不許犯我》有四分之一是在巴黎寫的。[35]他後來認真考慮用法文寫第二部小說，以獲得世界性的讀者群。比奧拉（Máximo Viola）回憶他與黎剎在柏林度過的時光而寫道：

> 我問他為什麼要多寫這些不必要的法文，他說他的目標是要從此開始以法文寫作，以防萬一他的《不許犯我》出版之後證明為一部失敗作品，而他的同胞也沒有對這部作品的目標產生共鳴。[36]

在一八九〇年七月四日的一封信裡，布魯門特里特對黎剎寫道：「我熱切期待你即將以法文寫的著作；我預見那本書將引起大轟動。」[37]當然，後來《起義者》還是以西班牙文寫就，而不是法文。這本書在一八九一年於根特付印，距離奧斯坦德只有四十英里。在三年前的一八八八年，比利時畫家恩索爾（James Ensor）就是在奧斯坦德完成了他超凡預言的無政府主義革命畫作《一八八九年基督降臨布魯塞爾》（Christ's Entry into Brussels, 1889），其中融合了尖銳的社會諷刺、誇飾畫、浪漫主義以及反抗意識，可說是帶有濃厚的黎剎色彩。這絕對是巧合，但卻是一個美妙的巧合。

藉由寫作遂行報復

我在研究傑出的荷蘭作家戴克爾（筆名穆爾塔圖里〔Multatuli〕；一八二〇—一八七）以及他那部驚世駭俗的反殖民小說《馬格斯．哈弗拉爾》時，又得到另一個頗為不同的洞見。這部小說最早出版於一八六〇年，後來在一八六〇與七〇年代陸續譯成德文、法文與英文，至今仍是最早的一部以殖民地實際經驗寫成的反殖民小說。別的不說，《馬格斯．哈弗拉爾》也是關於一名年輕、理想主義的英雄（就像《不許犯我》當中的伊巴拉），試圖捍衛遭到壓迫的本土人口，結果遭到一群腐敗的殖民地官僚以及陰險的本土首領施以政治和經濟上的沉重打擊。這部小說可以視為戴克爾對他那些當權的敵人所做的反擊。那些敵人不但逼迫他放棄殖民地的公務工作，一貧如洗地返回家鄉，而且還持續以殘暴的手段剝削爪哇農民。

黎剎一八八八年底在倫敦的時候看到了《馬格斯．哈弗拉爾》，可能是一部品質相當好的英文譯本。他在《不許犯我》剛出版而且戴克爾也剛去世不久之後閱讀了這部小說。在寫於十二月六日的一封信裡，黎剎向布魯門特里特指出：

穆爾塔圖里的書極度令人興奮，我只要找到就會立刻寄一本給你。他的這部著作無疑比我自己的作品優秀得多。儘管如此，由於作者本身是荷蘭人，因此他的攻擊不像我的攻擊這麼強而有力。不過，這本書遠比我的作品更具藝術性，也遠遠更加高雅，儘管其中只揭露了荷蘭人在爪哇島上生活的一個面向。[38]

因此，黎剎看出了他自己的小說與戴克爾的作品之間的相似性，儘管兩部作品的撰寫時間相隔二十五年。年輕的黎剎很有可能在《馬格斯·哈弗拉爾》當中看到了如何可以藉著寫出一本強有力的小說而遂行反殖民的政治與個人報復。這項論點的證據將在下一章提出，同時針對《起義者》進行更詳細的分析。[39]

羅朵夫的承繼者

保羅·文森（Paul Vincent）寫過一篇出色的文章，不僅清楚地比較了《馬格斯·哈弗拉爾》、《不許犯我》與《起義者》，也指出戴克爾瞧不起他那個時代的荷蘭文學界，而崇仰《唐吉訶德》與《項狄傳》（Tristram Shandy），他主要的靈感來源包括英文作家華特·史考特以及法文作家雨果、大仲馬與歐仁·蘇。文森也指出，馬格斯·哈弗拉爾與伊巴拉這兩位英雄主角明顯都承襲了貴族「社會主義者」羅朵夫——也就是歐仁・蘇（一八〇四—五九）在一八四四—四五年間的暢銷巨著《巴黎神秘事件》（Les Mystères de Paris）裡的英雄人物。[40]如同黎剎與戴克爾，歐仁・蘇本來也是一名紈絝子弟，但他在一八四三年左右經歷了一次政治上的轉變，從此成為狂熱的（普魯東式）社會主義者，並且積極對抗拿破崙三世這個最大的法國帝國主義者，結果因此被流放，過著貧窮的生活，最後在黎剎出生前三年過世。[41]

歐仁・蘇深受裨益也善加利用連載小說的創新做法：也就是在競爭激烈的日報當中連續刊載小說，從而為小說家開創了巨大的新市場。（他的作品迅速譯入了所有的主要歐洲語言。）報紙發行商鼓勵有才華的作家藉著巧妙的懸疑劇情、陰謀詭計、珍奇事物、不朽的悲劇愛情、復仇、諷刺，以及對社會所有階層的廣泛觀察，吸引讀者一期又一期地讀下去。寫這種連載小說，必須把許多情節湊集在一起，通常藉由一個無名的全知敘事者講述故事，並且在轉瞬之間迅速轉換場景

《流浪的猶太人》（Le Juif Errant）當中的石版畫，想像爪哇島的情景。

與時間，還經常採用說教式的民粹政治。[42]（不消說，這些連載小說在拿破崙三世的統治下備受壓抑。）歐仁・蘇的第二部暢銷作品，連載於一八四五至一八四六年間的《流浪的猶太人》，尤其吸引了我的注意，因為這部小說龐雜的結構乃是由一名邪惡的耶穌會士繫在一起，他的觸角延伸極遠，遍及西伯利亞、北美，以及……爪哇！[43]黎剎的小說也擁有幾乎全部這些結構與主題元素，但他的兩部作品都沒有連載。不過，必須記住的是他的藏書當中有十部歐仁・蘇的作品，遠多於其他作家。這並不表示他對這位前輩作家沒有精明的批判。

大仲馬（一八〇二—七〇）是另一位連載小說大師，而他的《基度山恩仇記》——講述愛德蒙・唐泰斯遭到敵人陰謀陷害而身敗名裂並且入獄監禁多年，後來假扮成基度山伯爵向敵人復仇的故事——堪稱是集伊巴拉與西蒙的遭遇於一身。巧合嗎？不太可能。十六歲的黎剎在一八七八年用筆名哈辛托（P. Jacinto）寫了《一名菲律賓學生的回憶》（Memorias de un estudiante de Manila），他回憶自己在十二歲的時候看了《基度山恩仇記》，「細細品味其中漫長的對話，為其魅力深感欣喜，並且追隨著主角及其復仇之旅的每一步」。[44]不過，歐仁・蘇與大仲馬對於殖民主義和帝國主義造成的破壞都沒什麼興趣，所以他們筆下人物的復仇基本上都是個人的仇恨，故事發生地也都是在殖民母國。

幽默與自殺

至於「母國西班牙」呢？本章稍早曾經提及黎剎的私人藏書中除了《唐吉訶德》之外別無其他

西班牙文小說，但他的語文學家好友帕爾多卻擁有大量的西班牙文小說。這點有一部分的解釋在於他們兩人的壽命差別。在帕爾多的藏書中占有相當份量的伊巴涅斯（出生於一八六七年）與巴羅哈（出生於一八七二年），雖然屬於黎剎的世代，卻都是在他死後才成名。而帕爾多比黎剎多活了三十年。不過，一旦把目光轉向加爾多斯（一八四三—一九二〇）這位所謂的西班牙巴爾扎克，經常被人稱為該國繼塞萬提斯之後最偉大的小說家，就無法套用這項解釋了。加爾多斯在帕爾多的藏書中所占的份量，相當於歐仁・蘇在黎剎的藏書中所占的份量。加爾多斯的小說產量如此龐大，黎剎真的有可能一本都沒看過嗎？可以確定的是，黎剎在他的眾多書寫當中從來沒有提過加爾多斯的名字。不過，許多學者都指出《不許犯我》與加爾多斯的《悲翡達夫人》（Doña Perfecta）帶有主題上的相似性。《悲翡達夫人》出版於一八七六年，當時黎剎十四歲。《悲翡達夫人》以加爾多斯的標準只能算上是短篇小說，內容的確是講述一名政治上天真、懷抱自由主義思想的工程師，被他宗教狂熱的姑姑——也就是書名提到的悲翡達夫人——憑恃教會的力量而摧毀了他。《不許犯我》在所有面向上都遠勝這部小說。如果說黎剎有部分的用意是要藉由這部「反殖民」的寫作計畫打敗最著名的殖民母國小說家，這樣的猜測絕不是完全沒有可能，儘管他當然不會承認自己有這樣的念頭。也許更令人信服的是，加爾多斯雖是自由主義者，對於西班牙帝國主義卻完全沒有表示意見。因此，身為反殖民的菲律賓人，黎剎對於加爾多斯也無話可說。[45]

不過，接下來還有黎剎無可遏止的幽默感，這是反殖民文學中極為罕見的特質。這種幽默感（不只是一針見血的評語和風趣的俏皮話，而是全然瀰漫在他的兩部小說裡，使得讀者經常忍不住笑出聲來）無法追溯到雨果、大仲馬、歐仁．蘇或是加爾多斯，因為這些小說家都不以幽默見長。戴克爾的逗笑功力也非常高超，但黎剎卻是在《不許犯我》出版之後才看了他的作品。黎剎的幽默感有一部分是來自殖民主義本身的悲慘喜劇。在《不許犯我》的後記裡，這位二十五歲的菲律賓人寫道：

由於本書中的許多人物仍然活著，而且又忽略了其他人物，因此我無法寫出一篇真正的後記。為了大眾著想，我們很願意殺掉所有的大人物，從薩爾維神父開始，一直到維多莉娜夫人，但這是不可能的……就讓他們活下去吧！畢竟，必須餵養他們的是國家，而不是我們[46]

如同我在別處說過的，這種玩弄讀者、角色與「真實」的寫作手法，並不是十九世紀大多數的歐洲嚴肅小說的典型特徵，但一看到就令人聯想到阿西斯（Machado de Assis）只比他早五年出版的《布拉斯．庫巴斯死後回憶錄》。[47]小說對於黎剎就和對阿西斯這位巴西作家一樣，都是來自於……「allá」。小說是一種神奇的舶來品，因此可以玩，就像德布西可以玩爪哇人的甘美朗音樂一樣。

另一方面，我們也知道黎剎繼塞萬提斯之後最喜歡的西班牙作家是拉臘（Mariano Jose de Lara）。拉臘出生於一八〇九年，在二十八年後自殺。[48]在這段短暫的人生中，這位崇拜法國的激進自由派作家遊走於新聞報導和虛構小說界線模糊的兩側，但政治始終存在於他的作品之中。一切都可以嘲諷，就是不要保持距離。拉臘以爆笑而鮮明的筆法描繪了極度反動的費爾南多七世（Fernando VII）統治下馬德里社會的每一個階層，毫不留情地諧仿了各個階層的人物；黎剎必定從中看出他可以書寫殖民地馬尼拉的破敗社會，仿效拉臘，甚至青出於藍。

合作與仿效

陸雷彝與黎剎的作品之間的基本對比，在於他們兩人採用的寫作類型。在陸雷彝投入的全球民族學與民俗研究的世界裡，專業與合作乃是基本常態。仿效當然沒有受到排除，但並不受重視，所有參與者關注的都是每個人必須對這項舉世事業貢獻一己的心力。陸雷彝認為把自己的巨作題獻給西班牙的民族學同僚沒有什麼奇怪，也在他的注腳當中大量引用英國、葡萄牙、義大利與西班牙民俗學者的著作。研究陸雷彝和歐洲的關係，「同僚」一詞的確可以說是關鍵字。

不過，小說家沒有同僚，而且小說這個類型的基本常態乃是激烈的競爭，不論在原創性還是市場受歡迎度上都是如此。《不許犯我》的六十四個章節幾乎有五分之一都以一段引文開頭，我們如果想要的話，可以視之為影子注腳。不過，這些引文都摘自詩人、劇作家、哲學家、聖經，以及龐大而神秘的俗諺世界；而且引用的語言包括西班牙文、義大利文、拉丁文，甚至希伯來文。沒有一段引文來自其他小說家。儘管如此，還是不可否認黎剎受到歐仁·蘇與拉臘、大仲馬與戴克爾、加爾多斯與愛倫坡、於斯曼與塞萬提斯以及其他小說家不盡明確的影響。黎剎的原創性在於他調換、結合以及轉變了自己所閱讀的作品。[49]本章的分析如果正確，那麼我們可以說愛倫坡、波特萊爾與馬拉美的「imp-demon」變成了纏擾著殖民地知識分子的「比較的幽靈」；大仲馬筆下那些「漫長的對話」被重塑成通往自由道路的急切辯論；歐仁．蘇對於巴黎社會結構的全景式觀點轉變為對於殖民社會弊病的簡要診斷；如此等等。不過，最能展現黎剎創意的一點，則是他借用並且大幅轉化了於斯曼的前衛美學，而為日後的年輕菲律賓反殖民民族主義者激發了政治想像力。

1 見亞尼斯，《參議員陸雷彝的一生》，pp. 6-8，13-15，20-24。

2 比黎剎大四歲的帕特諾（Pedro Paterno），在一八八五年出版了《妮內》（Ninay）。

3 卡薩諾瓦，《世界文學共和國》（Paris: Éditions du Seuil, 1999）。

4 那兩篇以法文寫成的文學論文，連同〈棕枝主日〉（Dimanche des Rameaux）這篇短文——探討基督教作為窮人的宗教而崛起，以及落入富人手中之後的腐化——都以微縮膠片的形式保存在菲律賓國家圖書館。凌亂的筆跡以及〈論高乃伊〉（Essai sur Pierre Corneille）這個標題，都令人覺得這是他在學期間所寫的文章，但文中巧妙提及伏爾泰的《評高乃伊的劇作》（Commentaire sur le théâtre de Corneille）以及萊辛（Gotthold Ephraim Lessing）的《漢堡劇評》（Hamburgische Dramaturgie），卻又顯得似非如此。另外兩篇文章出自黎剎沒有出版的筆記「臨床醫學筆記」（Cuadernos de médica clínica），其中那篇思索棕枝主日的文章標明寫於一八八七年的柏林。原稿似乎收藏在芝加哥的艾爾圖書館（Ayer Library）。

5 見埃斯特班．德歐坎波（Esteban A. De Ocampo），《藏書家黎剎》（Rizal as a Bibliophile，Manila: Bibliographical Society of the Philippines, Occasional Papers, No. 2, 1960）。德歐坎波不僅列出目前已不存在的那批藏書的內容，還包括黎剎的通信中提及的書籍與作者。多虧了十九世紀末菲律賓史首要權威安伯斯．歐坎波（Ambeth Ocampo；這兩人沒有血緣關係），我才得知德歐坎波的書單並不完整；馬尼拉的洛佩茲博物館暨圖書館（López

Museum Library）收藏有不少由黎剎親筆書寫的額外借書卡。

6 帕爾多活到了一九二五年。在書單中列出的九十三本小說當中，標明出版商與出版日期的書籍都是二十世紀的著作——那時黎剎早已身亡。只有四本的出版時間是在黎剎於一八九一年返鄉定居之前。不過，至少有百分之三十的書籍沒有出版日期。看起來帕爾多在返鄉之前，把他在巴黎收藏的圖書遺留在當地或是送給了朋友。回到馬尼拉之後，他又重新訂購了自己喜歡的書，也買了新的書籍。因此，雅典耀大學的書單無法讓我們得知黎剎寄宿在帕爾多家中那時可能看了哪些書，但倒是可讓我們清楚看出帕爾多世界性的閱讀品味。值得注意的是，帕爾多的藏書幾乎完全沒有詩集，也幾乎沒有古典讀物，但我們後續將會看到，黎剎的藏書詩和古典讀物都相當豐富。

7 我針對《不許犯我》寫了兩篇文章，都重印於拙作《比較的幽靈》（London: Verso, 1998），所以我在本章只會簡略討論這部作品。

8 卡勒（Jonathan Culler）和我針對這項擺盪所進行的對話，可見於卡勒與謝永平（Pheng Cheah）編輯的《比較基礎》（Grounds of Comparison；New York: Routledge, 2003），pp. 40-41，45-6以及228-30。

9 布萊福德．庫克（Bradford Cook）翻譯的《馬拉美：散文詩、散文暨信件選集》（Mallarmé: Selected Prose Poems, Essays and Letters；Baltimore: The Johns Hopkins University Press, 1956），pp. 2-4，收錄了這首詩還算可以的英文版本；其中關於這首詩的注釋，pp. 108-10，簡短敘述了其出版史。庫克指出這首詩與愛倫坡（一八〇九—四九）的偏執狂故事〈貝瑞妮絲〉（Berenice）具有驚人的相似處。那篇故事可見於愛倫坡的《故事集》（Tales；Oneonta: Universal Library, 1930），pp. 219-38。

10 愛倫坡，《故事集》，pp. 455-61。讀者想必記得愛倫坡這則故事是以第一人稱撰寫，講述一名男子犯下一起完美的謀殺案，但後來卻因為滿心想要宣揚自己的聰明才智而忍不住坦承了自己的罪行。故事標題中的「imp」一詞不帶有任何重大意義或基督教的色彩，最貼切的法語翻譯應是「lutin」。由於波特萊爾譯為「démon」，因而為其賦予了一種宏大而且守舊的天主教光芒。

11 波特萊爾翻譯愛倫坡的作品出版為一八五六年的《奇幻故事》（Histoires extraordinaires）以及一八五七年的《新奇幻故事》（Nouvelles Histoires extraordinaires）。〈悖理的惡魔〉是第二冊收錄的第一篇故事。本書連同波特萊爾的引言又重印於他的《作品全集》（Oeuvres complètes；Paris: Louis Conard, 1933），vol. 7。這位以《惡之華》知名的天才詩人在一八四七年初首度接觸愛倫坡的作品，為此深感興奮，而在接下來的十六年間把大部分的時間都投注於翻譯這些作品。見奎恩（Patrick F. Quinn），《愛倫坡的法國面貌》（The French Face of Edgar Poe，Carbondale: Southern Illinois University Press, 1954），pp. 9，14以及101。

12 黎剎小時候住在馬尼拉的那段時期有可能的確是如此。不過，從他的私人藏書當中含有德爾古（Pierre Delcourt）的《巴黎惡行大觀》（Le vice à Paris，4th edition, Paris, 1888）、賈尼耶醫師（P. Garnier）的《交媾中斷》（Onanisme，6th edition, Paris, 1888）、里科爾（Philippe Ricord）的《花柳病》（Traité des maladies vénériennes，Brussels, 1836）以及筏蹉衍那（Vatsyayana）的《印度愛經》（Le Kama Soutra，Paris, 1891），則可看出他在接下來十年間學醫以及閱讀其他讀物的經驗，已使得他在性方面相當見多識廣。

13 下述的拉丁文是個詼諧的文字遊戲，改自德國醫師赫尼曼（Christian Friedrich Samuel Hahnemann）這位系統性同種療法創始者的名言：「similia similibus curantur」（以毒攻毒）。黎剎的藏書裡有一本《同種療法學說導論》（Exposition de la doctrine médicale homéopathique），是赫尼曼著作的法文譯本（Paris, 1856）。黎剎，《起義者》（Manila: Instituto Nacional de Historia, 1990），p. 162。

14 黎剎，《起義者》，影印本（Manila: National Historical Institute, 1991），p. 157b（背面）：「-bus」添加於詞語上方，「similia」的「a」看起來又像是由「s」更改而成。因此，真正的原始版本可能是文法正確的「similis simili」。

15 不過，菲利克斯．羅哈斯（Felix Roxas）撰文憶述一八七七—七八學年——當時黎剎年方十六，仍是雅典耀中學的學生——提及那裡的學生研讀維吉爾與芬乃倫（François Fénelon）的作品之後，演出了一齣關於奧林帕斯眾神的舞台劇。那齣戲大概是他們自己編寫的，因為維吉爾和芬乃倫都不是劇作家。（接受耶穌會教育並與耶穌會一同對抗楊森主義〔Jansenism〕的芬乃倫，他受到那些雅典耀中學生閱讀的作品幾乎可以確定是神學「小說」《忒勒馬科斯歷險記》〔Télémaque〕。在一八八〇年代馬德里的菲律賓學生世界當中，每個人都有個逗趣的暱稱，例如性情嚴肅並且一心想當上醫生的伊希德羅．桑多斯〔Isidro de Santos〕就被叫做「年輕的忒勒馬科斯」。見華金〔Nick Joaquín〕，《英雄的問題》〔A Question of Heroes，Manila: Anvil, 2005，p. 44〕。）不消說，劇中所有的角色，不論男女，都是由少年扮演。羅哈斯寫道，青春期的孩子畢竟是青春期的孩子，學生之間因此發展出了熱切的戀情，直到其中一封情書在傳遞過程中遭到不時窺探的神父攔截。見《菲利克斯．羅哈斯的世界》（The World of Felix Roxas），由安赫爾．埃斯特拉達（Angel Estrada）與德爾卡門（Vicente del

Carmen）翻譯（Manila: Filipiana Book Guild, 1970），p. 330。這本書是羅哈斯在一九〇六至一九三六年間以西班牙文為《辯論報》（El Debate）撰寫的專欄文章的英文翻譯合集。

16 此一來源是可敬的波多黎各革命家暨「安地列斯」民族主義者貝丹賽斯醫師（Ramón Betances）。我們在第五章將會看到，他在一八九〇年代中期成了古巴與菲律賓的武裝民族主義起義之間的關鍵連結。一八七七年，他為了躲避西班牙殖民地當局而短暫避居聖托馬斯島（St Thomas；在一九一七年併入維京群島一同賣給美國），在那裡為《獨立報》（La Independencia）——流亡紐約的古巴與波多黎各人的發聲媒體——撰寫了兩篇諷刺文章，標題為〈馬尼拉的自主〉（La autonomía en Manila），刊登於九月二十九日與十月二十七日。（摘自迪亞〔Haraldo Dilla〕與戈迪內茲〔Emilio Godínez〕編輯的《貝丹賽斯》〔Ramón Emeterio Betances；Habana: Casa de las Américas, 1983〕，pp. 205-10。編者「現代化」了原本的拼字。）這兩篇文章的第二篇當中出現了以下這段譏諷菲律賓新任都督（一八七七—八〇）莫里歐尼斯（Domingo Moriones）的文字：「他絕不會沒有收到公主的補助。馬尼拉的公主之家（妓院），就像古巴的奴隸制度一樣，是『西班牙制度，受到總主教的許可』。不過，出現在這些住宅裡的其實不是公主，而是來自天朝的王子，中國的王子，都是十到十六歲的男孩，搭著馬車遊街，有如孔雀一樣，顯露出女性化的氣息，並且身穿女性服裝或是類似的衣服，毫不知羞地將那些厚顏無恥地追逐著她們（女性）或他們（男性）的卑賤之徒帶到他們的住處。那些公主之家每年向市政府支付四千披索，而足以令總主教反對壓制這種另一個形式的人口買賣。後來一名憤慨的改革主義克里奧律師對此提出抗議，結果他為自己的憤慨與改革所付出的代價就是被監禁在馬里亞納群島。不過，這門生意實際上帶來的收入微乎其微；而莫里歐尼斯也不是不可能把那些公主全部交給修士，因為那些修士非常適合處理這種事務。」這點如果是真的——四千披索聽起來也的確不像是虛假的金額——那就表示黎剎年方十六而在馬尼拉就學的時候，這些中國男妓就在那座城市裡遊蕩。大城市的青少年學童既是青少年，黎剎的同學顯然不太可能對這樣的交易毫無所悉。研究那個時代的馬尼拉市政記錄顯然有其必要，如果那些記錄還存在的話。

17 《起義者》（1990），p. 173。字體強調為原文即有。

18 我確信部分的解釋在於美國殖民及其所建構的教育體制。對於由國外引進的世俗教師，以及（後來）來自波士頓與巴爾的摩等地的天主教教士而言，古典文學文化是完全陌生的。不過，黎剎那一代接受西班牙耶穌會士教育的那些年輕人，卻是精通於古典拉丁文。德歐坎波的書單非常明白地展現了這一點。在卡蘭巴（Calamba）的圖書館，可以看到下列作者的著作：凱撒、西塞羅、賀拉斯（Horace）、李維（Livy）、盧克萊修、奧維德、普勞圖斯（Plautus）、塔西佗（Tacitus）與修昔底德（黎剎在通信中也提及艾斯奇勒斯〔Aeschylus〕、普魯塔克、索福克勒斯與色諾芬，我猜都是翻譯本。）異教古典拉丁詩文尤其充滿了對於男性之間的性愛關係的描述或指涉，包括凡人與神明在內。賀拉斯與維吉爾分別以幽默和柔情的筆調寫及他們所愛過的男孩。黎剎沒有提到柏拉圖，但很難想像他從沒讀過《饗宴篇》（Symposium）。就算修士會去審查、或者試圖審查菲律賓年輕人們讀的書，也絕不可能阻止他們在心目中想像那個擁有高度文明的文化，其中完全沒有基督教存在，也沒有基督教對於性的那種奇特執迷。美國人的到來為這個神奇的古代世界關上了大門。（在黎剎以後，就再也沒有菲律賓作家針對以弗所的戴安娜所擁有的「眾多乳房」開過玩笑。）這是庸俗的北美人對黎剎之後的世代所造成的一項傷害，只可惜沒有受到注意。

19 拙作〈《不許犯我》當中的意識形式〉（Forms of Consciousness in *Noli me tangere*），《菲律賓研究》（Philippine Studies），51:4 (2003)，pp. 505-29，對這部小說的字彙進行了統計研究，因此針對黎剎是以歐洲一般讀者為他寫作的部分對象提出有力的論述。其中最明確的證據，就是敘事者大量使用的泰加洛語日常詞彙，都附上西班牙文的意譯，而這種做法的服務對象不可能是泰加洛語讀者，也不可能是已經在殖民地待了許久的西班牙人，而是對菲律賓所知不多的歐洲人。書中之所以安插了那些泰加洛語字眼，似乎是為了向讀者保證，作者的姓名看起來雖然像是西班牙人，但他的確是土生土長的本土報導人。

20 於斯曼的《違反天性》由普羅米修斯出版社（Prometeo）出版於瓦倫西亞，書名譯為《Al revés》（無日期）。

21 《違反天性》原本在一八八四年五月由夏邦提耶出版社（Charpentier）出版於巴黎。見巴爾迪克（Robert Baldick）為他的譯本所寫的引言，《Against Nature》（London: Pengin Classics, 1959），p. 10。我認為第一部英文譯本是《Against the Grain》（New York: Lieber and Lewis, 1922）。這個版本刪除了情色段落，並且含有一篇油滑又不誠實的引言，作者不是別人，正是偽激進性學家靄理士（Havelock Ellis），而且他也搞錯了原著的出版日期，誤差達五年。後續的版本恢復了遭到刪除的部分。

22 於斯曼，《違反天性》（Paris: Fasquelles, n.d., but c. 1904），p. 244。

23 同上，p. 235。

24 見福婁拜，《聖安東尼的誘惑》（Paris: A. Quentin, 1885）；這句話出自福婁拜《作品全集》（Oeuvres complètes）的

第五冊。在聖安東尼最後面臨的幾項誘惑當中，有一次是一個異象，只見喀邁拉與斯芬克斯這兩個神話生物在尼羅河岸上對話。奇特的是，福婁拜認為斯芬克斯是雄性。是不是因為這個字眼在法文當中屬於陽性名詞？此處引述的這句話出自喀邁拉之口，在p. 254。

25 黎剎在一八八四年四月二十六日於馬德里觀賞了一場《哈姆雷特》的演出。那一天的記錄出自他的「馬德里日記，一八八四年一月一日至六月三十日」(Diario en Madrid, 1 enero á 30 junio 1884)，收錄於《日記與回憶錄，黎剎手稿》(*Diarios y memorias. Escritos de José Rizal*)，第一冊（Manila: Comisión del Centenario de José Rizal, 1961），p. 127。

26 黎剎，《起義者》，p. 135。還是說里茲先生是福婁拜的愛好者？

27 《違反天性》，pp. 103-6，第六章的一部分，在由靄理士撰寫序言的一九二二年紐約翻譯版本當中完全遭到刪除。

28 《起義者》，p. 46。

29 同上，第三十、三十三及三十五章。

30 《違反天性》，pp. 146-8；此處引述的段落在p. 147。

31 一般提到韓波離開歐洲之後的生活，通常都聚焦於他在葉門亞丁擔任營業代理人的十年，以及後來在衣索比亞哈勒爾為孟尼利克二世（Menelik II）販運軍火。不過，他第一次真正離開歐洲的旅程是在一八七六年，當時他以荷蘭殖民軍的傭兵身分前往荷屬東印度群島。他無疑知道殖民政權在三年前展開了對亞齊（Acheh）人民的征服行動，而這項行動後來發展成了一場歷時三十年的殘暴戰役。他從亞丁出發，在七月二十日抵達巴達維亞（Batavia），在那裡接受了兩個星期的訓練，然後被派到爪哇中部。他在十四天後逃兵，躲過了當局的追緝，後來與一名蘇格蘭船長達成某種協議，讓他搭上一艘必須運糖回歐洲但人手不足的船隻。他喬裝成一個名叫「霍姆斯先生」的水手，經歷了九十天極度艱苦的航程，繞經好望角抵達科克（Cork），然後才在十二月初返回法國。他在那十四天待過的敦唐（Tuntang）兵營，位於三寶瓏（Semarang）港口後方涼爽的山丘上，現在仍然平靜地座落在那裡。他在一八七九年六月又回到了亞丁。（感謝維比索諾〔Joss Wibisono〕提供這項資訊以及以下的參考資料。）我喜歡想像二十歲的黎剎在一八八二年初夏站在簡娜號（D'jemnah）的甲板上向二十八歲的韓波揮手，當時這艘船停泊在亞丁外海，後來航經紅海前往歐洲。見羅布（Graham Robb），《韓波》（*Rimbaud*；London: Picador, 2000），第二十五章；伐利（Wallace Fowlie），《韓波考辨》（*Rimbaud: A Critical Study*；Chicago: University

of Chicago Press, 1965），pp. 51ff。

32 順帶一提，那個時候的巴黎就像倫敦、柏林與巴塞隆納一樣，已經有了男女同性戀酒吧及同性戀出沒地點所構成的地下世界，性好遊歷的於斯曼曾與他的同志暨作家朋友羅杭造訪過幾次。見韓森（Ellis Hanson），《頹廢與天主教》（Decadence and Catholicism：Cambridge, MA: Harvard University Press, 1997），第三章：〈於斯曼恐慌〉（Huysmans Hystérique），尤其是p. 149。

33 於斯曼本身在一九〇三年的序言裡回憶指出，這本書「就像一顆隕石掉進文學的露天市集裡：引發了目瞪口呆與憤怒的反應」。他針對自己引發的各種相互矛盾的不同敵意所提出的逗趣描寫，可見於pp. 25-6。

34 黎剎的法語能力還沒有受到認真研究。在他的《從卡蘭巴到巴塞隆納的旅行日誌》（Diario de viaje. De Calamba à Barcelona：一八八二）當中五月十二日的記錄裡，他在船上提及自己正在閱讀華特．史考特（Walter Scott）的《Carlos el Temerario》（《驚婚記》）的法文譯本。史考特用字豐富又艱澀，所以閱讀他作品的法文譯本想必需要一些真正的法文閱讀能力，儘管不必然需要口語或寫作能力。見黎剎，《日記與回憶錄》（引用於注25），p. 47。但在八年後的一八九〇年六月二十八日，他在布魯塞爾寫信給奧地利民族學家布魯門特里特（Ferdinand Blumentritt）這位知己，卻又提到自己正跟著身旁最好的老師學習法語。見《黎剎與布魯門特里特教授之間的通信，一八九〇—一八九六》（Cartas entre Rizal y el Profesor Fernando Blumentritt, 1890-1896），收錄於《書信集》（Correspondencia epistolar：Manila: Comisión del Centenario de José Rizal, 1961），Tomo II, Libro 2, Parte 3, pp. 668-71。他當時是不是只在學習說和寫？

35 古爾雷諾（León Ma. Guerrero），《第一個菲律賓人：黎剎傳》（The First Filipino, a Biography of José Rizal：Manila: National Historical Institute, 1987），p. 121。這本書只用了兩頁的篇幅交代黎剎在巴黎居留的時間，一個原因可能是黎剎在那七個月裡極少寫信，包括對他的家人也是一樣。

36 見比奧拉的《我與黎剎醫生同遊的經歷》（Mis viajes con el Dr Rizal），收錄於《日記與回憶錄》，p. 316。

37 這封信收錄於《黎剎與布魯門特里特教授之間的通信，一八九〇—一八九六》，p. 677。

38 這封信收錄於《黎剎與布魯門特里特教授之間的通信，一八八八—一八九〇》，取自《書信集》，Tomo II, Libro 2, Parte 2, p. 409。

39 我們將會看到，在一八八九至一八九一年間，黎剎的家庭因為殖民政權與道明會結盟而陷入財務困境。他的父親、哥哥帕西亞諾、兩名姐妹及其丈夫都被流放到菲律賓群島的偏遠地區。

40 保羅・文森，〈進一步思索穆爾塔圖里與黎剎〉(Multatuli en Rizal Nader Bekeken)，《論穆爾塔圖里》(Over Multatuli, 5：一九八〇)，pp. 58-67。

41 波禾(Jean-Louis Bory)針對歐仁・蘇寫了一本風趣、深刻又引人共鳴的傳記：《通俗小說之王歐仁・蘇》(Eugène Sue, le roi du roman populaire：Paris: Hachette, 1962)。那部一千三百頁左右的小說有一本優質的近代版本，在一九八九年由羅伯・拉凡出版社(Éditions Robert Laffont)出版於巴黎。

42 見伯恩海默(Charles Bernheimer)，《名聲不佳的人物：描繪十九世紀法國的賣淫活動》(Figures of Ill Repute: Representing Prostitution in Nineteenth Century France：Cambridge, MA: Harvard University Press, 1989)，p. 47；以及托爾托尼賽(Paolo Tortonese)，〈道德與故事：把《巴黎神秘事件》解讀為連載小說的原型〉(La Morale e la favola: Lettura dei *Misteri di Parigi* como prototipo del *roman-feuilleton*)(油印版，無日期)。(感謝莫雷蒂〔Franco Moretti〕為我提供這篇文章。)率先採用這種做法的先鋒編輯是吉拉爾丹(Émile de Girardin)，他在一八三六年於自己新創立的《新聞報》(La Presse)開始連載巴爾扎克的《老姑娘》(La vieille fille)。

43 我找得到的版本是一八八九年的三冊英文譯本，長達一千五百頁以上，由羅德里奇父子出版社(George Routledge and Sons)出版於倫敦與紐約。這個版本附有絕佳的十九世紀風格插圖。那名耶穌會士的手下包括一名行事可疑的荷蘭殖民地生意人，以及一名精通殺人手法而且犯案在逃的印度祭殺派(Thug)成員。(一八三一年，距離《流浪的猶太人》開始連載約十年前，東印度公司總督本廷克〔William Bentinck〕發動了肅清祭殺派的活動：這是一群職業搶匪暨殺人犯，通常以勒殺手法殺死被害人。)不過，普魯東式社會主義者把荷蘭在東印度的統治完全視為理所當然。
黎剎提到他以十比塞塔買了這部巨著的西班牙文譯本，又另外以二・五比塞塔買了大仲馬與賀拉斯的著作。見他的《馬德里日記》一八八四年一月六日的記載，收錄於《日記與回憶錄》，p. 114。在一月二十五日，他記錄指稱自己剛看完了那本書，並且提出了這段簡潔扼要的評論：「我覺得這部小說的劇情安排極為刻意，是才華和預先籌劃造就的獨特結果，但不像拉馬丁的作品那樣動人心弦。這部小說讀來讓人欲罷不能，在心頭上縈繞不去，令人驚疑困惑，為之臣服，但不會使(我)流淚。我不曉得是不是因為我已經變得比較堅強。」同上，p. 118。

44 同上，p. 13。

45 在一八八四—八五年間，比黎剎大九歲的阿拉斯（Leopoldo Alas；筆名克拉林〔Clarín〕）出版了他最重要的小說：《庭長夫人》（La Regenta）。這是一部極度反教權的作品，並且對西班牙鄉下教堂城鎮的社會生活提出了一針見血的描寫。這部小說在神職人員與抱持正統思想的人士之間引發了高度憤怒。黎剎在馬德里求學到一八八五年夏，然後才轉往法國與德國，所以他就算沒時間實際讀過，也一定知道有這部小說。不過，他筆下從來沒有提到過這部作品。如同對加爾多斯，他對《庭長夫人》可能也是刻意保持沉默；不過，帕爾多的藏書裡也沒有這部小說，這點可能更具意義。

46 《不許犯我》，p. 350。

47 安德森，《比較的幽靈》（London: Verso, 1998），p. 231。

48 黎剎在一八八八年六月十六日寫給好友彭西的一封信裡，把拉臘稱為「本世紀最偉大的西班牙散文作家」。在四月三十日從舊金山寄出的另一封較早的信裡，他請彭西幫他購買一套拉臘的作品全集寄到倫敦，但後來只收到選集。在六月十六日的那封信裡，黎剎接著指出：「在偉大的作者方面，由於我比較喜歡作品全集而不只是選集，所以我懇求你把《作品全集》寄給我……不過，我還是會欣然留下這部選集，以便從事不同版本的比較。我的理由是……我認為偉大人物的一切都值得研究，而且非常難以確切指出他們的哪些部分比較好，哪些部分比較差。」《黎剎書信集》（Epistolario Rizalino），第二冊，一八八七—一八九〇（Manila: Bureau of Printing, 1931），pp. 7-8，12-14。

49 這裡也許適合提起黎剎在一八八八年十一月八日從倫敦寫給布魯門特里特的一封信裡所提到的一件事。他對他的這位朋友說，菲律賓真正的問題不在於缺乏書本。書店的生意其實相當好。在卡蘭巴這座人口介於五至六千人之間的小鎮裡，就有六間小型圖書館，而且他自己家人的藏書就超過一千冊。「然而，他們賣的大多數都是宗教以及乏味的書籍。許多人都有自己的小批藏書，不多，因為書價很貴。一般人都會閱讀坎圖（當時一位著名的義大利天主教世界史作家）、羅朗（可能是偉大的法國化學家Auguste Laurent）、大仲馬、歐仁・蘇、雨果、埃斯克里奇、席勒以及其他許多作家的作品。」見《黎剎與布魯門特里特教授之間的通信，一八八八—一八九〇》，收錄於《書信集》，Tomo II, Libro 2, Parte 2, pp. 374-80。

另一項國際性的要點也應該被指出來。收藏了一千本家庭藏書的人很明顯就是黎剎的父母。在黎剎初次前往巴黎的時候，他在一八八三年六月二十一日至八月二日之間寄回家的四封信，讓我們感受到了他們廣博的文化教養。他在信中描述自己前往巴黎聖母院，而想起了雨果的《鐘樓怪人》。他熱愛盧森堡宮收藏的提香、拉斐爾與達文西的畫作。他到先賢祠（Panthéon）瞻仰盧梭與伏爾泰的墓。他在羅浮宮周圍遊蕩，隨口提及這座宮殿有部分在一八七一年遭到巴黎公社燒毀，並且深深讚賞其中收藏的提香、科雷吉歐（Correggio）、雷斯達爾（Jacob Van Ruisdael）、魯本斯、牟里羅（Bartolomé Esteban Murillo）、維拉斯奎茲、里維拉（Diego Rivera）、范戴克、拉斐爾與達文西等人的畫作，還有米洛的維納斯。他甚至到格雷萬蠟像館（Musée de Grevin）去看雨果、都德、左拉、阿拉比（Arabi Pasha）、俾斯麥、加里波底，還有沙皇亞歷山大二世與三世的蠟像。引人注目的是，他完全沒有解釋這些名字，而且顯然是覺得沒有必要解釋。他的父母早已非常熟悉這些人物。見《寫給父親與兄弟的信件》（Cartas á sus padres y hermanos），收錄於注25提過的《黎剎手稿》第一冊，pp. 90-106。

在俾斯麥與諾貝爾的世界陰影下

到了《起義者》出版之時（一八九一），黎剎在歐洲已經待了將近十年，而且學會了這座次大陸的兩種主要語言——德語和法語——還有一點英語。他也在巴黎、柏林與倫敦住過相當長的時間。他有充分的政治理由給自己的第二部主要小說作品取了「novela filipina」（菲律賓小說）這個副標題，我們後續將會談到這一點。不過，從另一個角度看，真正屬於菲律賓小說的是《不許犯我》，《起義者》則大可稱為「novela mundial」（世界小說）。《不許犯我》中的人物不是殖民者就是被殖民者；但在《起義者》當中，我們已經提過馬尼拉出現了一個法國綜藝劇團，還有里茲先生這個貨真價實的美國北方佬，據說因為在南美洲住過很長一段時間而精通西班牙語。有個關鍵人物是極度富有的「中國人」齊洛加，打算在當地為他的國家設立一座領事館。此外，這本書中隨處提到埃及、波蘭、秘魯、德國、俄國、古巴、波斯、加羅林群島、錫蘭、摩鹿加群島、利比亞、法國、中國與日本，也提及阿拉伯人與葡萄牙人、廣州和君士坦丁堡。

然而，相較於譯入多種語言且在菲律賓廣為人知並且深受喜愛的《不許犯我》，《起義者》卻沒有受到太多重視。在一個層次上，這樣的忽略不難理解。這部小說沒有真正的主角，而《不許犯我》則至少有一個，甚至可能有三個。女性在《起義者》當中沒有扮演任何中心角色，書中也沒有什麼描繪鮮明的女性人物，但《不許犯我》當中卻有三個最突出的人物都是屬於黎剎所謂的「bello sexo」（美麗的性別）。《起義者》的主要情節與次要情節都是失敗與死亡的故事。其中的道德語調比較灰暗，政治占有比較中心的地位，風格也比較嘲諷。我們也許可以說，這本書如果不是因為是菲律賓國父寫的，必定至今在菲律賓都不會有多少讀者，更遑論其他地方。然而，這部小說在許多方面都是一部驚人的作品。這部作品在菲律賓知識分子與學者眼中是個謎，其中一大原因是書中的描寫與一八八〇年代菲律賓殖民社會的已知現象明顯對應不上，因而使他們感到困惑。於是，他們也就不禁從黎剎在實際生活中對於反殖民革命與政治暴力的含糊態度（後續會談到這一點）而對他進行「道德」分析。不過，我們如果把這部小說視為不僅是地方性而是全球性的作品，就至少能夠減少部分的這些難題。

要創造這麼一個多重中心的觀點，敘事就不免要用蒙太奇的技法。分析者必須從年輕的黎剎在一八八二年出發前往歐洲之前的政治經驗開始檢驗。接下來呢？是三個互相交疊的「世界」。第一個世界僅限於時間方面，是一八六〇至九〇年間的國家間世界體系，由俾斯麥主宰。在一八六六年於柯尼格雷茨（Königgrätz）對奧匈帝國獲得徹底的軍事勝利，又在一八七〇年於色當（Sedan）擊潰法國之後，俾斯麥主政下的普魯士不但成為歐陸霸主並且成立了德意志帝國，還終結了法國的君主政體、消除了教宗的世俗權力，也使得他的國家成為非洲、亞洲與大洋洲的後進帝國主義者。黎剎的《不許犯我》在柏林出版的時間，就在這個世界仲裁者終於從寶座跌落的三年之前。但在同一個時間，在世界的邊緣地帶，後江戶幕府時代的日本，與後南北戰爭時期的美國，則正在準備著從不同方向推翻歐洲的世界霸權。

第二個世界是全球左派的世界。一部分由於俾斯麥的緣故，一八七一年發生了一件後來再也不曾發生過的現象，也就是（當時）象徵性的「世界文明首都」（巴黎）落入平民大眾的手中。巴黎公社的影響傳遍全球。當時的法國政府害怕巴黎公社成員更甚於俾斯麥，因而以殘暴手段壓制巴黎公

華沙
波蘭
基輔
哈爾科夫
柯尼格雷茨
俄羅斯
維也納
布達佩斯
奧匈帝國
匈牙利
奧德薩
亞速海
克里米亞
羅馬尼亞
波士尼亞
貝爾格勒
布加勒斯特
塞拉耶佛
塞爾維亞
黑海
保加利亞
蒙特內哥羅
亞得里亞海
索菲亞
君士坦丁堡
貝內文托
薩洛尼卡
鄂圖曼帝國
愛琴海
希臘
雅典
愛奧尼亞海
馬爾他
克里特島
地中海
賽普勒斯

三個世界之一：地中海

愛爾蘭
英國
倫敦
荷蘭
德國
根特
布魯塞爾
列日
比利時
英吉利海峽
法蘭克福
利特梅里茨
布拉格
色當
大西洋
巴黎
慕尼黑
法國
巴塞爾
瑞士
日內瓦
伯恩
里昂
比斯開灣
威尼斯
米蘭
杜林
曼托瓦
波爾多
波隆那
摩納哥
熱那亞
佛羅倫斯
巴約訥
土魯斯
比薩
安科納
奧維耶多
畢爾包
馬賽
加利西亞
伊芙島
義大利
瓦雅多利德
薩拉戈薩
科西嘉島
葡萄牙
亞拉岡
巴塞隆納
羅馬
卡斯提爾
加泰隆尼亞
塔拉戈納
科英布拉
阿維拉
馬德里
那不勒斯
巴利亞利群島
阿蘭費茲
瓦倫西亞
薩丁尼亞島
馬約卡島
第勒尼安海
里斯本
西班牙
安達魯西亞
塞維亞
卡塔赫納
格拉納達
赫雷斯
卡迪斯
阿爾及爾
突尼斯
休達
阿爾及利亞
突尼斯省
摩洛哥

社，再加上後來馬克思去世，於是促成了國際無政府主義的興起。直到十九世紀結束，國際無政府主義都是全球反抗工業資本主義、獨裁統治、大土地所有制與帝國主義的主要媒介。對這高漲的情勢，瑞典商人暨科學家諾貝爾無意間做出了一項重大貢獻，發明出史上第一件可由全球各地受壓迫階級的活躍成員輕易取得的大規模毀滅性武器。

第三個世界是個比較狹小的世界，也就是黎剎誕生於其中的那個苟延殘喘的西班牙帝國。這個殖民母國本身深受動盪所苦，包括改朝換代的內戰、不同民族區域間的激烈競爭、階級衝突，以及各式各樣的意識形態鬥爭。從加勒比海延伸到北非乃至環太平洋地區的遙遠殖民地裡，追隨古巴而興起的反殖民運動不但在激烈程度與社會支持上都穩定增加，而且相互之間也開始有了正式聯繫。

隨著本章進展至最後對於《起義者》的政治分析，這三個世界之間的相互穿插也變得愈來愈錯綜複雜，因而需要在西班牙、法國、義大利、俄國、加勒比海、美國與菲律賓之間跳來跳去——儘管這麼做不免考驗讀者的耐性。

歐洲之旅

一八三三年，西班牙的一場王朝危機引發了兩場內戰，從此一路纏擾這個國家直至世紀末。那一年，極度反動的費爾南多七世過世了，他先前曾被拿破崙監禁和廢黜，一八一五年在不神聖同盟支持下復位。費爾南多七世死後把王位傳給了他唯一的孩子：三歲大的伊莎貝拉，由伊莎貝拉出身那不勒斯的母親擔任攝政者。不過，費爾南多的弟弟卡洛斯對王位繼承提出異議，主張一八三〇年公開廢除禁止女性繼承王位的《薩利克法》，目的就是為了剝奪他的繼位權。他在極度保守的北方（納瓦拉〔Navarre〕、亞拉岡〔Aragon〕與巴斯克自治區）招募一支軍隊，展開了一場延續至一八三九年的戰爭，最後也只是在不穩定的休戰協定中劃下句點。攝政者與她的集團因為財政與政治上需要而尋求自由派的支持，並且採取一項造成深遠影響的措施（後續將會談到這一點），將所有勢力龐大的修道會的財產全數充公。伊莎貝拉在十六歲那年下嫁「娘娘腔」的卡迪斯公爵，不久之後就開始習於從其他地方找尋樂趣。成年之後，她逐漸偏離她母親的政策，在某些死硬保守派神職人員的影響擺佈下，領導著一個愈來愈腐敗也愈來愈搖搖欲墜的政權。

在這個政權終於在一八六八年九月垮台前的幾個月裡，女王下令將她的幾個共和派敵人流放到菲律賓，監禁在馬尼拉灣內戒備森嚴的科雷希多島（Corregidor）上。後來她遜位逃往法國，在一陣群情興奮的情緒當中，有些富裕而且抱持自由主義思想的馬尼拉克里奧人與麥士蒂索人（包括帕爾多、雷希多〔Antonio María Regidor〕與巴薩〔José María Basa〕——雷希多與巴薩後來成了黎剎的好友）為那些受苦的囚犯發行了公債。[1]一八六九年六月，安達魯西亞將軍德拉多雷（Carlos María de la Torre）這位富裕的自由主義者接任菲律賓都督，結果他的行為令伊比利半島的殖民菁英驚嚇不已，包括邀請克里奧人與麥士蒂索人到他的官邸向「自由」敬酒，以及身穿便服漫步於馬尼拉的街道上。接著，他又廢止了媒體審查、鼓勵言論與集會自由、禁絕軍中的鞭笞刑罰，並且終結了馬尼拉隔鄰的甲米地省的一場農民起義，赦免反抗人士並將他們組成一支特殊警力。[2]第二年，自由派的僑務部長莫雷特（Segismundo Moret）發布命令，把古老的聖托馬斯道明會大學（Dominican University of Santo Tomás）收歸國家管理，鼓勵修士還俗，同時保證他們還俗後還可以繼續掌管原本的教區，不必理會他們的宗教上司。[3]同樣的興奮情緒在古巴激起了十年起義（一八六八—七八），在富裕的地主塞斯佩德斯（Carlos Manuel de Céspedes）有效的領導之下，一度掌控這座富饒殖民地的東半部。[4]

但在馬德里，由阿瑪迪奧一世（Amadeo of Savoy）接任國王的決定因為不受大眾喜愛，政治風向開始轉變。[5]一八七〇年十二月，帶頭推翻伊莎貝拉並且促成阿瑪迪奧就位的首相胡安・普里姆將軍（Juan Prim y Prats）被刺身亡。於是，德拉多雷也跟著在一八七一年四月遭到撤換，由保守派的德伊斯基耶多將軍（Rafael de Izquierdo）取代。他廢止莫雷特的命令，接著又取消甲米地省海軍船塢勞工得免除徭役勞動的傳統規定。一八七二年一月二十日，一場叛變爆發了，七名西班牙軍官被殺。叛變迅速被鎮壓，但德伊斯基耶多接著又逮捕了數以百計的克里奧人與麥士蒂索人，包括在俗教士、商人、律師，甚至是殖民政府的成員。[6]大多數被捕的人士，包括巴薩、雷希多與帕爾多在內，最終被流放到馬里亞納群島或甚至更遠。不過，政權在若干保守修士的慫恿下，決定對三名自由派的在俗教士殺雞儆猴。經過一場不公平的短暫審判後，克里奧人伯戈斯（José Burgos）、薩莫拉（Jacinto Zamora），以及華裔麥士蒂索人馬利亞諾・戈麥斯（Mariano Gómez）被公開處以絞喉，現場觀眾據說有四萬人。比黎剎大了十歲而且和他感情深厚的哥哥帕西亞諾原本住在伯戈斯家裏，不得不逃亡躲藏，放棄接受進一步的正式教育。[7]

在六個月後的九月二日，甲米地省船塢與軍火庫裡將近一千兩百名勞工發動了菲律賓史上第一場有記錄的罷工。許多人遭到逮捕與審問，但政權找不出一個首腦，於是最後所有人都被釋放。威廉・亨利・史考特引述了德伊斯基耶多對這項惱人的意外結果所提出的省思。由於「一千多人不可能在沒有某種陰謀領導下有一模一樣的想法」，因此這名將軍斷定認為，「第一國際必定展開了黑暗的翅膀，以致最偏遠的土地都被它邪惡的陰影遮蔽」。說起來雖然難以置信，但第一國際才剛在一八七一年十一月遭到西班牙國會禁止，而信奉巴枯寧主義的馬德里分會也在其正式宣傳媒介《團結報》（La Solidaridad）的第一期（一八七〇年一月十五日）為了號召全世界的勞工而特別提及「大洋洲那片處女地以及居住在富裕廣大的亞洲地區的你們」。[8]

黎剎在許多年後寫道：「如果不是一八七二年，黎剎現在就會是個耶穌會士，而且寫的不會是《不許犯我》，而是相反的作品」。[9] 帕西亞諾既已名列黑名單，黎剎若繼續沿用家族的主要姓氏梅卡多，必定不可能有機會接受良好的教育；因此，他進入雅典耀中學乃是以次要姓氏黎剎註冊。一八九一年，他把《起義者》題獻給那三位殉道的

少年的黎剎。

教士。他的奧地利好友民族學家布魯門特里特在一八八七年問他《起義者》書名中的「filibustero」這個古怪字眼是什麼意思，他回答道：

「Filibustero」一詞在菲律賓仍然極少有人知道；一般民眾至今仍然不曉得這個字眼。我第一次聽到這個詞語是在一八七二年（他當時十一歲），也就是那三人遭到處決的那一年。我還記得那場行刑引起的恐怖感受。我們的父親禁止我們說出這個字眼……（這個詞代表）一個很快就會被絞刑處死的危險愛國者，或是自以為是的人！[10]

原來，這個字眼是一八五〇年左右在塞斯佩德斯的加勒比海洋某處出人意料的海岸上，被製造出來的政治詞語，經由古巴、西班牙，跨越印度洋，傳到馬尼拉。[11]

一八八二年春末，二十歲的黎剎離國前往西班牙讀書。他向父母隱瞞了這項計畫，但獲得他仰慕的哥哥帕西亞諾以及一位同情他的叔叔支持。這怎麼可能呢？梅卡多家族是個富有教養的西班牙語和泰加洛語雙語家庭，混合了「馬來人」、西班牙人與中國人的血緣。他們是卡蘭巴這座小鎮（當今位於馬尼拉以南一小時車程處）最富裕的家族，但他們的財富頗為脆弱，因為他們擁有的土地不多，大部分的土地是向當地占地廣大的道明會莊園租用。世界糖價在一八八二年還相當高，但在一八八三至八六年間的經濟蕭條中即告崩跌。家中雖然總是盡力寄錢給黎剎，但一直都不足夠，所以這位年輕人通常處於入不敷出的窘境。

不論如何，黎剎在六月初搭乘荷蘭豪華郵輪簡娜號抵達馬賽，接著前往巴塞隆納，再轉往馬德里，進入中央大學就讀。[12]他在寫回家的信中說，第一件令他感到震驚的事情是：

> 我走在那些寬廣潔淨的街道上，路面就像馬尼拉的街道一樣鋪著碎石。街上擁擠的人潮全都被我吸引；他們叫我中國人、日本人、美洲人（亦即拉丁美洲人）等等，卻沒有一個人叫我菲律賓人！可憐的國家——根本沒人認識你！[13]

在馬德里，同學問他菲律賓是英國還是西班牙的屬地，還有另一名菲律賓人則是被問到菲律賓距離馬尼拉是不是很遠。[14]然而，絕大多數西班牙人對他的國家如此無知又漠不關心，很快就帶來了有用的後果。在殖民地（但西班牙政府從來不曾把菲律賓或古巴稱為殖民地，也沒有設置殖民部），內含於法律、稅制以及禁奢規定當中的種族階級結構對於所有人都具有至高的重要性。伊比利半島人、克里奧人、

黎剎所繪的亞丁港素描。

西班牙人與華裔麥士蒂索人、「華人」以及印第安人，都是個別受到強調的社會階層。在菲律賓，「菲律賓人」指的只是克里奧人。但在西班牙，黎剎與他的同學很快就發現這樣的區別不是沒人知道，就是沒人在乎。[15]不管他們在家鄉的地位為何，在這裡他們全都是菲律賓人，就像十八世紀末身在馬德里的拉丁美洲人都是美洲人一樣，不論他們來自利馬還是卡塔赫納，也不論他們是克里奧人還是其他混血兒。[16]（同樣的情形也在當代美國造成了「亞裔」與「亞裔美國人」這樣的分類。）一八八七年四月十三日，黎剎寫信向布魯門特里特指出：

> 我們所有人都必須為了政治目標而犧牲，就算我們不想也一樣。我的朋友都明白這一點，他們在馬德里出版我們的報紙；這些朋友全都是年輕人，包括克里奧人、麥士蒂索人與馬來人，（但）我們都單純自稱為菲律賓人。[17]

他們在殖民地的「身分」，和他們在殖民母國裡公開的「自稱」形成對比。不過，其中實際上還有一項更進一步的省略，因為許多麥士蒂索人都是華裔而不是西班牙裔。（在菲律賓，華裔麥士蒂索人遠多於西裔麥士蒂索人。）[18]其中涉及的政治努力，也許足以說明他們的報紙為什麼取了《團結報》這麼一個充滿希望的名稱——而且沒有注意到這個名稱與第一國際之間的聯想性。因此，我們可以說菲律賓的民族主義實際上是起源於西班牙都市裡，而不是在菲律賓。

黎剎在馬德里的中央大學苦讀了四年。到了一八八五年夏，他已取得了文哲博士學位，而且如果不是因為錢已經花光，也必定會拿到醫學博士學位。黎剎在一八九六年底遭到處決之後，比他小三歲但卻早了兩年進文哲學院就讀，而在一八八四年畢業的烏納穆諾（Miguel de Unamuno）稱自己在學生時期曾經看過黎剎，他這麼說有可能是真的。[19]不過，對於本書而言，最重要的事件發生在黎剎大四那一年（一八八四／八五）的開頭，當時他的歷史教授暨西班牙共濟會總導師莫拉伊塔（Miguel Morayta）發表了一場開學演講，猛烈抨擊神職人員的愚民做法，並且極力捍衛學術自由。[20]莫拉伊塔隨即被以散播異端、玷污西班牙傳統與文化等罪名，遭到阿維拉主教及其他主教開除教籍。學生為他發動了為期兩個月的罷課活動，而且立刻獲得格拉納達、瓦倫西亞、奧維耶多、塞維亞、瓦雅多利德、薩拉戈薩與巴塞隆納等地的重要大學的學生支持。[21]政府下令警方介入，許多學生都遭到逮捕與（或）毆打。黎剎後來回憶，他當時躲進莫拉伊塔的家中，並且陸續採用了三個假身分，才得以逃過被捕的命運。[22]我們後續將會看到，這個經驗經過轉換，成為《起義者》裡的一段關鍵情節。

黎剎的學生時期只有另一起事件值得在此強調：也就是黎剎在一八八三年春季第一次到巴黎度假。我們前面已稍

就讀馬德里中央大學時期的黎剎。

微提到他從法國首都寫給家人的那些語氣興奮不已的信件。他在馬德里寫的信完全比不上這些。巴黎這個地理政治空間，讓他第一次看出西班牙帝國是如此落後：不論在經濟上、科學上、工業上、教育上、文化上還是政治上都是如此。[23]這就是為什麼他的小說在寫於殖民統治下的反殖民文學當中，會顯得頗為獨特，因為他能夠嘲笑殖民者，而不只是譴責他們。他雖然在出版《不許犯我》後才讀了戴克爾的《馬格斯．哈弗拉爾》，但我們一眼即可看出，他為什麼會喜歡這位荷蘭作家毫不留情的諷刺風格。

到了他畢業的時候，他已經受夠了殖民母國；接下來的六年他都在「先進」的歐洲北部度過。這點也許和馬蒂（Jóse Martí）很相似。馬蒂比黎剎大八歲，一八七〇年代中期曾在西班牙讀書，後來就徹底離開了那裡，餘生主要在紐約度過。

俾斯麥與帝國主義的新地理形勢

談到這裡，我們必須暫時拋下二十四歲的黎剎，以便概觀一八八〇年代他所在的那三個世界——也就是他出版了《不許犯我》並且籌備著《起義者》的那段時期。

鐵血宰相在一八六六年於柯尼格雷茨擊潰了奧匈帝國的軍隊之後，一八七〇年又在色當打了一場大勝仗，迫使拿破崙三世以及十萬名法國將士投降。這場勝利使他得以促成一八七一年一月的聲明（在凡爾賽宮，而不是柏林），宣告建立德意志帝國，以及吞併亞爾薩斯—洛林。從這時候開始一直到第一次世界大戰戰敗為止，德意志帝國都是歐洲大陸上的主導強權。一八八〇年代，俾斯麥翻轉了先前的政策，開始在歐洲以外的地區和英法進行帝國主義競爭——主要在非洲，但也包括遠東地區和大洋洲。其中就以大洋洲和黎剎的人生最直接相關。

只要看看地圖，即可瞭解為什麼。在夏威夷到菲律賓的直線距離當中，坐落著三座排列成三角狀的群島，北端是馬里亞納群島，西南與東南端分別為加羅林群島與馬紹爾群島。馬里亞納群島位於馬尼拉正東約一千四百英里處，加羅林群島的極西點位於菲律賓南部的民答那峨島正東約六百英里處，馬紹爾群島則是再往東一千六百英里。自從教宗在帝國主義初期宣告太平洋為西班牙帝國統治者的領海，一直到拿破崙戰爭期間，一般都認為西班牙對這些群島握有宗主權。實際上，西班牙對這些群島興趣缺缺，只把它們當成裝煤站和流放政治搗亂者的地方。至於這些群島的治理工作，則是交給菲律賓的都督負責。但在一八七八年，德國卻跟隨民間商業活動的腳步而自行在馬紹爾群島建立了一座裝煤站。一八八四年，柏林吞併了迄今為止都由一家私人公司管理的新幾內亞島東北部（位於加羅林群島

俾斯麥

中央正南方約八百英里處）。第二年，德國又將加羅林群島據為己有，在雅浦島（Yap）升起了德國國旗。西班牙人對德國的勢力相當忌憚，於是急忙鎮壓了當地對馬德里匆促延展「主權」所發起的反抗，然後請求教宗介入調解。羅馬教廷確認馬德里的主權，但德國贏得貿易與設置裝煤站的特權，並且和倫敦達成交易，取得了馬紹爾群島的控制權。次年，索羅門群島被英德兩國瓜分。一八八九年，薩摩亞成了美、英、德三國的三方保護地。[24]（這些帝國主義的喧鬧所造成的影響在《起義者》當中明白可見，因為心地善良的印第安人學生伊薩加尼一方面對遭到壓迫的島嶼土著感到同情，另一方面又覺得自己必須和西班牙站在一起共同對抗充滿威脅的德國。）黎剎對於俾斯麥本身沒有任何不切實際的幻想，但他對德國深感欽佩，其新教的清明思想、秩序與紀律的表現，還有令人驚豔的智識生活以及工業進展，都與母國西班牙形成鮮明對比。對於自己第一部小說的出版地不是在馬德里，而是在俾斯麥的首都，他無疑深感開心。

至於法國，普魯士在色當打了勝仗之後，接著又對巴黎展開殘暴的圍城之戰。搖搖欲墜的後拿破崙三世政府逃往波爾多，再回到凡爾賽宮就簽下了一份喪權辱國的停戰協議以及後續的正式條約。一八七一年三月，巴黎公社在被遺棄的城市巴黎奪權，控制了巴黎兩個月。然後，已經向柏林投降的凡爾賽宮把握機會發動攻擊，在腥風血雨的一週當中處決了大約兩萬名公社成員及其嫌疑支持者，比近期戰爭的死亡人數或是一七九三—九四年間羅伯斯比恐怖統治殺害的人數都還要多。超過七千五百人遭到監禁或是流放至新喀里多尼亞（New Caledonia）與卡宴（Cayenne）這類偏遠地區。另外還有好幾千人則是逃往比利時、英國、義大利、西班牙與美國。一八七二年通過了嚴酷的法令，徹底消除左派從事組織活動的可能性。直到一八八〇年，遭到流放與監禁的巴黎公社成員才獲得大赦。另一方面，第三共和覺得國力已經夠強，於是又恢復了拿破崙三世的帝國擴張行動，並且還進一步加以強化：擴張地區包括印度支那、非洲與大洋洲。法國不少首要的知識分子與藝術家都是公社成員（庫爾貝〔Gustave Courbet〕是準文化部長，韓波與畢沙羅則是活躍的宣傳分子），不然就是對公社抱持同情。[25]一八七一年以及後續的猛烈鎮壓是一項關鍵要素，促使了這些人物疏離第三共和，也引起他們同情遭到第三共和迫害的國內外人士。我們後續將會更詳細檢視這項發展。

色當會戰也導致法國撤走為教宗日益衰微的領土主權提供保障的羅馬駐防部隊，而由義大利王國愈來愈高壓而且效率低落的軍隊取代。這時已然完全反動的庇護九世費雷提

人民意志組織的革命人士在一八八一年三月一日於聖彼得堡刺殺亞歷山大二世。

（Giovanni Mastai-Ferretti）在世俗權力徹底受到剝除的情況下，宣稱他自己和他的行政機構遭到了監禁，並且在政治與靈性上反擊，威脅將對所有參與義大利王國政治機構的天主教徒開除教籍。這個立場一直持續至一九二〇年代末期與墨索里尼達成政教協定為止。平庸的義大利帝國主義活動在東非展開，而義大利南方鄉間的悲慘狀況在一八八七至一九〇〇年間達到極度惡化的情形，以致每年都有五十萬義大利人出走國外。黎剎在一八八七年短暫造訪了羅馬，不過他除了古蹟之外似乎沒有注意到其他。

黎剎在一八八八年二月航越太平洋返回歐洲的途中，曾在明治中期的日本短暫停留，對這個國家的整潔、活力與野心留下了深刻印象，同時也對人力車覺得震驚。看見一個非歐洲民族保住本身的獨立並且在現代化的道路上大步邁進，當然令他頗感欣慰。他雖然短暫待過香港，卻似乎沒有到過中國。他抵達舊金山的時候正值選舉期間，也是當地譁眾取寵的反亞洲人排外運動最烈的時期。他對於自己被以「檢疫」理由關在船上好幾天非常憤怒（那艘船上有六百五十名左右的中國人，正適合做為以反移民種族歧視操作選舉的目標），於是他以最快的速度穿越了北美大陸。鍍金時代的腐敗、後重建時期對於前黑奴的壓迫、殘暴的反異族通婚法、私刑等等，都沒有引起他特別的注意。[26]不過，他已預見了美國終將擴張至太平洋彼岸。然後，他心滿意足地落腳於倫敦，在大英博物館進行菲律賓早期歷史的研究，對於愛爾蘭日益惡化的危機則是似乎毫無興趣。（他住在櫻草山〔Primrose Hill〕上，不曉得他知不知道恩格斯就住在附近？）

然而這個由保守政治主導，資本累積與全球帝國主義的世界表面上看來平靜，卻同時促成、創造出另一個世界，和黎剎的小說更加直接相關。實際上，早在一八八三年，他就已經察覺到世事發展的方向。

歐洲一再受到可怕的戰火威脅；世界的權杖正從衰微的法國那顫抖的手中滑落；北方的國家已準備要出手搶奪；俄國，沙皇的頭上懸掛著虛無主義的利劍，一如古代的達摩克利斯（Damocles），這就是文明的歐洲。[27]

《黑旗》

在黎剎出生的那一年，巴枯寧從西伯利亞逃到西歐——他因為一八四〇年代推翻沙皇的陰謀被判處無期徒刑，在西伯利亞監禁了十年。在次年的一八六二年，屠格涅夫出版了《父與子》，以精闢的手法解析了特定種類的虛無主義者所懷有的展望與心理狀態。四年後，一個名叫卡拉科佐夫（Karakozov）的莫斯科學生試圖射殺沙皇亞歷山大二世，結果和其他四人一同在斯摩棱斯克的大廣場遭到絞刑處死。[28]諾貝爾就在那年取得炸藥的專利。他發明的炸藥雖是以極不穩定的硝化甘油為基礎，成品卻是容易使用、狀態穩定，而且易於攜帶。一八六九年三月，二十二歲的虛無主義領袖奈查耶夫（Sergei Nechayev）離開俄國，在日內瓦與巴枯寧會面，共同撰寫了深具煽動性的《革命者教義問答》（Catechism of a Revolutionary），幾個月後返回莫斯科。這名虛無主義領袖雖然因為謀害一名抱持懷疑態度的學生跟隨者而惡名昭彰，但巴枯寧還是與他維持了（緊張的）關係。後來，杜斯妥也夫斯基在《群魔》（The Possessed）當中把這起事件編寫成小說情節。[29]

在一八七〇年代末期，隨著小群體的民粹主義者繼虛無主義者之後成為對抗獨裁政體的地下激進反對勢力，政治行刺活動——不論成功或失敗——在俄國變得很尋常。一八七八年：一月，薩蘇莉持（Vera Zasulich）對聖彼得堡軍事總督德里波夫將軍（Fyodor Trepov）開槍，但刺殺未遂；八月，克拉夫欽斯基（Sergei Kravchinski）用刀刺死沙皇的祕密警察頭子梅津采夫將軍（Mezentsov）。一八七九年：二月，果登伯格（Grigori Goldenberg）射殺哈爾科夫總督迪米崔·克魯泡特金親王（Dmitri Kropotkin）；四月，索洛維夫（Alexander Soloviev）企圖用相同的手法行刺沙皇，但沒有成功；十一月，哈特曼（Lev Hartmann）企圖埋設地雷炸毀皇室的火車車廂，行動半途夭折。一八八〇年：哈爾圖林（Stepan Khalturin）成功炸毀皇宮的局部，導致八人死亡，四十五人受傷。這時諾貝爾的發明已經在政治用途上打出了名號。接著，在一八八一年三月一日，黎剎在馬賽登陸的十五個月前，更發生了以炸彈刺殺沙皇的壯觀事件，行凶者是一個自稱為「人民意志」（Narodnaya Volya）的組織，這起事件震撼

虛無主義領袖奈查耶夫。

了全歐洲。[30]（美國總統加菲爾德在幾個月後遭到刺殺的事件則是幾乎沒有受到任何注意。）

俄國的風暴對歐洲各地都產生了深刻影響。這些風暴可以象徵性地分為兩個時期，第一個時期以巴枯寧（出生於一八一四年）為代表，他死於一八七六年，第二個時期則是由彼得・克魯泡特金親王（出生於一八四二年）代表，他在同一年從沙皇治下的一座監獄逃到了西歐。

第一國際的頭兩次大會分別在一八六六與六七年舉行於和平的瑞士，由馬克思居於中心位置，過程頗為平和。不過，次年在布魯塞爾舉行第三次大會時，即可明顯感覺到巴枯寧的影響；到了一八六九年在巴塞爾舉行第四次大會，巴枯寧主義者已成了多數。第五次大會原本要在巴黎舉行，但色當會戰導致這項規劃不可能實現。等到第五次大會終於在一八七二年於海牙舉行時，共產國際已陷入無可救藥的分裂狀態。第一國際在巴枯寧去世那年解散，但巴枯寧主義者的大會仍持續舉行，直到一八七七年為止。[31]「無政府主義者」（anarchist）這個字詞作為政治上的專有名詞就在那一年被創造出來，流傳又快又廣（但也明顯可以看出，有關無政府主義的目標、方法存在著各種彼此競爭、交互影響的思潮）。[32]

無政府主義對於個人自由與自主的強調，對於階層（「官僚式」）組織一貫的懷疑，以及對於激烈言詞的偏好，使得這種思想在政治情勢遭到右翼政權高度壓迫的地區特別受歡迎。這類政權發現，要打壓工會與政黨不難，但要追蹤、滲透以及摧毀數十個自發自主的小團體，難度可就高出許多。無政府主義理論對於農民與鄉下勞工的態度比較不像當時的主流馬克思主義那麼輕視。我們也可以說，無政府主義擁有更深刻的反教權心態。這些狀況也許有助於說明革命性無政府主義為什麼會廣為散布於以下這些地點：後巴黎公社時期的法國、波旁王朝復辟時期的西班牙，以及後統一時期的義大利，還有古巴，甚至包括鍍金時代充滿外來移工的美國，這些都是有許多農民、且信奉天主教的地方。但在以新教、工業化以及半民主制度為主的歐洲北部，革命無政府主義不如主流馬克思主義興盛。

馬拉泰斯塔

無論如何，在慘淡絕望的一八七〇年代末期，無政府主義智識圈裡興起了「行動宣傳」的理論概念，也就是對反動權威人士與資本家發動驚人的刺殺行動，一方面威嚇他們，一方面鼓勵受壓迫的人民重新準備迎向革命。史學家通常用一八七七年四月一場失敗到可笑的起義當作這個新階段的開始。那場起義發生於那不勒斯東北部的貝內文托（Benevento），發起人是兩名年輕的那不勒斯人，一個名叫馬拉泰斯塔，還有他富有的朋友卡費洛（Carlo Cafiero；先前曾從馬焦雷湖〔Lake Maggiore〕北岸的安全地區向巴枯寧提供資助），以及二十五歲的克拉夫欽斯基，人稱斯特普尼亞克（Stepniak；一八五二—九五），他曾參加一八七五年波士尼亞人反抗土耳其的起義活動，後來又如我們先前提過的，殺害了沙皇祕密警察的頭子。[33]經過審判，這兩名義大利人在年輕的翁貝托一世（Umberto I）於一八七八年即位後的歡樂氣氛中獲得無罪釋放。（年輕的無政府主義廚師帕薩南特〔Giovanni Passanante〕持著一把刻有「國際共和萬歲」字樣的刀子差點刺死這位年輕的國王，卻也在同樣的氣氛中獲得輕判。）[34] 貝內文托事件發生兩個月後，與馬拉泰斯塔合作密切的安德列亞・科斯塔（Andrea Costa）在日內瓦發表一場演說，推論了這種新策略。八月初，布魯斯（Paul Brousse）在激進的《汝拉地區工聯會公報》（Bulletin de la Fédération Jurassienne）上發表了一篇文章，指稱為了喚醒民眾意識，紙上的文字已不再足夠；俄國人已經證明，必須表現得和沙皇政權一樣殘暴無情。溫和的克魯泡特金於是在一八八〇年十二月二十五日出刊的《反抗者》雜誌當中展開行動，從理論上把無政府主義定義為「透過言語、文字、匕首、槍枝與炸藥而進行的恆久反抗……對我們而言，法外的一切都是好的」。[35] 最後是《黑旗》雜誌（Le Drapeau Noir）在一八八三年九月二日暗中發表了〈法國女性虛無主義者宣言〉（Manifeste des Nihilistes Français），其中宣稱：

> 在本聯盟成立以來的三年間，數以百計的資產階級家庭已經付出了致命的代價，遭到一種神秘的疾病所吞噬，醫藥不但無力界定這種疾病，也無力加以消除。

文中敦促革命人士繼續進行其中暗示的大規模下毒活動（黎剎剛在幾個月前第一次到巴黎度過了一段開心的時光）。[36] 這些徵象都顯示有些無政府主義者已在思考一種新式的暴力手段，目標不再像俄國人那樣只針對國家領袖，而是以所有被視為階級敵人的對象為目標。

我們後續會再更詳細探討年輕的無政府主義者所從事的「早期恐怖行動」案例。不過，簡單一瞥第一次世界大戰爆發前二十年間的那一連串聳動刺殺案件，將會讓我們看見一些值得注意的特色。

表一 刺殺行動

日期	遭刺對象	行刺地點／方法	刺客	政治傾向	國籍
1894	薩迪．卡諾	里昂／刀刺	卡塞里奧（Sante Geronimo Caserio）	無政府主義者	義大利
1897	卡諾瓦斯	聖塔阿圭達（Santa Águeda）／槍擊	安焦利洛	無政府主義者	義大利
1898	伊莉莎白皇后	日內瓦／刀刺	盧切尼（Luigi Luccheni）	無政府主義者	義大利
1900	翁貝托一世	蒙扎（Monza）／槍擊	布雷西（Gaetano Bresci）	無政府主義者	義大利
1901	麥金利	水牛城／槍擊	佐克茲（Leon Czogolsz）	無政府主義者	波蘭
1903	亞歷山大	貝爾格勒／槍擊	士兵	民族主義者	塞爾維亞
1904	普列赫夫（Von Plehve）	聖彼得堡／炸彈	薩佐諾夫（E.Z. Sazonov）	社會革命者	俄國
1905	謝爾蓋大公	聖彼得堡／炸彈	卡利亞耶夫（Ivan Kaliayev）	社會革命者	俄國
1908	卡洛斯一世／路易斯	里斯本／槍擊	艾福瑞多．科斯塔（Alfredo Costa）與布依薩（Manuel Buiça	激進共和主義者	葡萄牙
1909	伊藤博文	哈爾濱／槍擊	安重根	民族主義者	朝鮮
1911	斯托雷平（Pyotr Arkadyevich Stolypin）	聖彼得堡／槍擊	柏格羅夫（Dmitri Bogrov）	無政府主義者	俄國
1913	喬治一世	薩洛尼卡（Salonika）／槍擊	史奇納斯（Alexander Schinas）	不明，據說是個「瘋子」	希臘？
1914	斐迪南大公	塞拉耶佛／槍擊	普林西普（Gavrilo Princip）	民族主義者	塞爾維亞

刺殺行動

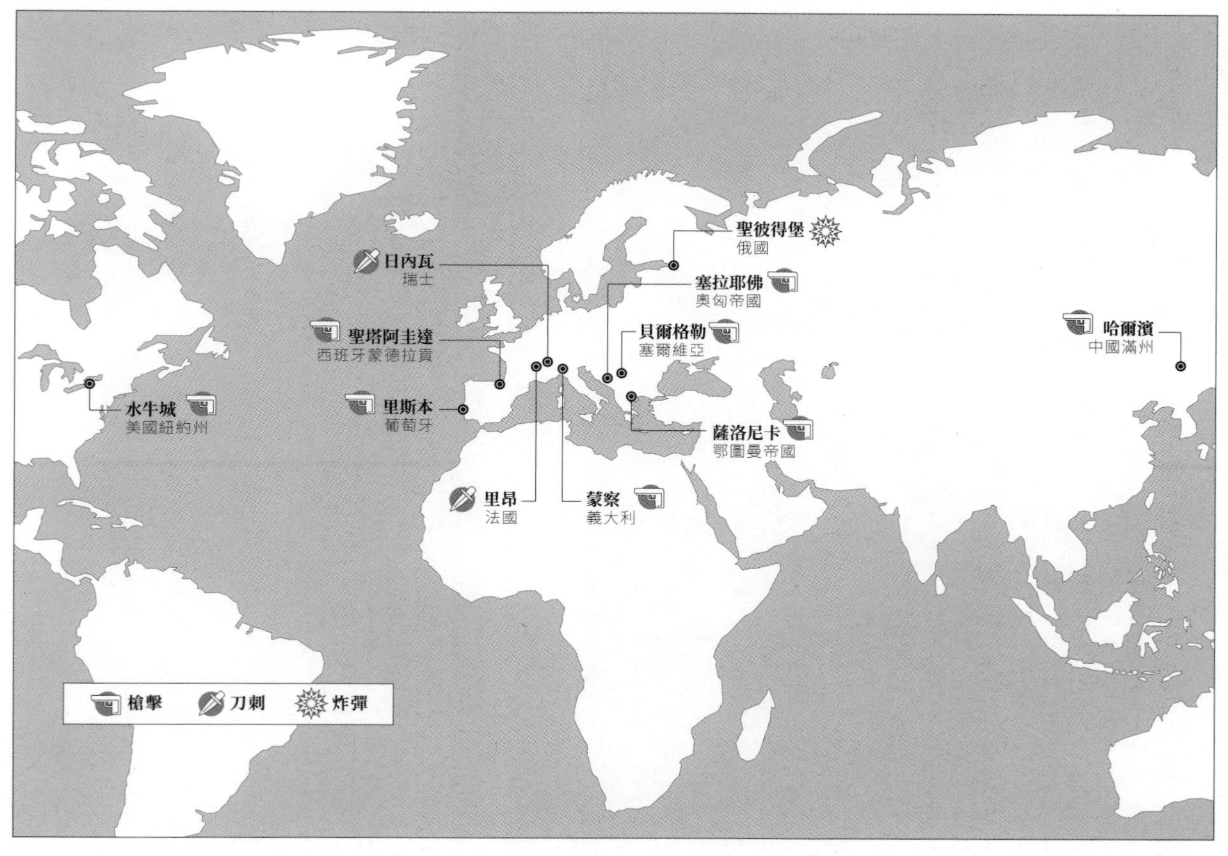

聖彼得堡
俄國
日內瓦
瑞士
塞拉耶佛
奧匈帝國
貝爾格勒
塞爾維亞
聖塔阿圭達
西班牙蒙德拉貢
哈爾濱
中國滿州
水牛城
美國紐約州
里斯本
葡萄牙
薩洛尼卡
鄂圖曼帝國
里昂
法國
蒙察
義大利
槍擊
刀刺
炸彈

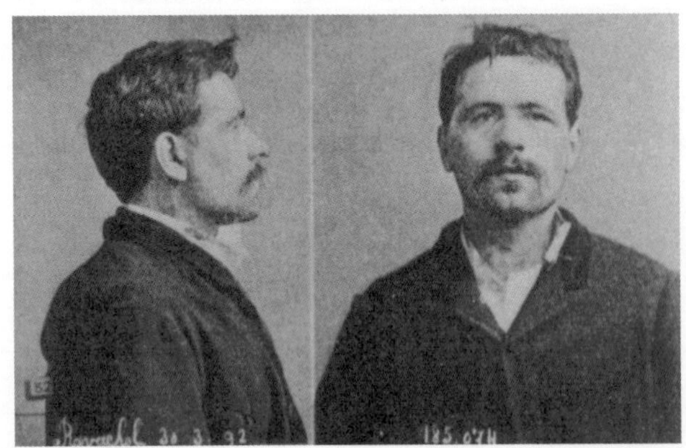

拉瓦紹爾（François Ravachol）在一八九二年三月被捕後拍攝的警方照片。

薩蘇莉持（左）；刺殺法國總統卡諾的刺客卡塞里奧囚禁中的照片，一八九四年六月（右）

第一件必須注意的事情，就是所有的主要國家都在榜上，只有歐洲的英國與德國以及歐洲之外的中國與鄂圖曼帝國沒有上榜。[37]第二，一八九四—一九〇一年間的無政府主義行刺行動受到了後續的激進民族主義者仿效。第三，民族主義者刺殺的對象通常是他們本身的統治者，無政府主義者的刺殺行動則會為了實現理念跨越國界。無政府主義者以義大利人居多的現象非常引人注意，而且似乎證實了佩尼科內所謂的「義大利人扮演了無政府主義理想傳教士的獨特角色。作為政治難民和移民，他們在法國、瑞士、英國、西班牙、美國、阿根廷、巴西、埃及與突尼西亞的義大利社群中建立了自由主義的飛地」。[38]馬拉泰斯塔本身在一八八五至八九年間就不斷在布宜諾斯艾利斯內外致力於改變他人的信念。[39]

那黎剎呢？他在一八八五年離開西班牙，早在第一波無政府主義「暴行」於一八八八年在那裡展開之前。他待在巴黎的時間也是如此。他一八八五年後經歷的歐洲體驗主要是在德國、英國與比利時，而無政府主義活動在這些國家並沒有太大的重要性。不過，他看報紙看得很勤，也熱切關注世界政治潮流。此處一個明顯可提出的問題是：他有沒有認識任何一個歐洲激進分子？對此我們只有間接證據，但相當值得注意。

黎剎的好友帕爾多在老年寫了一篇文章，描述自己在巴黎與兩代俄國虛無主義者的密切關係。他說自己和其他許多人一樣，都是亞歷山大二世的仰慕者。

然而，我也仰慕虛無主義者的大膽無畏以及他們那種巨大的責任感。關於他們的資訊之所以令我深覺感動，是因為這些資訊來自於我的俄語教授亞欽納茨基。他是一位著名的虛無主義者，在當時已因為行刺那位沙皇未遂而三度被判死刑。

這位「可怕的虛無主義者」為了躲避絞刑而逃亡到巴黎，但帕爾多唏噓指出，他在自己的大敵遭刺三個月後即死於肺結核。

文章後面的篇幅則是描寫了帕爾多的醫學教授——「著名的塔迪厄」——向他介紹的兩名俄國女孩。帕爾多在驚詫之餘指稱自己和那兩名女孩大概不會有任何共同點，結果他的教授回答道：

我知道，我知道……可是她們是你精神上的姐妹。你們都來自被宗教和政治獨裁暴政統治的國

美國總統麥金利（William McKinley）在一九〇一年九月六日於紐約州水牛城的泛美博覽會上遭到波蘭無政府主義者佐克茲槍殺。

盧切尼在一八九八年九月刺殺奧地利皇后伊莉莎白的一幅當代圖示（左）；卡諾瓦斯（右）

一九〇五年二月四日，謝爾蓋大公的馬車在莫斯科遭到卡利亞耶夫以炸彈攻擊。

家，而現在都在這裡，是因為你們抵達了我們的自由所保護的安全範圍。

帕爾多經常拜訪那兩名女孩，也很喜愛她們。她們兩人都出身自喀山（Kazan）的富裕家庭，也都曾到聖彼得堡學醫。在那裡，她們利用空閒時間積極參與虛無主義活動，譴責沙皇的獨裁統治、警察的恐怖高壓，以及「西伯利亞」。隨著暗探局逐漸逼近，她們的父母於是要求她們回家，威脅說她們如果不回家就要對她們斷絕金援。但是這兩名二十歲左右的女孩決定逃到巴黎繼續學業。在經濟極度困窘的情況下，她們只能靠著打零工以及偶爾從事翻譯工作維生。在法國警方與俄國大使館的監視下，她們從不曾埋怨，並且溫柔照顧她們認識的那些垂死的年長虛無主義者。帕爾多指出，沒有人能夠否認她們的善心與博愛，這點為她們贏得了「所有系所學生的仰慕與尊敬，而那些學生就構成了拉丁區這個主權區域」。她們在巴黎待到尼古拉二世於一八九四年即位才返回家鄉。不過，次年她們因為參與行刺新任沙皇而遭到審判，被判終身監禁於西伯利亞。盧吉娜（Maria Michaelovna Lujine）在前往西伯利亞的途中去世，死因是她在巴黎感染的肺結核；幾個月後克莉蘿夫（Luise Ivanovna Krilof）也因為同樣的疾病死在托博爾斯克（Tobolsk）的監獄裡。[40]

帕爾多的俄語教授在黎剎抵達歐洲之前就已去世，但黎剎必定從他朋友那裡聽過這位著名的虛無主義者。此外，他也不太可能沒有跟著帕爾多拜訪過那兩名俄國女孩，啜飲著她們總是為客人保持溫熱的茶水而一同談天。比較不明確的是她們究竟是否真的是虛無主義者。在對俄國顛覆性地下世界的繁複發展可能不是非常熟知的巴黎，「虛無主義者」一詞恐怕涵蓋了各式各樣的類似團體。

西班牙的酋長式政治

黎剎的第三個世界是西班牙以及其一度極為龐大的帝國；但那個帝國在一八八〇年代只剩下古巴、波多黎各、菲律賓、馬里亞納群島與加羅林群島、西屬摩洛哥以及由柏林西非會議劃給西班牙的里俄特俄羅（其西班牙文名稱的字面意思為「金河」，但那裡並不產黃金）。在十九世紀，這個世界是唯一一個殖民母國與殖民地交替著點燃起義行動的地方。（要到第二次世界大戰後才找得到其他類似的例子。在法國：胡志明與武元甲在奠邊府分別獲得的政治與軍事勝利鋪下了導火線，而點燃這條導火線的事件則是阿爾及利亞民族解放陣線的反抗導致第四共和崩解、戴高樂重掌大權，以及祕密軍事組織〔OAS〕的報復性恐怖活動。在葡萄牙：在安哥拉、莫三比克與幾內亞比索遭遇的軍事挫敗，促成了一九七四年四月在里斯本對沙拉薩獨裁政府發動的不流血政變。）這種互動交替的主要特徵值得在此簡短探討，因為這是一個黎剎非常熟悉的現象，他的思想也受到這個現象的塑造。

可憎的費爾南多七世尚未當上國王之前，在一八〇八年於阿蘭費茲組織了一場軍事造反，結果達成其主要目標，也就是逼迫他的父親卡洛斯四世遜位。不過，當時權勢正值巔峰的拿破崙利用這個機會派遣部隊進入西班牙（占領了馬德里），藉口聲稱是借道西班牙對葡萄牙進行干預。費爾南多趕往巴約訥與拿破崙這位世界精神的代理人商討如何為他的繼位賦予正當性，卻遭到監禁。約瑟夫・波拿巴（Joseph Buonaparte）於是登上了西班牙王位。反對與抗爭活動幾乎在同時爆發於安達魯西亞與米格爾・伊達爾戈（Miguel Hidalgo y Costilla）的墨西哥。一八一〇年，以自由派人士居多的西班牙國會在卡迪斯開議，而在一八一二年通過了西班牙的第一部憲法。包括菲律賓在內的殖民地都獲得賦予國會席次。[41]拿破崙垮台之後，費爾南多即在不神聖同盟的全力支持下重回馬德里掌權。一八一四年，他拒絕承認憲法，遂行反動的專制統治，而且儘管經濟凋敝，卻仍然試圖遏止美洲追求民族主義、以及在西班牙受到壓制的自由主義，而進行的革命運動。費爾南多在西班牙美洲大陸徹底失敗，但保有在西屬加勒比海殖民地擁有奴隸的半島人以及克里奧人的忠心：他們對玻利瓦爾（Simón Bolívar）的魅力無感，對海地成功的奴隸革命則是驚恐不已。

那麼，菲律賓呢？一八一五年的薩拉特起義（以呂宋島西北角一座伊洛卡諾人聚居的城鎮為名）遭到迅速又猛烈的鎮壓。一八二〇年，安達魯西亞發生一場由卡迪斯市長率領的軍事反叛，迫使費爾南多短暫接受了自由主義的憲政體制。不過，卡斯爾雷子爵（Viscount Castlereagh）的倫敦、梅特涅的維也納、亞歷山大一世的聖彼得堡，以及費爾南多在巴黎的親戚不吃這一套。一支法國遠征軍在一八二三年恢復了西班牙的獨裁統治，卡迪斯市長遭到吊起、剖腹與支解，還有數以百計的自由主義者與共和主義者遭到處決、殘暴監禁或者被迫逃亡。同一年，為了回應這些發生於殖民母國的事件，殖民地軍方發生了一場由克里奧人領導的兵變，差點奪下馬尼拉，卻因遭到內部人士背叛而功虧一簣。[42]這場兵變的領導者是麥士蒂索人諾瓦勒斯上尉（Andrés Novales），先前曾站在馬德里那一方鎮壓南美洲的獨立運動。[43]

我們可以輕易看出一八六八—七四年間有一起類似的事件。伊莎貝拉的政權在一八六八年九月遭到一場軍民政變推翻，普里姆將軍、權謀的自由派政治人物薩加斯塔（Práxedes Sagasta）以及滿腦子陰謀的激進共和主義者佐利亞（Manuel Ruiz Zorilla）都是這場政變的關鍵人物。我們已經看到此一現象在古巴與菲律賓造成的後果。但在西班牙國內，接下來的六年出現了超乎尋常的政治動盪。普里姆在一八七〇年底遭到刺殺，注定了阿瑪迪奧一世下台的命運，於是西班牙共和國在一八七三年二月十一日宣告成立。這個新政權實際上只持續了十一個月，在這段期間出現了四位總統，猶如瑞士型態的輪值總統制。後來，軍方就在一八七四年一月解散了國會（狡詐的安達魯西亞保守政客卡諾瓦斯在幕後引導），並在當年底復辟波旁王朝，由阿方索十二世即位為王。讀者也許推測得到，造成這個結果的關鍵原因之一，就是塞斯佩德斯在古巴起義，對舊西班牙帝國僅存部分的完整性造成了立即威脅。不過，西班牙公共領域同時卻出現了一股非凡的活力。共和主義者在活著的人們的記憶中首度短暫獲得了合法化。巴枯寧與馬克思激進主義首度取得政治立足點，而一八七三年廣受歡迎的「州郡自治」這項追求政體徹底去中央集權化的政治運動之中，則是讓許多年輕的無政府主義者以及其他激進分子首度體驗到開放性的公眾政治。

瞭解此一背景後，我們即可來檢視黎剎在一八八〇年代初期見識到的王朝復辟的西班牙。那個時代的主導政治人物卡諾瓦斯，與托爾斯泰同年出生，在一八二八年誕生於馬拉加（Málaga）的一個資產階級小家庭。他一方面是一位多產而且成就傑出的史學家，同時也是一名充滿心機而且冷酷無情的政客。[44]他在三十二歲時原是自由派的內閣大臣，但在伊莎貝拉垮台後迅速往右翼靠攏，成為促成波旁王朝復辟的關鍵人物。他的野心除了累積權力之外，還希望在這個數十年來以國內亂象

500 km
大 西 洋
多明尼加
共和國
多明哥
拉雷斯
維京群島
聖托馬斯島
卡沃羅霍
波多黎各
小安地列斯群島
巴貝多
古拉索
卡拉卡斯
千里達
委內瑞拉
英屬
魔鬼島
圭 亞 那
荷屬
法屬

佛羅里達
邁阿密
墨西哥灣
骨島
(基韋斯特)
巴哈馬群島
哈瓦那
古巴
東方省
古巴聖地牙哥
海地
太子港
大安地列斯群島
牙買加
墨西哥
宏都拉斯
英屬
瓜地馬拉
宏都拉斯
加勒比海
薩爾瓦多
尼加拉瓜
哥斯大黎加
太平洋
哥倫比亞

著稱的國家建立一套穩定的秩序。所謂秩序，就是終結該國的內戰以及消除軍閥割據；他生前確實成功做到了這一點，但這些現象後來卻又以更嚴重的程度捲土重來。他所謂的建立秩序也表示打壓激進左派以及帝國內任何反殖民分離主義的徵象。實際上，我們可以把他視為西班牙版的俾斯麥。在卡諾瓦斯於一八九七年遭刺之後，已經卸任宰相的俾斯麥表示：「他是我唯一能夠交談的歐洲人。」[45]不過，卡諾瓦斯認知到俾斯麥必須仰賴皇室的恩寵，因此他的地位實際上極為脆弱。他發現英國擁有較為深層而且長久的秩序，權力以全面性的方式來回傳遞於保守派與自由派的菁英之間，工業化則是在這樣的環境中快速進展，帝國主義更是大步邁進。這就是為什麼他常說自己深深仰慕英國的議會制政體，也是為什麼他在薩加斯塔的協助下拙劣模仿了英國自由黨領袖格萊斯頓（William Gladstone）與保守黨領袖迪斯雷利（Benjamin Disraeli）的二頭政治。舒瑪克簡潔描述了一個腐敗而且充斥酋長式地方政治首領的政權，一路延續至世紀末：「兩個領袖允許整套體制由受到操控的選舉所破壞……隨著比較嚴重的危機化解之後，他們就會把權力交給對方，然後繼任的政府就會安排一場選舉，讓相當人數的少數派候選人連同一小群引人注目的共和主義者與王位擁護者當選，藉此為國會賦予逼真的表象。」[46]馬達里亞加（Salvador de Madariaga）以當地觀點提出了相同的評斷。他指出，卡諾瓦斯主義的目的在於創造「鬥牛式」的政治，選舉受到操控、腐敗的地方政治見怪不怪，而國會則是一座大型劇場，能夠依據卡諾瓦斯的執導和劇本分別演出古典、吉普賽或者音樂喜劇等各種不同類型的戲劇。[47]西班牙版的迪斯雷利執政於一八七五—八一、一八八三—八五、一八九〇—九二以及一八九五—九七年，其中的間隔則是由西班牙版的格萊斯頓執政。國內與殖民地最嚴重的壓迫行動通常都發生於卡諾瓦斯治下，而薩加斯塔的執政時期則是偶爾會達成些微的改革。

修道會：資產的剝奪與掌握

對於接下來的發展，我們一定要瞭解卡諾瓦斯對於整體而言相當反動的西班牙教會所採取的政策。一八三六年，攝政政府的第一大臣門迪薩巴（Juan Mendizábal）下令並且執行了徵收西班牙各修道會所有財產的措施；在一八六八年的光榮革命期間，司法部長安東尼奧．歐提斯（Antonio Ortiz）則是在西班牙母國廢止了修道會。不過，門迪薩巴不是克倫威爾，因此由國家給薪來對修道會提供補償。教會的資產受到拍賣，由貴族、民政與軍政高官，以及富裕的資產階級搶購一空，在富裕的安達魯西亞鄉間尤其如此，而且他們許多人都是不在場業主。相對溫和的教會剝削被更殘酷無情的農企業手段取代。數十萬農民因此喪失土地的使用權，貧民和勉強餬口的散工大幅增加，而且該地區也在一八四〇年之後以「土匪」眾多聞名。出身安達魯西亞的卡諾瓦斯沒有反轉門迪薩巴的命令，但他卻尋求並且取得了教會的強力支持以對抗風起雲湧的自由主義、共濟會、共和主義、社會主義與無政府主義等潮流。[48]（就是他在一八八四年因為主教的要求而派遣警力進入中央大學。）但他也沒有恢復修道會的獨立地位，因為修道會畢竟是對羅馬直接負責，而不是對他負責。不過，這一切的改變當中有一項引人注目的例外，就是殖民地菲律賓。

這點要從幾個世紀前談起，在腓力二世（Felipe II）的時代，德拉斯卡薩斯（Bartolomé de las

Casas）等人揭露了西班牙征服者在美洲造成不人道的破壞，使得老邁的國王良心不安，於是決定把他的帝國最後取得的一個殖民地交給修道會治理，結果修道會也確實以相對和平的方式促使大多數當地人口信奉基督教。遙遠的菲律賓沒有足以和波托西銀礦（Potosí）相比的「世俗」誘惑，因此這個殖民地主要都是由修道會經營，在馬尼拉以外的地區尤其如此。經過一段時間之後，道明會與奧斯定會取得了龐大的資產，尤其是在馬尼拉的不動產，以及莊園農業。[49]此外，修道會從一開始就堅持，透過他們努力學習的數十種本土語言轉化當地人的信仰（他們主張唯有這麼做，改變後的信仰才會深刻而真誠）。通曉當地人語言的這種獨占能力，為他們賦予了世俗團體比不上的巨大力量；那些修士深知這一點，於是一再反對西班牙語的散播。即便在黎剎的時代，菲律賓群島據估也只有百分之三左右的人口懂得殖民母國的語言，這是在西班牙帝國裡相當獨特的現象（只有先前在耶穌會掌控下的巴拉圭有部分地區存在同樣的情形）。在十九世紀，西班牙政治階層非常明白這個狀況，而且認為（很可能確實沒錯）如果沒有修道會，西班牙在菲律賓的統治可能就會崩解。[50]因此，在歐提斯的措施之後，西班牙之所以還容許少數修道會轄下的神學院存在，純粹是為了向菲律賓提供新的年輕修士。另一方面，許多在西班牙被「拋棄」而深受創傷的修士，也都前往世界另一端尋求安全與權力。因此，在卡諾瓦斯的時代，修士的權力是菲律賓特有的現象，就像奴隸是古巴特有現象一樣。不過，奴隸制度終於在一八八六年受到廢止，但修士在馬尼拉擁有的權力卻直到這整套體制在一八九八年崩解之後，才告消滅。從另一個角度來看，我們可以看到，菲律賓的反殖民運動人士不免要面對一項古巴人和波多黎各人不必面對的困難抉擇：抗拒西班牙語或推廣西班牙語。我們後續會看到這個問題如何形塑了《起義者》的敘事。

黑翼

甲米地省在一八七二年秋發生那場非比尋常的罷工之時，德伊斯基耶多都督在驚恐之餘猜測其背後可能有第一國際的陰謀煽動，是什麼原因使他認為這個想法可信？伊莎貝拉在一八六八年九月逃離馬德里之後，巴枯寧的動作比馬克思快了許多。他立刻派他的義大利好友法奈里（Giuseppe Fanelli，馬志尼與加里波底的前擁護者）前往巴塞隆納與馬德里散播消息並且組織最先進的當地激進運動人士。[51]法奈里雖然不懂西班牙語，卻立刻就造成了強烈影響。（也許是巴塞隆納義大利社群裡的人幫了他的忙。）聯邦勞工協會中心（Centro Federal de las Sociedades）在次年初成立，並且在九月派遣了兩名巴枯寧主義代表去參加第一國際在巴塞爾的大會，為會上的俄國多數增添人數。一八七〇年初，西班牙區域聯盟（Federación Regional Española）這個第一國際的西班牙分部出版了《團結報》，稍後又在工業化剛起步的巴塞隆納舉行了第一次也是唯一一次的聯盟大會。[52]

另一方面，馬克思的古巴女婿保羅．拉法格（Paul Lafargue）原本與巴黎公社一起身在巴黎，後來搬到波爾多推廣支持巴黎起義活動，最後帶著家人翻越庇里牛斯山逃亡（他的新生兒在途中夭折）。[53]到馬德里後他化名為弗拉加斯（Pablo Fragas）定居下來（一八七一年六月），開始遵照馬克思的指示對抗巴枯寧主義者的影響力。不過已經太遲了。十二月，西班牙國會通過對第一國際的禁令。拉法格在西班牙的那一年左右時間，他在巴塞隆納沒有斬穫，倒是在馬德里幫忙成立了一個馬克思主義團體。在一八七二年於海牙召開的那場大失敗的第一國際大會上，拉法格是唯一支持馬克思的「西班牙」代表。要到一八七九年，才有一個半地下的馬克思社會主義黨成立，而且這個政黨還要等到一八八〇年代初期薩加斯塔執政期間，才開始在檯面上公開活動。其宣傳媒體《工人報》（El Obrero）於一八八二年問世。[54] 之後還要經過好多年，這個政黨才終於成為西班牙左派政治中的中心角色。我們沒有特殊的理由認為黎剎在馬德里念書的時候聽過這個政黨。

不過，接下來的發展他一定很清楚，而我們也將在《起義者》中看到有關的跡象。卡諾瓦斯為期六年的高壓政權在一八八一年被較溫和的薩加斯塔取代，就在亞歷山大二世被刺殺之後，也是在一些無政府主義者於倫敦開會決議確認採取「行動宣傳」這種暴力措施的必要性之後。西班牙的政府更迭，使得西班牙區域聯盟以加泰隆尼亞人為主的領導階層認定，廣泛合法組織勞動階級的時機已然來臨，於是在九月把西班牙區域聯盟改組為西班牙區域勞工聯盟（Federación de Trabajadores de la Región Española）。由於這個政策偏離了在倫敦通過的激進決議，因此他們全力保密。不過消息還是走漏了。雖然其附屬成員人數大幅攀升，一年內就增加了五萬八千人，但在工業城巴塞隆納的合法派、以及以安達魯西亞鄉間地區為基地的激進派之間，緊張關係卻迅速升高。在舉行於塞維亞的一八八二年大會上，大多數的安達魯西亞人出走，另外成立了一個團體，自稱為「被剝奪者」（Los Desheredados）。無論如何，一八八三年是艱苦的一年。一場世界性的經濟蕭條已然展開，對安達魯西亞的打擊尤其嚴重，飢荒與貧困現象都迅速增長。此外，卡諾瓦斯又再度掌權。鄉間地區新一波的縱火與搶劫擴散到了總理家鄉的整個區域，在許多地方造成真正的恐慌。[55]警方逮捕刑求了好幾百人，包括無政府主義者、農民與土匪，不久宣稱他們破獲了一項龐大的叛亂陰謀，稱為「黑手行動」(La Mano Negra)。[56]西班牙區域勞工聯盟不但沒有提供支持，而且還因為希望避免遭到打壓，而堅決與這些他們所謂的犯罪活動劃清界線。此一立場毫無助益，這個組織也持續衰微，最終在一八八八年解體。[57]不過我們會看到，黑手行動與安達魯西亞恐慌的陰影，都反映在《起義者》的後半部當中。

知交

薩加斯塔在一八八五年再次執政，直到一八九〇年為止。這次執政終於廢止了古巴的奴隸制度，還實施了一項頗為開明的結社法，再度允許激進分子合法組織團體，並且大幅擴張了新聞自由。這個政府甚至在菲律賓認真嘗試推行改革。一八八七年，西班牙刑法的適用範圍擴展至菲律賓群島，接著又在一八八九年跟進適用了西班牙商業法、行政訴訟法以及民法，只有婚姻的部分排除在外（菲律賓的教會強硬堅持這一點）。不過，黎剎就在一八八五年七月徹底離開西班牙，前往法國與德國，忙著繼續攻讀醫學以及完成他的第一部小說。這部作品終於在一八八七年春出版之後，他認定返回菲律賓的時機已然成熟。不過，在返國之前，他先到奧地利與他最喜歡的筆友——無疑也是他最親密的朋友兼顧問——布魯門特里特見了唯一的一次面。我們後續將會經常提到這位奧地利學者，因此似乎值得在此描述他、以及他們兩人這段友誼的本質。

布魯門特里特是一名帝國低階官員的兒子，一八五三年出生於布拉格（因此比黎剎大了八歲），在布拉格一直住到一八七七年從查理大學（Charles University）畢業取得地理與歷史學位為止。大學畢業後，他搬到同樣是波希米亞城鎮的利托梅日采，從此就在一所非古典中學教書。由於這份工作以及明顯可見的慮病症，他終生不曾離開過波希米亞。不過，他兒時有個姑姑嫁給一名秘魯克里奧人，結果她那個反對獨立的丈夫在一八二四年發生於阿亞庫喬（Ayacucho）的決定性戰役中遭到玻利瓦爾的部隊殺害，於是她便從秘魯返回了家鄉。當時年紀還小的布魯門特里特對姑姑家裡的異國書籍以及西班牙殖民地的各種物品深覺著迷。和黎剎一樣具有語言天分的他，很早就能夠閱讀西班牙文、葡萄牙文、荷蘭文與英文。在西班牙帝國當中，他尤其對菲律賓感興趣，並且在一八七九年出版了他針對這個國家寫的第一本書。三年後，就在黎剎初次踏上歐洲之際，布魯門特里特出版了《菲律賓民族誌試作》（Versuch einer Ethnographie der Philippinen）這部里程碑著作，這是第一部關於菲律賓數十種語族群體的第一部系統性專著。接下來三十年間，他繼續發表了兩百多篇論文，內容涵蓋了菲律賓的語言、歷史、地理與政治。於是，他很快成了歐洲研究菲律賓群島的學術權威。

黎剎這位聰穎的菲律賓年輕人一定不只是為這個緣故而被布魯門特里特吸引，並試圖爭取他支持他們的理念。布魯門特里特對奧匈帝國皇帝約瑟夫一世忠心耿耿，但如同穆齊爾（Robert Musil）以嘲諷的語氣指出的，在歐洲的帝國當中，只有奧匈帝國覺得「『殖民』與『海外』等字眼聽起來像是全然不曾嘗試過也不真實的概念」。身為規律上教堂的天主教徒，布魯門特里特完全看不慣反動的西班牙教會。他在政治上屬於自由派立憲主義者與民主主義者，也立刻就對菲律賓的困境心生同情。他絕非言而不行的學究，不但投身於地方政治、主辦業餘戲劇演出、喜愛素描，還有一枝言詞犀利並且充滿機鋒的筆。他甚至是個做菜好手，在黎剎抵達利托梅日采時，他煮了滿滿一桌各式的菲律賓主要菜餚，讓黎剎驚訝不已。而且，他的住處就像是一座圖書館與博物館的結合體，堆滿了菲律賓的工藝品。

這兩位身材矮小的男子極為契合，而且在黎剎於一八八六年九月從海德堡寄來第一封正式自我介紹的信件之後，他們就立刻意識到了這一點。不到十八個月，他們互相稱呼的用語就從「Sie」(您)轉成了「Du」(你)。黎剎為布魯門特里特提供了大量有關菲律賓的資訊，尤其是關於他自己土生土長的泰加洛地區；布魯門特里特則為他介紹了柏林、萊登與倫敦等地的相關學者，並且向他展示了黎剎毫無所知的菲律賓早期歷史文獻。到了一八九一年，黎剎請這位朋友為《起義者》撰寫前言已是再自然也不過的事情了。[58]

初次返鄉

薩加斯塔第二度執政之後，為菲律賓指派了泰雷洛中將（Emilio Tererro y Perinat）這名相對溫和的新都督，而他又非常仰賴兩名反教權的能幹部屬，兩人都是共濟會成員：一人是馬尼拉民政總督森提諾（José Centeno García），他是一位傾向共和主義的採礦工程師，並且擁有在菲律賓待過二十年的獨特經驗；另一人是年紀較輕的民政署長奇洛加（Benigno Quiroga López Ballesteros），曾是西班牙國會裡的自由派代表。（後來《起義者》以沒有指名的方式將森提諾寫進書中並且加以表彰。）這兩人積極推行法律，將地方司法權從市長手中取走，交給新任的治安法官，也把省長的司法權轉移給初審法官。這兩項措施的用意是要削減修士的權力，因為傳統上修士藉由控制地方行政官員，對地方政府握有不容置疑的影響力。[59]

黎剎察覺到了這項前景看好的氛圍。和布魯門特里特分手之後，他短暫遊歷了瑞士、走訪羅馬，然後航向馬賽。他在一八八七年八月五日返回馬尼拉。《不許犯我》的出版消息（以及幾本實書）已經先他一步抵達，因此他發現自己在家鄉變得相當有名，同時也頗為惡名昭彰。修道會與馬尼拉總主教認為這本小說帶有異端邪說、顛覆性與毀謗性，要求對書下達禁令，並且嚴厲懲罰作者。不過，恐怕連黎剎本身也感到意外的是，他卻獲得泰雷洛親自召見面談，而且泰雷洛表示自己想看那部小說，向他要了一本。我們不曉得這位都督讀後的感想，但這部小說在他治下沒有被禁。[60] 在馬尼拉待了幾天之後，黎剎返回卡蘭巴與家人同住，並且開始執業行醫。然後，他的許多敵人就展開了動作。他在一八八七年九月五日向布魯門特里特寫信表示：

我每天都收到威脅……我爸爸從不讓我單獨外出散步或者和別的家庭一起吃飯。我爸爸怕得直發抖。許多人都認為我是德國間諜或特務；他們說我是俾斯麥的特務，是新教徒，是共濟會員，是巫師，靈魂受到了天譴等等。所以，我都待在家裡。[61]

接下來的狀況更糟。如同先前提過的，黎剎的家庭財富來自於他們向當地道明會莊園租用的廣大土地。自從一八八三－八六年間的經濟蕭條以來，修士就開始大幅調漲租金，但全球糖價又在同時崩跌。此外，道明會還占用了鎮民認為正當主張權不屬於教會的其他土地。大約在黎剎返鄉之際，包括黎剎親戚在內的不少佃戶都已不再繳納租金，而請求馬尼拉介入調解。泰雷洛懷疑道明會有逃稅之嫌，於是指派一個委員會進行調查，但接下來卻沒有再進一步的動作。這時，修士取得驅逐佃戶的法院裁定，開始採取攻勢。黎剎的家庭被刻意挑選為主要目標。雙方在接下來的四年間大打訴訟戰，一路纏鬥到西班牙的最高法院。結果不出意外，道明會勝訴。在此同時，黎剎家族的成員都被逐出自己的家園，其他冥頑不靈的鎮民也在不久之後遭到同樣的待遇。到了這時候，所有人都勸說黎剎離國，因為他被懷疑是這場反抗背後的首腦。都督本身似乎傳話表示他已無法再保護這位年輕的小說家。於是，黎剎在一八八八年二月離開菲律賓，先航行到日本利用短暫時間親眼觀察這個迅速自我現代化的獨立亞洲強權，接著再到美國停留幾天，最後抵達英國。

大約在同時間，泰雷洛的任期剛好屆滿，薩加斯塔政府受到國內和殖民地保守勢力的強大政治壓力，而做出一項影響日後深遠的決定：指派韋勒將軍接任總督。韋勒先前服務於哈瓦那時就以嚴厲著稱，一八九〇年代中期更在美國媒體的宣傳下成了惡名傳遍全球的「古巴屠夫」。[62]泰雷洛的自由派顧問立刻被解任或調職。一八九一年，韋勒終於「解決」了卡蘭巴佃戶抗爭問題，方法是派遣一支砲兵小組燒毀幾棟房屋，強制清理了「非法」占據的土地。在《起義者》裡，韋勒成了一個沒有指名的角色，是西蒙的石榴炸彈的主要攻擊目標。因此，也難怪黎剎要等到這名嚴酷的將軍卸任後才回菲律賓定居。

僑民民族主義陣營當中的分裂

黎剎第一次長期在歐洲停留時，時間主要投注在學業和撰寫小說。現在，這兩件事情都早已完成，他必須考慮自己接下來該做什麼。他對卡蘭巴的災難深感忿恨，也覺得自己必須負起極大的責任，同時又對薩加斯塔指派韋勒進駐馬尼拉的舉動深感幻滅，於是認為問題的答案就是更直接投入民族主義（文化）政治。他之所以決定住在倫敦，部分原因就是布魯門特里特以及他的學者友人曾對他提及大英博物館的研究收藏。從報紙與期刊當中，他可以觀察歐洲各帝國當中方興未艾的民族主義浪潮，更遑論古巴、鄂圖曼帝國與東方的情勢。在這些民族主義的表達當中，核心要素是民俗學者、史學家、辭典編纂者、詩人、小說家以及音樂家在令人羞辱的當下重現光榮過往的努力，尤其是藉由以地方方言取代帝國語言而建立並且鞏固民族認同。他從不曾忘記當初被誤認為中國人、日本人或者美洲人，和發現歐洲幾乎沒人知道他的國家時的震驚。除此之外，他也明白自己的國家和馬來亞、緬甸、印度、錫蘭、柬埔寨與越南等國不同，菲律賓沒有任何殖民前的文字記錄在被歐洲征服之後存留下來。現存的菲律賓歷史主要是修道會成員或後來那些種族歧視的西班牙保守主義者所書寫的產物。他在這方面的關注大概也受到與年紀較輕的陸雷彝互別苗頭的好勝心所激勵，我們已經看到，陸雷彝具有里程碑意義的《菲律賓民俗》在一八八七年的馬德里博覽會上贏得了獎項。[63]

黎剎在大英博物館找到了他尋求的東西：摩爾加（Antonio de Morga）的《菲律賓諸島誌》（Sucesos de las Islas Filipinas）這本極為稀有的書，在一六〇九年出版於墨西哥。摩爾加在一五九五年抵達菲律賓擔任馬尼拉的聽審法官以及副總督，當時他三十四歲。他是那個時代罕見的人物，是個清廉正直的殖民地官員，眼光務實，沒有被神職人員的偏見蒙蔽。黎剎費力將這本書手抄完成後，決定加上他自己的大量注解與評論後再版。他添加的內容主要是為了證明摩爾加對本土社會的正面描寫（包括菲律賓的文明程度、和平的豐富生產力，以及與中國、日本還有東南亞部分地區的商業關係）。他找上賈尼耶出版社，在巴黎出版了這本書，正式出版時間雖是一八九〇年，實際上卻是在一八八九年底就已面世。[64]

黎剎的《摩爾加》在當時與後來雖然都沒有受到廣泛閱讀，但這本書明顯代表了黎剎政治生涯當中的一個轉捩點。他已然成為一名「起義者」，一名決心追求國家完全獨立的愛國者。（如同我們後續將會看到的，《起義者》極度清晰地呈現了這種新姿態。）由於他出版了《不許犯我》，又在西班牙若干共和主義報紙發表了許多強而有力的文章，在菲律賓人當中擁有極高的聲望，因此當黎剎採取了這種新姿態，所造成的一項後果就是在殖民母國的菲律賓僑胞社群裂縫愈來愈大。即便在西班牙求學的時候，黎剎也經常批評他在那裡的同胞舉止輕浮、沉迷女色、游手好閒、搬弄是非、貪杯嗜酒等等。他在伊比利半島上雖然保有一些好友，但他在離開半島到歐洲北部遊歷的幾年時光加深了他對當地社群的惱怒以及疏離感。

不過，後來有一個值得注意的時刻出現了局部重新趨同的現象。一八八八年底，巴塞隆納一群比較認真的菲律賓人決定善加把握薩加斯塔在一八八七年頒行的政治空間鬆綁法律，自行集結成一個充滿活力的政治組織，並且出版他們自己的報紙，稱為《團結報》。巴塞隆納的氛圍是促成這些決定的重要元素。頗具影響力的無政府主義報紙《無政府報》(La Acracia) 在一八八六年已開始於巴塞隆納出版，和伊格萊夏斯（Pablo Iglesias）的（馬克思主義）社會黨在馬德里出版《社會主義者報》（El Socialista）的時間相同。但在一八八七年，巴塞隆納的無政府主義者終於能夠出版他們自己很成功的一份日報：《生產者報》（El Productor）。[65] 共和主義、無政府主義組織，和其他許多不同種類的組織都大幅增加。隨著德爾皮拉爾（Marcelo del Pilar）在一八八九年一月抵達，菲律賓人的活動得到了聚焦。他是他那個世代最能幹的菲律賓政治人物。德爾皮拉爾的哥哥是一名本土祭司，在一八七二年德伊斯基耶多的鎮壓行動中被逮捕並流放至馬里亞納群島，德爾皮拉爾則是一名機靈的反修士暨民族主義組織者，活躍於泰雷洛、森提諾與奇洛加的寬容統治之下。不過，韋勒上任之後，他知道自己已成政府

德爾皮拉爾（中），兩側為黎剎（左）與彭西（右）。

整肅的對象，於是逃到了西班牙。他隨即接手了菲律賓運動人士及其新報紙的領導工作，最終把報紙遷移到馬德里以接近國家權力中心。從那時以後，直到他在一八九六年七月於巴塞隆納去世為止，他都沒有離開過西班牙。

雖然德爾皮拉爾的終極目標無疑也是追求菲律賓獨立，而且雖然他積極倡導和馬尼拉建立密切關係，也鼓勵在那裡進行組織工作，但他卻認定前期必要的重大步驟必須在西班牙本土進行。必須用盡一切方法去遊說西班牙「自由派」內閣，和國會中的自由主義與共和主義議員，以創造出制度空間，最終達成獨立，而過程中則必須盡可能隱藏這個終極目標。而採取的策略性步驟，基本上就是以一套同化方案跟上古巴的腳步。古巴長久以來都在西班牙國會裡擁有代表席次，但菲律賓在一八三七年喪失了這項權利。古巴在一八八六年廢止奴隸制度之後，基本上已和西班牙適用相同的法律體系。加勒比海殖民地使用西班牙語，其教育體系基本上採取世俗教育而且由國家提供，教會只擁有相對微弱的政治權力。德爾皮拉爾雖是泰加洛語當中的傑出作家（實際上比黎剎更出色），也在私底下討論過未來菲律賓獨立之後的語言政策，但他確信在這個階段唯有同化與西班牙化能夠創造出適當的政治氛圍，促使馬德里賦予菲律賓和古巴相同的政治地位。在菲律賓推動一套真正由國家資助的西班牙語教育體系，也可摧毀修道會在他的國家所擁有的奇特支配權。[66]德爾皮拉爾與他的圈子致力與溫和的自由共和主義媒體耕耘關係、與保守派的報紙和記者爭辯，而且似乎與無政府主義左派保持距離。這種謹慎做法有其策略上的理由，事實是：在那個沒有為貧窮的殖民地人口設置獎學金的時代，只有富裕而且關係良好的家庭能夠供得起孩子到殖民母國接受教育。

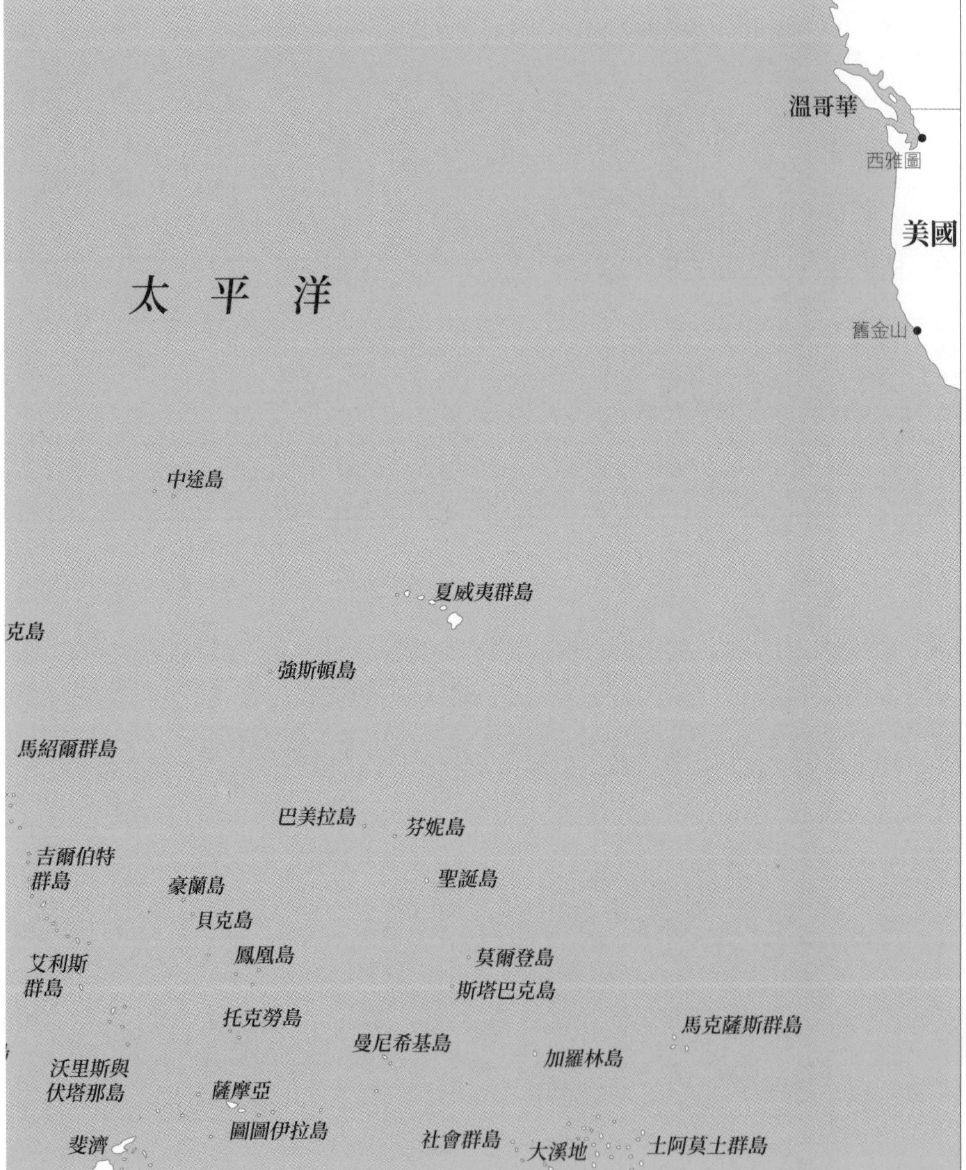
溫哥華
西雅圖
美國
太平洋
舊金山
中途島
夏威夷群島
克島
強斯頓島
馬紹爾群島
巴美拉島
芬妮島
吉爾伯特
群島
豪蘭島
聖誕島
貝克島
鳳凰島
艾利斯
群島
莫爾登島
斯塔巴克島
托克勞島
馬克薩斯群島
曼尼希基島
加羅林島
沃里斯與
伏塔那島
薩摩亞
圖圖伊拉島
斐濟
社會群島
大溪地
土阿莫土群島

三個世界之三：太平洋

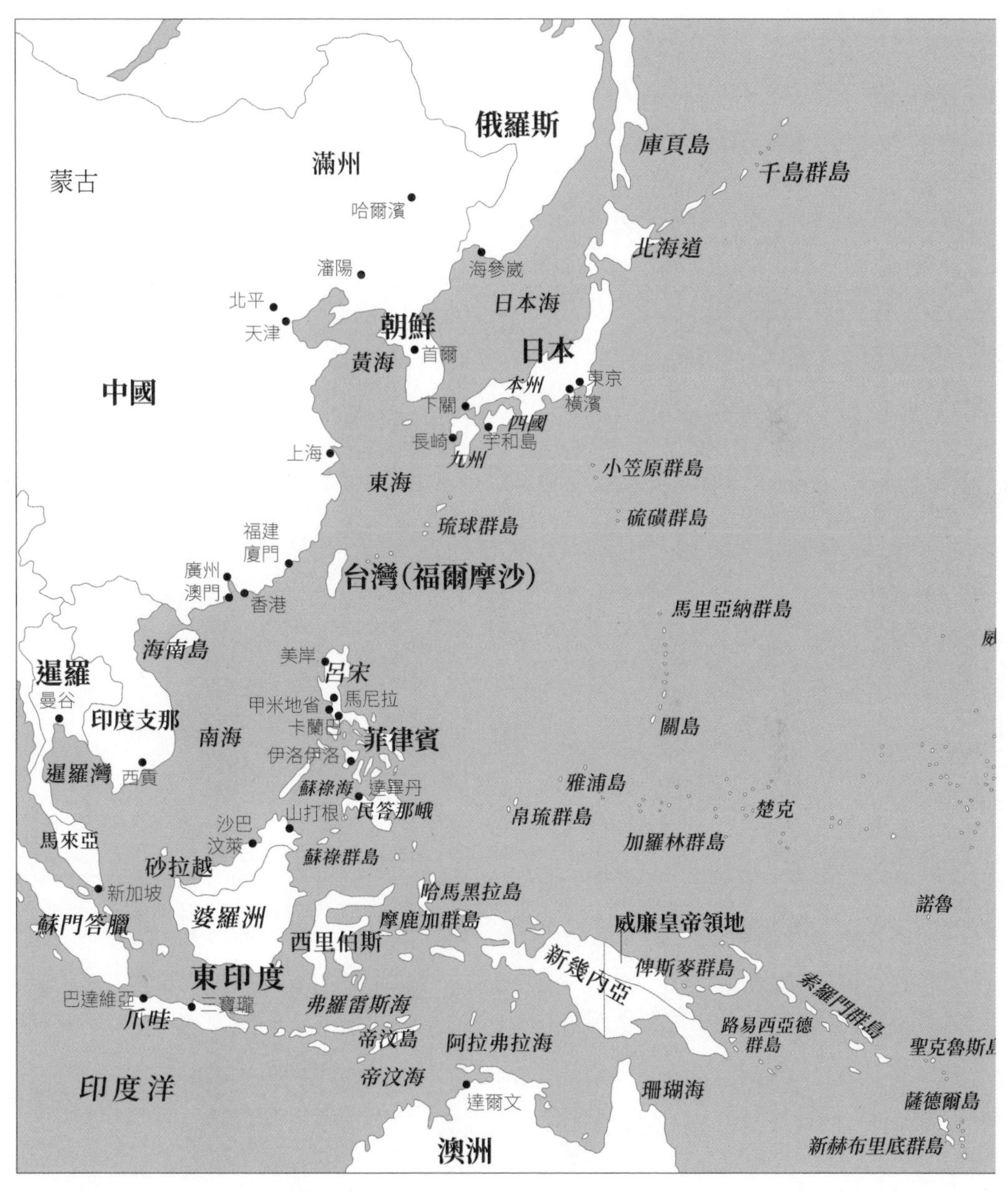

俄羅斯
庫頁島
千島群島
滿州
蒙古
哈爾濱
北海道
瀋陽
海參崴
日本海
北平
天津
朝鮮
日本
黃海
首爾
中國
本州
東京
橫濱
下關
四國
長崎
宇和島
上海
九州
小笠原群島
東海
琉球群島
硫磺群島
福建
廈門
台灣(福爾摩沙)
廣州
澳門
香港
馬里亞納群島
海南島
美岸
呂宋
暹羅
曼谷
馬尼拉
甲米地省
卡蘭巴
印度支那
關島
南海
菲律賓
伊洛伊洛
暹羅灣
西貢
蘇祿海
達畢丹
雅浦島
山打根
民答那峨
帛琉群島
楚克
沙巴
汶萊
馬來亞
加羅林群島
蘇祿群島
砂拉越
新加坡
哈馬黑拉島
諾魯
婆羅洲
摩鹿加群島
蘇門答臘
威廉皇帝領地
西里伯斯
新幾內亞
俾斯麥群島
東印度
索羅門群島
巴達維亞
三寶瓏
弗羅雷斯海
爪哇
路易西亞德
群島
帝汶島
阿拉弗拉海
聖克魯斯島
印度洋
帝汶海
達爾文
珊瑚海
薩德爾島
澳洲
新赫布里底群島

黎剎與德爾皮拉爾雖然在性情與才華上都完全不同，兩人卻互相敬重，而且黎剎有一段時間還積極為新報紙撰文。不過，他們的關係逐漸變得愈來愈緊張。德爾皮拉爾比黎剎大了十一歲，曾經多年在菲律賓從事危險的組織工作，在西班牙他則是一位精明而且不屈不撓的說客，對西班牙國家政治進行著詳細而實用、有利於菲律賓政治改革的遊說。實際上，他跟布魯門特里特一樣（他跟布魯門特里特的關係也很好），不認為有其他的行動方案可行。不過，他的立場有三項缺陷。第一項而且也是最大的缺陷，是他必須證明自己的政策有重大成果，否則必定會引來幻滅。我們可以在卡蘭巴事件當中看見這種模式：他雖然不眠不休地為黎剎的家人以及鎮民奔走，卻一無所獲。第二，他的遊說如果要能夠有效，就必須讓西班牙政治人物與國際法學家相信，西班牙的菲律賓人社群完全支持他，所以他也就不得不容忍黎剎深惡痛絕的各種行為，包括賭博、好色、嗜酒以及瑣碎的爭端。第三，《團結報》的編輯政策必須避免任何可能在不必要的情況下冒犯西班牙讀者的內容，也必須避免遭到馬德里的右翼媒體見縫插針。另一方面，身在歐洲北部的黎剎，不論在西班牙或菲律賓，都完全沒有實務政治經驗。他不需要提出實際成果，對於菲律賓人社群中許多成員在他看來屬於道德缺陷的行為不需要加以容忍，更不需要擔心他鄙視或厭惡的西班牙政客與記者們的個人感受。他認定自己寫作的對象是菲律賓讀者，不是西班牙民眾。

引人注意的是，在一八九〇年四月，他們兩人關係仍好的時候，黎剎寄回了他的一篇文章，指稱他按照建議做了所有的修改，但又加上這句耐人尋味的話：任何修改都可以接受，「只要我的想法不受到改變，或是我表達意見的方式不受到破壞就好。」[67]但在五月二十六日，他寫信向德爾皮拉爾表示自己已決定暫時不再為《團結報》撰稿，以頗為不可信的說法指稱，讀者看他的文章看太多了，需要「休息」一下，應該把機會讓給其他需要證明自己的菲律賓人。十一天後，憂心忡忡的德爾皮拉爾同樣以泰加洛語回信，請求黎剎清楚說明他犯了什麼錯，好讓他能夠悔改，並以哀傷的語氣寫道：「相信我，在我人生中不斷增添的悲慘與不幸當中，我無法再承受如此遭到拋棄。」黎剎顯然被這句話打動，於是回信說德爾皮拉爾反應過度，並且說他不再為《團結報》撰稿的理由是真心的。

我的想像力經常被憂鬱的念頭打擾。我小時候總認為自己活不到三十歲，我也不曉得為什麼這樣。近兩個月來，我每晚夢到的對象都只有已經亡故的朋友和親人。[68]

隨著一八九〇年逐漸過去，德爾皮拉爾因工作過多而無法主持《團結報》，結果犯了一項策略錯誤，把這份工作交給虛榮又充滿野心的克里奧人列德（Eduardo de Lete）。列德在少年時期曾是黎剎的好友，但後來逐漸轉而與他作對，也許是嫉妒黎剎以《不許犯我》獲得了龐大的聲望。向來敏感的黎剎於是愈來愈覺得自己的文章刊登在《團結報》會受到審查，刊登在其他地方則是遭到忽略或輕視。所謂的德爾皮拉爾陣營與黎剎陣營之間的派系鬥爭開始浮現，雖然根源是個人衝突，但在內部爭論時卻被表述為「同化主義」與「分離主義」的分歧。

情勢發展終於在年底白熱化，當時黎剎來到馬德里，敦促菲律賓人社群訂立章程，並且選出一名有權設定政策的領導人。[69]由於黎剎收到從馬尼拉寄來的信件都指稱他的著作促成了愛國運動浪潮高漲，因而信心滿滿，投票結果似乎令他大為震驚：連續三次投票他的票數都與德爾皮拉爾相同，因為德爾皮拉爾才是西班牙菲律賓人社群長期以來的實質領袖。最後，德爾皮拉爾為了避免災難性的分裂，指示支持者把票投給黎剎。但黎剎對發生的事頗感惱怒，於是又接著威脅指出，被選為副領導人的兩人當中有一人是他不信任的對象，如果那人獲准就任，他就會辭職。雖然黎剎獲得形式上的勝利，但他也認知到自己原本盼望的全體支持只是為了安撫他而造作出來的假象，並不是真正認同他的目標。因此，他還是返回布魯塞爾，也辭去了領導人位置。一八九一年五月，他寫信向德爾皮拉爾表示他絕對不會再為《團結報》撰文，但也不會反對這份報紙，只打算把心力全部投注於撰寫他的新小說。這起事件是他自己不智地促成的，而在這件事中結下的仇怨也帶來了兩項不同的後果。第一個後果，我們後續將會看到，就是對《起義者》的形式與風格造成核心的影響。第二，這起事件也大幅升高了德爾皮拉爾陣營與黎剎陣營之間的敵意——兩個陣營都因為各種崇高或見不得人的動機，而設法影響他們的象徵性領袖。

值得注意的是，黎剎直到他徹底離開歐洲的前夕，才在十月九日向布魯門特里特提起這件事，並且藉機辯護了自己與《團結報》決裂的決定，因為這項決定令布魯門特里特頗感懊惱。

> 你希望我為《團結報》寫一篇文章，但我必須向你坦承，我無意再為那份報紙寫任何文章了。我原本可以早點告訴你，但我不想讓你知道那些攻擊我的惡劣言論。我們共同經歷了許多事情。你已在（為那份報紙）寫文章，我也完全同意你所能夠寫的內容。布魯門特里特與黎剎能夠做的事

情，布魯門特里特絕對能夠自己做到。我提議了許多計畫，但他們都暗中反對我；他們把我稱為「偶像」，說我是暴君等等，但我只希望促使菲律賓人努力奮鬥。他們針對這一切寫信回馬尼拉，扭曲事實，聲稱我要這個或那個，實際上根本不是如此。我從不少人那裡聽到，早在我的《起義者》付印之前，他們就已經在說這是一部毫無價值的作品，遠遜於《不許犯我》。他們在暗中耍了許多小手段，彷彿一心想要把我僅有的一點名譽破壞殆盡。我後退是為了避免分裂；讓別人在政治中帶頭吧。他們說黎剎這個人太難搞；那好，黎剎就走自己的路；這樣我就不會造成阻礙。他們有可能對你說不同的版本，但你擁有敏銳的觀察力，不會對別人的話照單全收。[70]

布魯門特里特的回信已經佚失，但我們可以從一八九二年七月四日的一封信推測那封回信的內容，儘管黎剎可能沒有收到後來的這封信，我們後續將會談到原因。布魯門特里特異常直率，他說，所有德爾皮拉爾寫給他的信都對黎剎表達感激。他自己強力敦促德爾皮拉爾陣營與黎剎陣營把個人的小恩小怨拋在腦後，避免衝突，因為衝突只會削弱運動的力量，使他們共同的敵人受益。他不是提倡完全講和，只是明智的休戰。此外，他完全不同意黎剎對《團結報》的看法，因為敵人近來為了對抗《團結報》的影響力，開始出版一份雙週刊，由此正可看出《團結報》的價值。但他接著指出，我們不該期待這份報紙造就奇蹟，更遑論期待它在四年內達成其他民族花費了四十年達到的成果。菲律賓人不該鄙夷《團結報》，因為這份報紙捍衛了他們的國家及人民的榮譽。「我的話也許嚴厲又不客氣，但我的心是溫柔而良善的，我絕不會背棄我可憐的菲律賓人；我絕不會當逃兵。」[71]

黎剎愈來愈確信同化運動乃是一場徒勞。西班牙國會裡的古巴代表在卡諾瓦斯與薩加斯塔的選舉體制下根本毫無意義。國會席次並未阻止西班牙繼續毫不留情地剝削古巴的生產力，方法包括操控關稅、獨占企業以及迎合巴斯克與加泰隆尼亞的商業利益。[72]此外，黎剎也認為在十九世紀末根本不可能把數以百萬計的菲律賓人同化為西班牙語使用者。薩加斯塔在一八八八年派遣殘暴的韋勒前往馬尼拉，以及他自己在一八九〇年下台由卡諾瓦斯接替掌權，更深化了黎剎認定在西班牙不可能達到任何成果的想法。解放菲律賓的工作必須在家鄉進行。

基於這樣的心態，他在一八九一年揚棄新聞業，把心力完全投注於《起義者》，他狂躁地看著它在八月完成印行，之後立刻返回家鄉。如果說《不許犯我》的目標對象是歐洲與菲律賓的眾多讀者，那麼《起義者》就純粹是為了菲律賓讀者而寫。他寄了幾本給他在西班牙及其他地方的友人，但除此之外他把一整批書都運到香港，因為他打算在那裡待到韋勒的任期結束。他在七月九日從根特寫了一封重要信件給他信任的年長朋友巴薩——巴薩是二十年前遭到德伊斯基耶多流放的其中一名受害者，在香港定居下來而成了一位成功的生意人（也是精明的走私客）。黎剎把這批書託付給他，囑咐他一定要絕對保密，因為修士的間諜網也延伸到了英國殖民地香港。這封信非常尖酸地談到他自己極度貧窮的處境，以及西班牙菲律賓人社群當中那些經濟富裕的成員一再承諾要資助他，卻又言而無信的情形。[73]

我已厭倦了把信心寄託在我們的同胞身上；他們似乎全都聯合起來要讓我的日子難過……唉！

我（坦白）告訴你，如果不是因為你，如果不是因為我相信世界上還是有（一些）真正善良的菲律賓人，我絕對會欣然把所有同胞送進地獄裡去！他們把我當成了什麼？就在我需要保持心靈平靜以及想像力自由的時候，他們卻以充滿心機和小鼻子小眼睛的吝嗇態度對待我！[74]

失落的藏書？

在我們重新探究黎剎第二部小說帶給讀者的一些困惑之前，尤其是書中明顯帶有預敘的面向，我們必須先簡短討論一項在調查工作中面臨的重大困難，也就是黎剎在政治領域中的哲學觀從何而來。他在卡蘭巴的藏書書單裡沒有包含伏爾泰、盧梭與赫爾德（Johann Gottfried Herder）以後的政治思想家的作品，除非我們把史賓塞（Herbert Spencer）算在內。這份書單的性質也許可以從一個角度提出合理解釋，也就是把當代政治理論書籍帶進殖民警察國家是有風險的，尤其是對他的家人而言。

不過，已出版的黎剎在歐洲的大量通信也顯示同樣的欠缺。通信中完全沒有提到過康斯坦（Benjamin Constant）、黑格爾、費希特、馬克思、托克維爾、孔德、聖西蒙（Saint-Simon）、傅立葉（Charles Fourier）、邊沁、彌爾、巴枯寧或克魯泡特金，只有

胡安・盧納二十二歲的自畫像。

一句話不經意地提及普魯東與托爾斯泰。他在馬德里、巴黎、倫敦與柏林待了將近十年，難道有可能避開或忽略所有這些影響力龐大的政治思想家嗎？

至今為止只有一項直接線索，儘管這項線索也頗為模稜兩可：那是一八九一年五月十三日的一封信，由黎剎在巴黎的好友畫家胡安．盧納寫給身在布魯塞爾的他。那封信的內容值得在此引述。

明天是戰神廣場沙龍的開幕日。這是我第一次有兩幅畫放在「cimaise」〔一種擱置畫作的小架子〕或者台石上。我可以（暫時）為此感到得意，因為你也知道我都怎麼在市場上兜售我的畫作，就像賣馬鈴薯一樣。我為我那幅葬禮畫作取名為《被忽略的人》，而如同你將會見到的（還是已經見過了？），我現在正忙著描繪卑微以及權利遭到剝奪的人物。你會推薦我讀什麼書好為這項計畫提供靈感？你筆下的文字可是曾經譴責這種赤裸裸的物質主義以及對窮人惡名昭彰的剝削，還有富人對於悲慘大眾發動的戰爭！我正在找尋值得以八公尺畫布繪製的題材。我目前正在讀拉維拉耶的《當代社會主義》，其中概述了馬克思與拉薩爾等人的理論，還有天主教社會主義、保守派、福音派等等。我對這本書深感興趣，但我真正想要的是一本能夠突顯當代社會種種悲慘現象的書，就像《神曲》一樣，有那麼一位作者就像但丁，願意走進那些令人幾乎無法呼吸的作坊，看看男人、小孩與女人如何生活在難以想像的惡劣環境裡。親愛的朋友，我自己造訪過一間鑄鐵廠。我在那裡待了五個小時；相信我，不論是多麼鐵石心腸的人，一定都無法忘懷我在那裡目睹的景象。儘管修士在我們的家鄉犯下那麼多的惡行，但和這種悲慘與死亡的狀況相比，我們的同胞還算是幸運的。那裡有一間作坊專門磨碎沙與煤，由銑床磨成極細的粉塵，飄揚起來就像一團團巨大的黑雲，因此整個房間看起來彷彿瀰漫著煙霧。那裡的一切都滿是灰塵，而忙著把煤與沙鏟入機器的十或十二名工人看起來就像死屍一樣。這就是窮人的悲慘景象！我在那裡站了三、四分鐘，感覺就彷彿吞食了一輩子的沙子與灰塵一樣；那些沙塵透過鼻孔、嘴巴與眼睛鑽進我體內……想想看，那些不幸的人每天都得呼吸十二個小時的煤炭與灰塵；我認為他們終究注定沒命，對窮人這樣置之不理絕對是罪行。[75]

可惜我們沒有黎剎對這封信的回覆。不過，盧納提到馬克思和拉薩爾都沒有進一步解釋，表示他知道黎剎對這兩個人物並不需要解釋。此外，他雖然年齡比黎剎大，卻請對方針對當代工業資本主義造成的危害推薦具有啟發性的書籍。

另外一項比較沒有助益的線索，則是巴蘭德斯（Vicente Barrantes）在一八九〇年一月發表於馬德里的一篇文章。巴蘭德斯曾在馬尼拉擔任高階官員，這時自稱是菲律賓專家。（巴蘭德斯也許認得自己在《不許犯我》當中被描寫成一個資深公務員，把富裕的麥士蒂索人與「印第安人」關進牢裡，向他們勒索金錢。）他把布魯門特里特描述為俾斯麥以「爬蟲基金」雇用的特務，接著又痛斥黎剎是個「反天主教的新教社會主義普魯東主義者」。[76]「普魯東主義者」一詞可能只是用來貶抑黎剎，藉此影射他不過是受人景仰的加泰隆尼亞民主主義暨聯邦共和主義者馬格爾（Francisco Pi y Margall）的走狗，因為馬格爾曾在一八六八年出版了普魯東的《論聯邦原則》（Du principe fédératif）的譯本。[77]黎剎對於此一謾罵頗感莞爾，而在三月六日寫給布魯門特里特的信裡嘲諷地說，如果巴蘭德斯因為黎剎在《團結報》裡的尖銳回應而氣死的話：「對於我的動物園來說將會是一大損失。在我養的蛇與河馬當中，他是數一數二傑出的一隻」。[78]

不過，最具揭露性的證據——而且可能顯示了為什麼我們找不到他對盧納的回信——大概是《起義者》本身。儘管德爾皮拉爾與《團結報》持續把修道會視為菲律賓人志向的主要敵人，並且在薩加斯塔的自由派（以及其他人士）當中尋求支持，黎剎的第二部小說卻輕輕放過了修士。書中不但出現了一兩名講理的修士，就連《不許犯我》當中那個邪惡好色又狡詐的薩爾維神父也變成了一個無關緊要甚至可笑的角色。這一次受到最猛烈抨擊的人物，是自以為優越但顢頇無能又投機騎牆的自由派人士古斯托狄歐先生，他背叛了希望獲得他支持的學生。

因此，我們很難避免這項結論：《起義者》雖然在某個層次上深具煽動性與顛覆性，但在另一個層次上卻又極為狹隘，並且缺乏前後一致的政治立場。之所以會造成這種奇怪的性質，最主要的原因可能是：黎剎是小說家暨道德家，而不是政治思想家。在他的藏書與通信中因為徹底缺席而引人注目的那些作家，說不定他確實閱讀過他們某些人的著作，但那些著作顯然沒有讓他留下多少印象。此外，尤其在他第二次遊歷歐洲期間，他對自己的國家以及降臨在他家人與鎮民身上的災難的執迷，很可能導致他對歐洲本身的社會慘況視而不見或是毫不在乎。黎剎的大量著作當中完全沒有像盧納驚恐描繪巴黎鑄鐵廠的那種文字；那位畫家天真而生動地提及菲律賓人比起巴黎的工業勞工還算幸運的說法，顯然完全超出於黎剎的判斷標準之外。

解讀《起義者》：跨大陸書寫以及預敘法

在《起義者》的最初幾章當中，這部小說的故事背景似乎全然設定在韋勒統治期間的菲律賓（一八八八年三月至一八九一年四月）這個真實的時間地點。書中愚蠢粗暴又憤世嫉俗的都督閣下顯然就是以那位未來的「古巴屠夫」為範本，[79]至於那個沒有指名，但懷有自由主義思想又支持本土人口，並且因為反對都督而遭到解職的高級官員，則明顯可見是取材自馬尼拉民政總督森提諾。這個時代背景可由書中一段支線情節獲得明確的證實。這段情節開始於第四章，講述的是誠實的農民塔勒斯令人感嘆的故事。塔勒斯在伊巴拉的家鄉聖地牙哥（以黎剎的家鄉卡蘭巴為原型）邊界上的樹林裡清出一小塊地來耕種。[80]他耕作出成果之後，附近一個修道會莊園的人員就過來對他說，他的土地位於該莊園的合法範圍內，但他只要支付一小筆租金就可以繼續使用。從此以後，租金每年都大幅上漲，直到塔勒斯不能也不願再付錢；在遭到驅逐的威脅下，他拒絕退卻，而自我武裝起來保護自己的土地。然而，他為了在法庭裡伸張自己的權利而散盡家財，結果卻是徒勞無功。後來，他遭到盜匪綁架勒贖，等到終於付贖獲釋，卻發現土地早已被莊園占據，並且租給了另一個人。那天晚上，新佃戶和他的妻子以及負責收租的修士都遭到殘暴殺害，屍體上還用鮮血寫上了塔勒斯的名字。

這時發生了一件極不尋常的事情。小說中的敘事者突然在比利時高聲疾呼：

平和的卡蘭巴居民請冷靜！你們沒有一個人名叫塔勒斯，你們沒有人犯下這個罪！你們的名字是……席維斯特雷・烏巴多，馬努埃・伊達爾戈，帕西亞諾・梅卡多，你們是卡蘭巴的全體人口！[81]

烏巴多與伊達爾戈是黎剎姐妹的丈夫，帕西亞諾則是他鍾愛的哥哥，他們都因為在一八八八—九〇年間反抗道明會而遭到嚴懲。此外，這裡也若無其事地揭露了「聖地牙哥」其實就是「卡蘭巴（Kalamba）」。[82]在小說後段，我們得知塔勒斯加入了盜匪，而且在他的女兒胡莉為了躲避卡馬羅神父的侵犯而自殺之後，更與西蒙結盟，最後成了馬唐拉溫（Matanglawin，這個泰加洛語詞彙意為「鷹眼」），也就是在馬尼拉周圍鄉間四處犯案卻沒有被抓到的強盜頭子。歷史上，菲律賓在那個時期似乎沒有像馬唐拉溫這樣的人物，但殖民地首府以南的丘陵地確實有許多小盜匪。不過，在黎剎就學期間，充滿暴力與飢荒的安達魯西亞是不是有一、兩個這種人物？

時空調換

如同先前提過的，《起義者》的主要支線情節是一項終究沒有成功的學生運動，也就是要求國家成立教導西班牙語的（世俗）學院：這是將殖民地人口西班牙化的第一步。在歷史上，馬尼拉從來沒有發生過這樣的學生運動，而且韋勒也絕對不可能容忍這種活動。不過，這段支線情節明顯可見是德爾皮拉爾自從一八八九年以來在西班牙推行的策略性同化運動的縮小版，而黎剎早已對那項運動徹底失去信心。黎剎對學生的詳細描寫，似乎完全不同於我們從其他資料來源所知道的，黎剎在一八七〇年代晚期在馬尼拉經歷的高中與大學環境，那時候的學生對政治幾乎是一無所知。但到了黎剎筆下，學生卻都被用諷刺的筆調描寫成年輕的投機分子、吹牛大王、憤世嫉俗者、游手好閒的富家子弟，或者仰賴家人供養的米蟲。唯一一個心地善良又愛國的學生是「印第安人」伊薩加尼，他對那場運動仍然懷有堅定而天真的信念，而且沒有任何強烈的政治觀念。因此，我們很難避免這項結論：這整段支線情節幾乎純粹是把一八八〇年代的馬德里搬到想像中的一八九〇年代馬尼拉。

不過，事情絕對沒有這麼簡單。在初期的一個關鍵章節裡（〈西蒙〉），巴希里奧無意間發現西蒙實際上就是伊巴拉，於是讀者也就此得知他就是《不許犯我》當中那位天真的主角。接著，他們的談話提到了那場學生運動。讀者在此也許會感到意外，憤世嫉俗的虛無主義陰謀者西蒙在話語中流露出巴斯克人的那種激烈姿態。[83]

> 少年人啊！總是天真，總是做夢，總是追逐著蝴蝶與花朵。你們聯合起來，想用玫瑰花環把你們的祖國和西班牙綁在一起，但你們實際上是在打造比鑽石更堅固的鎖鏈！你們要求權利平等、把習俗西班牙化，卻沒有理解到你們尋求的其實是死亡，是摧毀你們的民族，消滅你們的祖國，以及對於暴政的神聖化！你們以後會變成什麼？一個沒有性格的民族，一個沒有自由的國家；你們擁有的一切都會是借來的，甚至連你們的缺陷也是如此。你們尋求西班牙化，而且遭到否決也沒有羞愧得面色蒼白！就算你們的要求真的獲得同意，你們想要怎麼樣？你們會得到什麼？幸運的話，大

概會得到一個充滿起義者宣言的國家，一個內戰肆虐不休的國家，一個充滿掠奪與不滿的國家，就像南美洲的某些共和國那樣！……西班牙語永遠不會是這個國家的通用語言，人民永遠不會使用那個語言，原因是那個語言沒有詞語能夠表達他們腦中的觀念以及心中的感受。每個民族都有自己的語言，就像他們各自有自己的感受一樣。你們少數幾個會說西班牙語的人，能夠從這個語言當中得到什麼？消滅你們的獨特性，讓你們的思想屈從於別人的觀念，而且不但沒有讓自己獲得自由，反倒把自己變成如假包換的奴隸！你們這些自認智識已開的傢伙，你們十個有九個都背叛了自己的國家。說西班牙語的人都忘卻了自己的母語，不再利用母語書寫，也已經不懂得母語。我早已見過多少人假裝自己對母語一竅不通！所幸你們的政府裡滿是白痴。俄羅斯為了奴役波蘭而強迫波蘭人民說俄語，德國也在他們征服的省分裡禁止法語，你們的政府倒是努力要你們保有自己的母語，而你們，你們這些在這令人難以置信的政府統治下的神奇的人，你們竟然堅持要剝奪自己的民族認同。你們全都忘了，一個民族只要保有自己的語言，就保住了自由的承諾，就像一個人只要保有自己的思考方式，就保住了自己的獨立性。語言就是民族的思想。[84]

這段譴責強烈得足以讓讀者忘記伊巴拉—西蒙曾有一位不擇手段而且殘忍的巴斯克祖父，忘了他為了改頭換面而偽裝說著一口蹩腳又口音濃厚的泰加洛語，也忘了這段對於西班牙化的抨擊乃是以流利的西班牙語表達出來的。此外，讀者也可能忽略了西蒙在先前幾行中提出的一項相互牴觸的論點：「你想要在這座群島上原本就有的四十幾種語言中再多加一種，好讓你們更難以聽懂彼此說的話嗎？」[85]不過，重要的是黎剎在歐洲從來不曾公然以這種激烈的本土主義姿態寫作，否則必定會嚇壞了《團結報》周圍的那些同志。他如果在西班牙發表這樣的言論，即是對當下提出評論；但把時空背景轉移到馬尼拉，他就變成是在評論未來，並且將波蘭與亞爾薩斯當成警惕。

隨著這部小說逐漸往高潮邁進，也可看到其他類似的時空調換。推動設立西班牙語學院的運動失敗之後，有一天晚上大學裡突然出現了許多神秘的顛覆性海報（pasquinades），導致政權展開不分青紅皂白的逮捕行動——明顯可見是仿自卡諾瓦斯在黎剎剛升上大四那時對馬德里中央大學發動的突襲。那些神秘海報立刻引發廣泛的恐慌，起義行動以及凶惡盜匪入侵的荒謬謠言火上加油，令人聯想到一八八三年發生於安達魯西亞的黑手恐慌事件，也預示了後來在一八九二年初發生於赫雷斯（Jerez）的「革命」農民攻擊行動。引人注意的是，黎剎為這一章標上一個泰加洛語的標題「Talakut」（沒有翻成西班牙文），意為「恐慌」，他用這個方式把這些情節發展明確地定錨在菲律賓。

一起跳拉瓦紹爾舞

最後，我們要談到西蒙的炸彈計畫，以及勒斯的部下和其他法外之徒所發動的武裝攻擊，因為這些人都同意與神秘的珠寶商西蒙協同行動。

這場失敗的陰謀帶有幾項引人好奇的特徵。第一，這項陰謀想像於一八九〇—九一年間，因此乃是先於一八九二—九四年間震動了西班牙與法國的一波驚人的炸彈攻擊浪潮，而不是跟隨在那些事件之後。不過，自從一八八八年以來，就發生了愈來愈多的炸彈與炸藥爆炸案件，通常是在工業化的巴塞隆納，但也可見於馬德里、瓦倫西亞與卡迪斯。大多數的炸彈都裝在工廠，只有極少數導致死亡或重傷的後果，而且幾乎所有案件都沒有抓到凶手。我們有充分理由認定這些案件的主使者是受到無政府主義觀念影響的憤怒勞工，不過其中有些也可能是臥底的警方密探所為。爆炸案件的數量與嚴重程度在一八九二年一月八日的「赫雷斯起義」之後大幅增加。那天夜晚，五、六十名農民闖入鎮上，對正監禁和刑求他們同志的監獄發動攻擊。他們似乎天真地以為當地駐軍會支持他們。結果，他們遭到警方驅散，事後發現有一名農民和兩名鎮民喪生。卡諾瓦斯在他第三次執政末期針對農民與勞工發動了一波無差別的鎮壓行動。二月十日，據稱是那場「起義」的領袖當中的四人遭到公開絞喉處死。[86]

一個月後，巴黎發生了一連串的嚴重爆炸案，主使者是荷蘭與亞爾薩斯血統各半的柯尼希斯坦（François-Claude Koenigstein），人稱拉瓦紹爾：一名有謀殺與搶劫前科的罪犯。他立刻被逮捕，並且送上法庭接受審判。拉瓦紹爾聲稱自己這麼做是為了報復警方先前暴力鎮壓克利希（Clichy）的勞工示威活動，接著在幾名勞工的審判中，公訴人又對他們求處死刑（但沒有成功）。拉瓦紹爾向法庭表示，他的行為是依循革命無政府主義原則。七月十一日，他踏上斷頭台的時候高喊著「Vive l'Anarchie!」（無政府主義萬歲！）並且宣稱他的死將會得到復仇。[87]他的行刑是法國自從屠殺巴黎公社成員以來舉行的第一場政治死刑。

拉瓦紹爾的過去雖然不甚光彩，但他的死卻使他在無政府主義左派當中，以及庇里牛斯山兩側，立刻成了一位英雄人物。努涅茲引述了當時一首廣受喜愛的歌曲〈拉瓦紹爾〉（La Ravachole）：

Dansons la Ravachole!
Vive le son, vive le son!
Dansons la Ravachole!
Vive le son
De l'explosion!

讓我們一起跳拉瓦紹爾舞！
願那聲響長存，那聲響長存！
讓我們一起跳拉瓦紹爾舞！
願那聲響長存，
那爆炸的聲響！

根據西班牙無政府主義媒體的引述，著名無政府主義理論家埃利塞·何可律（Elisée Reclus）曾說：「我和許多人一樣，也認為拉瓦紹爾是一位英雄，擁有罕見的崇高精神。」在馬拉美的圈子裡身為其中一員的作家保羅·亞當，則是寫了一篇〈讚美拉瓦紹爾〉（Éloge de Ravachol），在其中斷言指出：「拉瓦紹爾看見他周遭的人所遭遇的苦難，於是在一場大屠殺裡犧牲了自己的生命。他的仁慈寬厚，他的公正無私，他的積極行動，他在無可避免的死亡面前所展現的勇氣，將他提升到了傳奇人物的輝煌地位。在這個充滿憤世與諷刺的時代，一位聖人誕生在我們之間。」[88]西班牙無政府主義媒體把拉瓦紹爾描述為一位「暴力基督」，一位「英勇而且全心投入的革命分子」；有些無政府主義者還為了向他表示敬意而出版了兩本壽命短暫的出版品：一八九二年底的《拉瓦紹爾》（Ravachol）以及一八九三年初的《拉瓦紹爾帶來的迴響》（El Eco de Ravachol）。

拉瓦紹爾事件在一八九三年產生了巨大的影響。九月二十四日，巴亞斯（Paulino Pallás）對加泰隆尼亞都督康柏斯（Arsenio Martínez Campos）丟擲兩枚炸彈（康柏斯簽署了桑洪和約〔Pact of Zanjón〕，促使古巴為期十年的塞斯佩德斯暴動和平落幕）。[89]這項刺殺行動造成一人死亡，數人重傷，但康柏斯本人只受了輕傷。巴亞斯沒有試圖躲藏或逃跑，而是把他的帽子拋向空中，高喊「Viva l'Anarquía!」（無政府主義萬歲！）。一個月後，他在即將惡名遠播的蒙特惠克山堡壘遭到行刑隊槍決。[90]十一月七日，三十二歲的聖地牙哥・薩爾瓦多（Santiago Salvador）在巴塞隆納歌劇院演出羅西尼的歌劇《威廉・泰爾》之時，把一枚巨大炸彈丟進歌劇院裡，導致該市的富裕菁英階級有許多人死亡以及數人受傷。許多無辜嫌犯因此遭到逮捕刑求，然後薩爾瓦多才在藏匿處被捕。[91]他宣稱自己這麼做是為了替他認識並且仰慕的巴亞斯復仇，之後就在二十四日於蒙特惠克山遭到絞喉處死。[92]薩加斯塔（在一八九二年後再度掌權）對巴塞隆納發布戒嚴令，持續了一年之久。戒嚴令的執行者不是別人，正是剛從菲律賓回來的韋勒。無政府主義媒體被迫關閉。

接著，在十二月九日，瓦楊（Auguste Vaillant）把一大枚炸彈丟進法國國會，雖然沒有炸死任何人，卻造成數名代表受傷。他在一八九四年二月五日被送上斷頭台，這是法國人記憶中第一次有人犯下無人死亡的案子卻遭到處決。[93]（平庸的法國總統薩迪・卡諾〔Sadi Carnot〕是法國大革命傑出的軍事統帥拉扎爾・卡諾〔Lazare Carnot〕的孫子，他拒絕減刑，結果因此在一八九四年六月二十四日於里昂遭到刺殺致死。他的刺客是年輕的義大利無政府主義者卡塞里奧，在兩個月後也被送上斷頭台。）這一波無政府主義炸彈攻擊的最高潮（但絕不是結束），就是在瓦楊受到處決後發生於巴黎的一連串致命爆炸案，而且明顯可見有部分的用意是要替他報仇。凶手經調查發現是埃米爾・亨利（Emile Henry），一名出生於西班牙的年輕知識分子，父母是遭到流放而逃亡的巴黎公社支持者。[94]他也隨即被逮捕，在五月二十一日被送上斷頭台。[95]（對於本書而言，最重要的一起炸彈攻擊事件是遲至一八九六年六月七日才發生於巴塞隆納的基督聖體節「暴行」，但這點將留到第四章再探討。）

一八九二—一九四年間的這五個著名炸彈客都不合乎西蒙的背景條件。這五人都相當年輕、貧窮，接受的教育也有限（除了亨利以外），而且都自命為無政府主義者。他們的炸彈完全不帶有任何於斯曼的色彩。不過，看看約爾的記述中，埃米爾・亨利在受審時所說的一些話。[96]被問到他為何殺害那麼多無辜的人，亨利輕蔑地回答道：「沒有人是無辜的。」他接著說：

> 我認定現有的（社會）組織是不好的；我要反抗這樣的組織以加速其消失。我帶著一股深刻的仇恨投入這場抗戰，而且我的仇恨每天都受到這個社會令人作嘔的奇觀所強化。這個社會裡的一

切都卑劣而怯懦，一切都對人類熱情的發展造成阻礙，對人心的寬厚傾向造成阻礙，對思想的自由翱翔造成阻礙……我要讓資產階級看見他們的樂趣將會受到攪擾，他們的金牛犢會在基座上劇烈顫抖，直到最後一道震盪將其拋擲在泥土與鮮血當中。

然後，他又宣稱無政府主義者

不會放過資產階級的婦女和兒童，因為無政府主義者心愛的妻子和兒女也沒有受到寬待。在貧民窟裡，那些因為家中缺乏麵包而在貧血的折磨下慢慢死去的兒童，難道不是無辜的受害者嗎？在你們的工坊裡待得膚色蒼白的那些婦女，為了賺取一天四十蘇的工資而做得筋疲力竭，卻又經常在貧窮的逼迫下不得不下海為娼，她們難道不是無辜的受害者？那些終生被你們當成生產機器的老年人，卻在體力耗竭之後被你們丟進垃圾堆以及勞動濟貧所，他們難道不是無辜的受害者？各位資產階級的紳士們，至少要有勇氣承認你們的罪行，並且同意我們的報復行動具有全然的正當性吧。

你們在芝加哥把人吊死，在德國砍掉他們的頭，在赫雷斯勒死他們，在巴塞隆納槍殺他們，在蒙布里松與巴黎將他們送上斷頭台，可是你們永遠消滅不了無政府主義。無政府主義的根源太深，誕生於一個正在崩垮的腐敗社會的核心裡；無政府主義是對既有秩序的暴力反抗，代表了正在痛擊既有權威的平等與自由渴望。無政府主義無所不在，所以不可能捕捉。唯有殺掉你們之後，無政府主義才會結束。

亨利的話語與西蒙極度相似：加速一套腐敗體系的墮落，因為統治階級對不幸而貧窮的大眾所犯下的罪行而向他們（包括其「無辜」成員）採取暴力的復仇行動，以及展望未來一個平等而自由的社會。泰加洛農民雖然有他們自己的烏托邦與救世主傳統，深植於民間天主教當中，[97]西蒙的話語卻沒有反映那樣的思想，而是呈現了歐洲社會的憤怒語言，至少可以追溯到法國大革命或甚至更早之前。不過，西蒙在作者的描繪下是個更加複雜而且充滿矛盾的人物。他帶有貴族「社會主義者」羅朵夫的色彩，以自己的私刑正義懲罰為非作歹的惡人以及剝削者；也帶有德澤善的色彩，為醜惡的社會增添敵人；甚至可能也帶有奈查耶夫的色彩。[98]但另一方面，西蒙也是反殖民民族主義者，打算發動某種革命。不過，要是有人提出這個不合理的問題：「假設炸彈陰謀成功了，接下來呢？」那麼不合理的答案必然是：「什麼都沒有。」西蒙對於自己復仇成功的後果沒有任何計畫，《起義者》的內容也沒有顯示其他人有這樣的計畫：只有一個不明確而且虛無縹緲的「自由」夢想。（這一定就是這項陰謀必須失敗的原因之一。）黎剎就是在這裡突顯了反殖民民族主義與「行動宣傳」的相互交錯——而行動宣傳當中就帶有那種毫無計畫的烏托邦主義以及對於自我犧牲的愛好。從我的作為與死亡，將會產生出某種比無可忍受的當下更好的東西。

同樣的主題也出現在另一幕當中。巴希里奧得知了那個石榴狀檯燈裡的炸藥，不禁驚呼：「世人看見這幅大屠殺的情景會怎麼說？」西蒙語帶嘲諷地答道：

世人會鼓掌歡呼，就像以往一樣，把力量比較大而且比較暴力的那一方合理化。西方國家當初在美洲殘殺了數以百萬計的印第安人，歐洲就鼓掌叫好，而且絕對不是為了建立其他更加道德或者熱愛和平的國家。北美洲矗立在那兒，充滿了自我中心的自由、私刑，以及政治操弄；南美洲矗立在那兒，充滿了動盪不安的共和國、野蠻的革命、內戰，以及一份又一份的起義宣言，就和其母國西班牙一樣！當初強大的葡萄牙劫掠摩鹿加群島，歐洲也是鼓掌較好；（現在）英國摧殘太平洋地區的當地原住民族，以便植入他們自己的移民，歐洲一樣還是鼓掌叫好。所以，屆時歐洲將會為（我們）鼓掌，就像觀眾為戲劇結尾，為悲劇的結局鼓掌一樣。一般人極少注意到事件的底層肇因，他們只會觀看事件的效果！[99]

西蒙提出的例子包括英國、葡萄牙與美洲，但他的邏輯絕對也適用於阿根廷、哥倫比亞、委內瑞拉與秘魯，代表那些充斥了軍事獨裁者的後革命拉丁美洲共和國，先前西蒙就曾以鄙夷的語氣提到那些國家。但另一方面，這些被明確提到或隱含於字裡行間的例子，全都是暴力的「成功」案例。從這段論述看來，這種類型的「成功」在菲律賓已逐漸能夠想像。在《起義者》出版五年後，波尼費希歐（Andrés Bonifacio）就在馬尼拉外圍發動了一場武裝起義，距離馬蒂在古巴率先採取這種行動之後才僅僅十八個月。

謎樣的微笑

接下來要談到的是《起義者》最後的一個政治面向。這部小說的最後幾頁是一段漫長的對話，對話的一方是瀕死的西蒙，另一方則是暫時收容了他的和藹本土教士弗洛倫蒂諾神父。西蒙向教士提出伊凡・卡拉馬助夫的問題：你們的神如果對善良無辜的人要求這種泯滅人性的犧牲，這種羞辱、折磨、掠奪、痛苦與剝削，要求他們單純地受苦並且辛勤地工作，那麼這算是什麼神？（Qué Dios es ése?）[100] 弗洛倫蒂諾回應了一段漫長的講道，辯護神對待人的方式。他對西蒙說，上帝瞭解他所有的苦難，也會寬恕他，但他選擇以邪惡的手段達成崇高的目標，這是不可接受的行為。大多數的評論家都認定，這名老教士的話代表了黎剎為小說中這場政治道德劇做出的結論。不過，要這麼簡單地做出這個斷定必須忽略兩件事情。第一，西蒙在這段講道當中及之後都沒有說話，甚至可能連聽都沒有注意聽。他沒有提出正式的告解，也沒有請求赦罪。一會兒之後，他就死了。第二，則是結尾那個古怪的簡短章節，標題為〈El misterio〉（謎）。在原始手稿中，這一章總共七頁的篇幅有三頁被作者塗黑刪掉。

我們在富裕的奧倫達家族的住宅裡，有三名訪客在那場炸彈攻擊以及武裝入侵行動失敗後的混亂之中來訪。其中一人是俊俏的青年莫摩伊（他是奧倫達家族長女森席雅的追求者），他參加了寶麗塔・戈梅茲那場慘遭浩劫的婚宴，而在驚疑之中目睹了事件的經過。另一人是學生伊薩加尼，他為了救寶麗塔一命而抓起那盞致命的檯燈跳進巴石河（Pasig River）。莫摩伊向奧倫達一家人說，一個不知名的搶匪搶走那盞檯燈，然後跳進了水裡。引人注意的是，森席雅插口問道：「搶匪？是黑手的成員嗎？」莫摩伊回答：「沒有人知道他是西班牙人、中國人還是印第安人。」第三名訪客是幫忙布置婚宴場所的銀匠，他說有傳言指稱那盞檯燈即將爆炸，而且新娘的家中也都埋了火藥。這段話令莫摩伊大感震驚與恐慌，臉上的神情也流露出了內心的恐懼。接著，他看見森席雅注意到他的反應，對自己沒有表現出應有的男子氣概感到羞窘，於是開口說：「多麼可惜！」他勉強感嘆一聲，「那個搶匪真是搞砸了！要不然所有人都會死在那場爆炸裡……」在場的女士都驚恐不已。接著：

「搶奪不屬於自己的東西絕對是錯誤的行為，」伊薩加尼露出一道謎樣的微笑說：「那個搶匪要是知道那是怎麼一回事，而且他要是能夠好好思考的話，一定不會那麼做。」接著，他停頓了一下之後又說：「我絕對不想身在他的處境裡。」

一個小時後，伊薩加尼向眾人告退，以便回他伯父（弗洛倫蒂諾神父）的住處「永久休息」，然後就從小說中消失了。[101]這名善良而愛國的學生，他在此之前從來不曾露出過謎樣的微笑（這是陰鬱嚴肅的西蒙的特長），他對於自己破壞了那位珠寶商的計畫深感懊悔。原本的西班牙文明白指出，「永久」（por siempre）休息只是他離開之時心中的打算。他會跟隨誰的步伐呢？這段文字彷彿邀請讀者期待《起義者》的續集。

現在，我們也許已比較能夠理解這部小說的預敘性質，以及黎剎將這部作品稱為菲律賓小說的重要性。預敘的效果主要是藉由將真實事件、經驗與感受廣泛而巧妙地從西班牙轉移到菲律賓，於是看起來就有如預告了即將發生的未來；又因為將時間背景設定在韋勒都督的掌權時期，而韋勒在這部小說出版時仍然在位，因此看起來就像即將發生。不過，西蒙卻是完全另一回事。他的根源存在於先前的其他小說，包括《不許犯我》；而且他不是從西班牙進入這部小說，而是來自想像中的古巴，來自於在世界各地的遊歷。他猶如一個縈繞於菲律賓的「世界幽靈」(espectro mundial)，反映了德伊斯基耶多幻想中的第一國際那套隱形的權謀網絡。雖然尚未真實存在，但既然已經被想像，因此也就像他的國家一樣，已在實現的進程中。

西班牙帝國向來都以美洲為主，這座帝國在一八一〇至一八三〇年間的實質消散，等於是對還殘餘的部分承諾了它終究會解體，但也警告了操之過急的後果。黎剎認為歐洲正同時面臨強權彼此之間爆發大規模衝突，與來自底層暴力運動的威脅。《起義者》是在一座全球舞台的邊沿寫成；在這座舞台上，俾斯麥與薩蘇莉特、美國的操弄與古巴的起義、明治日本與大英博物館、於斯曼與巴黎公社、加泰隆尼亞與加羅林群島、虛無主義者與無政府主義者全都占有一席之地。馬車伕與「同種療法治療師」也是如此。

一九四五年底，在日本對於印尼的占領才剛崩解了兩個月，但荷蘭殖民勢力尚未恢復之際，印尼年輕的第一位總理夏赫里爾（Sutan Sjahrir）把他正在發動革命的同胞所身處的狀況描述為「gelisah」。這個字眼不容易翻譯：其詞意涵蓋了「焦慮」、「顫抖」、「解放」與「充滿期待」。這就是《起義者》帶給人的感覺。有什麼東西就要來臨了。

1 威廉・亨利・史考特（William Henry Scott），《民主工會：第一個菲律賓工會》（The Unión Obrera Democrática: First Filipino Trade Union；Quezon City: New Day, 1992），pp. 6-7。

2 古爾雷諾，《第一個菲律賓人》，pp. 9-11。

3 耶穌會修士舒瑪克（John N. Schumacher），《宣傳運動，一八八〇—一八九五》（The Propaganda Movement, 1880-1895）修訂版（Quezon City: Ateneo de Manila Press, 1997），p. 7。

4 古爾雷諾指出，這場最後以武裝休戰畫下句點的戰爭，對西班牙造成的代價包括七億披索、十四萬人傷亡（主要因為疾病），承諾賦予古巴自主權以及實施其他改革、施行大赦，並與美國簽訂一項羞辱性的協議，允許古巴人取得美國國籍。《第一個菲律賓人》，p. 283。古巴的情勢發展將在第四章進行更詳細的探討。

5 讀者想必記得，因為伊莎貝拉逃亡而造成的繼任危機，後來成了普法戰爭的開戰理由。西班牙內閣為了尋求適當的繼任人選而找上利阿坡親王（Prince Leopold）——他是普魯士國王與俾斯麥的遠親。由於西班牙內閣認為由一名霍亨索倫家族成員擔任西班牙國王能夠帶來各種好處，因此施壓要求他接受這項邀請。後來消息走漏而傳到巴黎，法國外長隨即驚慌失措。他趕往德皇威廉一世正在度假的埃姆斯河（Ems），不但要求利阿坡退出，而且要求德皇公開宣告不會再推出霍亨索倫家族的成員為西班牙王位接任人選。威廉一世不願受辱，因此拒絕了這項要求。俾斯麥收到這場會面的電報描述之後，隨即竄改內容，讓巴黎方面的要求顯得比實際上更為專橫，威廉一世的回絕也顯得更不留情面。經過竄改的電報公開之後，便造成了鐵血宰相所盼望的效果：促使拿破崙三世傻傻地宣戰。

6 德伊斯基耶多和他那個世代的其他人一樣，認定本土人口沒有能力自行發動叛變。他們認為西班牙之所以丟失了美洲大陸帝國，就是克里奧人與麥士蒂索人造成的結果，而不是本土人口，而且認為塞斯佩德斯在古巴之所以能獲得令他們驚恐的成功，背後的主要推動力也是克里奧人與麥士蒂索人。

7 同上，pp. 8-9；古爾雷諾，《第一個菲律賓人》，pp. 3-6，13。

8 史考特，《民主工會》，pp. 6-7。

9 黎剎，寫給朋友彭西以及《團結報》工作人員的信件（《團結報》是一八九〇年代身在西班牙的菲律賓民族主義者的宣傳媒體），摘自古爾雷諾，《第一個菲律賓人》，p. 608，注13。後附為我自己的翻譯。

10 《黎剎—布魯門特里特書信集，第一冊，一八八六—一八八九》（The Rizal-Blumentritt Correspondence, Vol. 1, 1886-1889，Manila: National Historical Institute, 1992），p. 65以後第五與第六個沒有頁碼的頁面。一八八七年三月二十九日寄自柏林的信件。

11 塔利達，〈致西班牙宗教裁判官〉（Aux inquisiteurs d'Espagne），《純白評論》，12:88（February 1, 1897），pp. 117-20。他在第一一七頁針對西班牙的「現代宗教審判」寫道，「這些現代判官的方法總是一成不變：刑求、處決、毀謗。他們打算摧毀的倒楣鬼如果住在古巴，就叫做軍事冒險家（filibustero）；如果住在伊比利半島，就叫做無政府主義者；如果住在菲律賓，就叫做共濟會員」。我們後續將會談到可敬的塔利達。這裡只需要說他明白自己講述的內容，因為他在一八六一年出生於古巴——與黎剎同一年出生——並且在前述文章裡自稱為「我是古巴人」（je suis cubain）。見埃森韋恩（George Richard Esenwein），《無政府主義意識形態與西班牙的勞動階級運動，一八六八—一八九八》（Anarchist Ideology and the Working Class Movement in Spain, 1868-1898，Berkeley: University of California Press, 1989），p. 135。

「Filibuster」（軍事冒險家）一詞源自荷蘭文的「vrijbuiter」（等於英文的「freebooter」），原意為「海盜」。這個詞為什麼會變成正面而且全然政治性的字眼，是一件相當有趣的事情。一個重大的轉捩點可見於雷納爾（Guillaume-Thomas Raynal）與狄德羅極為精彩的《歐洲人在東印度與西印度創建制度以及從事貿易的哲學與政治史》（Histoire philosophique et politique des établissements & du commerce des Européens dans les deux Indes，Geneva: Libraires Associés, 1775）當中的第五十二章（〈軍事冒險家蹂躪了美洲的海洋。這些海盜的起源、習俗、冒險與墮落〉〔Les Flibustiers désolent les mers d'Amérique. Origine, moeurs, expeditions, décadence de ces corsaires〕）。兩位作者雖然沒有粉飾海盜的殘暴無情，卻仍以讚賞的筆調撰寫了他們對於自由的熱愛以及他們自己創造的榮譽守則。帶有全然政治意涵的「filibuster」一詞似乎是在一八五〇年代左右由紐奧良的克里奧人創造出來，用來指稱各式各樣的傭兵與理想主義者，他們在紐奧良加入委內瑞拉人洛佩斯（Narciso López）的行列，一連四次嘗試侵略古巴（一八四八—五〇）以推翻西班牙的統治而使古巴併入美國。這類人——例如惡名昭彰的美國冒險家沃克（William Walker），曾在一八五〇年代中期短暫攫取尼加拉瓜的總統職務——在當時早已傲然自稱為「filibuster」。這個字眼大概是隨著曾在加勒比海服役而後調派菲律賓的高階軍官傳到馬尼拉。在菲律賓的最後五任都督當中，父母是普魯士人而出生於馬約卡的韋勒（Valeriano Weyler，一八八八—九一），還有德斯普霍（Eulogio

Despujol；一八九一—九三）、布蘭科（Ramón Blanco；一八九三—九六）以及波拉維哈（Camilo Polavieja；一八九六—九七）這四人都在加勒比海發展出了他們的高壓手段，德斯普霍在聖多明哥，其他三人則是在古巴。諷刺的是，洛佩斯把第二次侵略行動的指揮權交給傑佛遜・戴維斯（Jefferson Davis）與羅伯特・李（Robert E. Lee），他本人在世時由於「嚴厲」對待黑人、與美國南方的奴隸主統治集團以及北方的擴張主義者結盟，並以美墨戰爭的退役軍人為主要招募對象而惡名昭彰，卻因為在哈瓦那遭到公開絞喉處決而在死後被當成愛國者。他為了兼併目的而設計的紅白藍星條旗至今仍是古巴的國旗。見休・湯瑪斯（Hugh Thomas），《古巴：對於自由的追求》（Cuba, The Pursuit of Freedom，New Brunswick, NJ.: Harper & Row, 1971），pp. 212-17。

12 在收錄於《日記與回憶錄》，p. 57的《卡蘭巴至巴塞隆納的旅程日記》（Diario de viaje. De Calamba á Barcelona）裡，二十歲的黎剎寫道：「（韓波的）亞丁令我聯想起但丁的《地獄篇》。」從他在六月二十三日由巴塞隆納寄回家的一封信裡，我們得知他在途中遊歷了龐貝與赫庫蘭尼姆（Herculaneum），也在船上遙望了愛德蒙・唐泰斯遭到長期監禁的伊芙島。《黎剎與家人的通信，一八八六—一八八七》（Cartas entre Rizal y los miembros de la familia, 1886-1887），收錄於《書信集》（Manila: Comisión del Centenario de José Rizal, 1961），Tomo II, Libro I, pp. 20-21。

13 《黎剎的一百封信》（One Hundred Letters of José Rizal，Manila: National Historical Society, 1959），p. 26。一八八二年六月二十三日寄自巴塞隆納的信件。在大部頭的《書信集》出版之時，這些信件還無法取得。

14 「他們常把我們當成華人、美洲人或黑白混血兒，甚至許多年輕學生根本不曉得菲律賓是屬於英國還是西班牙的。有一天還問了一名我的同胞，菲律賓是否離馬尼拉還很遠。」同上，p. 85。從馬德里寄回家的信件，日期標示為一八八三年一月二十九日。

15 霍薇塔・卡斯楚（Jovita Ventura Castro）在她為自己新譯的《不許犯我》法文版所寫的一流前言當中指出，來自菲律賓的學生直到一八六三年之後才獲准進入殖民母國的大學就讀。最早註冊的學生是外表和出生於西班牙的西班牙人無可區辨的克里奧人。各種膚色的麥士蒂索人與印第安人似乎直到一八七〇年代晚期才開始進入這些學校就讀。因此，他們是明顯可見的新奇對象。見法文版《不許犯我》：*N'y touches pas!*（Paris: Gallimard, 1980）；這個法譯版本受到聯合國教科文組織的資助。

16 見拙作《想像的共同體》（London: Verso, 1991），p. 57。

17 見《黎剎—布魯門特里特通信集，一八八六—一八八九》（The Rizal-Blumentritt Correspondence, 1886-1889），p.

72。必須知道的是，德文當中的「Philippiner」並沒有受到「filipino」一詞的含糊意義所污染，而是明白純粹地帶有以國家性質為首的意義。

18 非常引人注意的是，「華裔麥士蒂索人」一詞完全沒有出現在《不許犯我》當中，在《起義者》也只出現一次，而且只是順筆提及。他的書中有許多人物都可以假設是這類麥士蒂索人，但黎剎很謹慎，對那些人物都沒有提及足以洩漏其出身的姓氏。可嘆的是，殖民地的年輕菁英階級也深深承襲了西班牙人對中國人的歧視。

19 墨西哥學者吉伊（Leopoldo Zea）為委內瑞拉版的《不許犯我》寫了一篇富有啟發性的引言（Caracas: Biblioteca Ayacucho, 1976），p. xviii，其中引用了巴斯克哲學家、散文家、詩人暨小說家烏納穆諾所寫的「Elogio」（悼文），收錄於雷塔納（W.E. Retana），《黎剎醫師的生平與著作》（Vida y escritos del Dr José Rizal，Madrid: Victoriano Suárez, 1907）。

20 莫拉伊塔尤其激怒了宗教當局之處，在於他強調《梨俱吠陀》比舊約聖經古老得多、宣稱埃及人最早提出死後懲戒的觀念，並且以懷疑的語氣討論挪亞洪水以及羅馬教廷仍然堅稱發生於西元前四四〇四年的創世事件。薩基席安茨（Manuel Sarkisyanz），《黎剎與西班牙共和國》（Rizal and Republican Spain，Manila: National Historical Institute, 1995），p. 205。

21 黎剎，《起義者》，尾注，pp. 38-9。編者補充指出，波隆那、羅馬、比薩、巴黎、里斯本、科英布拉以及德國各地的學生也紛紛表達恭賀，並且舉行支持性的抗議活動。

22 見黎剎在一八八四年十一月二十六日寫給家人的信中所提出的生動描述，收錄於《一百封信》（One Hundred Letters），pp. 197-200。

23 根據一八六〇年的普查結果，大多數成年工作人口的職業分布如下：兩百三十四萬五千名鄉下勞工、一百四十六萬六千名小業主、八十萬八千名僕人、六十六萬五千名工匠、三十三萬三千名小商人、二十六萬兩千名窮人、十五萬名工廠勞工、十萬名自由業及相關職業的從業者、七萬名「雇員」（公務員？）、六萬三千名神職人員（包括兩萬名女性），以及兩萬三千名礦工。貝卡呂（Jean Bécarud）及拉普居（Gilles Lapouge），《西班牙的無政府主義者》（Anarchistes d'Espagne，Paris: André Balland, 1970），第一冊，pp. 14-15。在四十年後的一九〇一年，單是巴塞隆納就有五十萬名勞工，但其中半數都不識字。見羅梅洛．毛拉（J. Romero Maura），〈巴塞隆納的恐怖活動及其對西班牙政治的影響，一九〇四—一九〇九〉（Terrorism in Barcelona and Its Impact on Spanish

Politics, 1904-1909）、《過去和現在》（Past and Present），第四十一期（一九六八年十二月），p. 164。

24 見《德國、菲律賓與美西戰爭》（Germany, the Philippines, and the Spanish-American War）pp. 63-4極具參考價值的大事年表，維翁塞克（Karl-Heinz Wionsek）編纂，湯瑪斯·克拉克（Thomas Clark）翻譯（Manila: National Historical Institute, 2000）。

25 一段生動的描述與犀利的分析可見於克莉絲汀·羅斯（Kristin Ross），《社會空間的出現：韓波與巴黎公社》（The Emergence of Social Space: Rimbaud and the Paris Commune，Minneapolis: University of Minnesota Press, 1988）；以及約爾（James Joll），《無政府主義者》（The Anarchists，Cambridge, MA: Harvard University Press, 1980），pp. 148-9。

26 詳細描述見古爾雷諾，《第一個菲律賓人》，p. 198。

27 《一百封信》，p. 174。由馬德里寄回家的信件，日期標示為一八八三年十月二十八日。西班牙似乎不值一提！

28 一項生動的描述可見於森帕烏（Ramón Sempau），《行凶者》（Los victimarios，Barcelona: Manent, 1901），p. 5。俄國在一八七七至一八九〇年間發生了眾多行刺舉動，努涅茲（Rafael Núñez Florencio）不論那些行動的成敗而列出了一份令人嘆為觀止的完整表格，見努涅茲，《無政府主義恐怖行動，一八八八－一九〇九》（El terrorismo anarquista, 1888-1909，Madrid: Siglo Veintiuno de España, SA, 1983），pp. 19-20。

29 奈查耶夫的革命團體頗有代表性地命名為「人民的報復」（The People's Retribution）。奈查耶夫逃回瑞士，但在一八七三年受到引渡，並且遭判二十年有期徒刑。一八八二年，他如同德國紅軍派（Baader-Meinhof）成員那樣「被人發現死在牢房裡」。

30 努涅茲，《無政府主義恐怖行動》，pp. 66-7；奈馬克（Norman Naimark），《恐怖分子與社會民主主義者：亞歷山大三世統治下的俄國革命運動》（Terrorists and Social Democrats: The Russian Revolutionary Movement under Alexander III，Cambridge, MA: Harvard University Press, 1983），第一章；尤其是傅特曼（David Footman），《紅色序曲》（Red Prelude）第二版（London: Barrie & Rockleff, 1968），書中各處。第一枚炸彈並未傷及沙皇。一個名叫葛林涅維茨基（Ignatei Grinevitsky）的攻擊者（森帕烏在書中稱他為「Miguel Ivanovitch Elnikof」）注意到了這一點，於是衝到距離極近之處才丟出第二枚炸彈，以致自己和受害者一同遭到炸死。他可以說是早期的自殺炸彈客。傅特曼這本書有一項珍貴的特色，就是其中附錄了五十五名人民意志組織成員的生平資料。其中十三人遭到處決，十四人死在牢裡，十四人遭到監禁之後活著出獄，八人逃往海外，四人在刺殺行動期間或事後自殺，兩人則是轉而為祕密警察工作。

31 一段簡潔扼要的描述可見於梅特隆（Jean Maitron），《法國的無政府主義運動》（Le mouvement anarchiste en France，Paris: Maspéro, 1975），第一冊（Dès origines à 1914），pp. 42-51。

32 梅特隆在這方面提供了一些值得注意的資料。無政府主義最重要的理論性出版品是格拉佛（Jean Grave）的《反抗者》雜誌（La Révolté），最早在一八七九年二月出版於日內瓦，印行數由一千三百本增至兩千本，然後格拉佛才覺得有可能在巴黎出版（一八八五年），並且將雜誌名稱改為《反抗》（La Révolte）。到了一八九四年，法國政府在總統薩迪．卡諾遭到刺殺後禁止這本雜誌繼續出刊之時，其印行數已達七千本，訂閱者遍及法國、阿爾及利亞、美國、英國、瑞士、比利時、西班牙、義大利、荷蘭、羅馬尼亞、烏拉圭、印度、埃及、瓜地馬拉、巴西、智利與阿根廷。沒有俄國人。這本雜誌在「巴黎地下世界」的姐妹刊物是普熱（Emile Pouget）充滿諷刺色彩的《潘納老爹》（Le Père Peinard，「各位蠢蛋，每週日別忘了看雜誌」）。《潘納老爹》的發行範圍雖然沒那麼廣，但鑒於這本雜誌乃是以巴黎人的俚語寫成，因此讀者能夠遍布那麼多地方反倒更令人訝異：包括阿爾及利亞、英國、突尼西亞、阿根廷、比利時、西班牙、美國、義大利、瑞士以及摩納哥。《法國的無政府主義運動》，pp. 141-6。

33 詳細記述見佩尼科內（Nunzio Pernicone），《義大利無政府主義，一八六四—一八九二》（Italian Anarchism, 1864-1892，Princeton: Princeton University Press, 1993），pp. 118-28。巴枯寧在一八六四年落腳於佛羅倫斯，但在一八六五年搬到那不勒斯，並且在那裡待到一八六七年。（他寫信給佛羅倫斯的一名跟隨者：「〔這裡〕的活力以及名副其實的政治與社交生活都比佛羅倫斯多出不知凡幾。」）他在那裡成立了第一國際的第一個義大利分會，馬拉泰斯塔就是他最早招募到的成員之一。馬拉泰斯塔事後回憶道，這名俄國人「為那不勒斯傳統的一灘死水帶來了一股清新氣息，接近他的年輕人都因此大開眼界」。實際上，義大利南部正是展開革命活動的好地方，因為那裡高度仰賴農民的經濟遭到了加富爾（Camill Benso di Cavour）及其後繼者的政策所摧毀，而其政治階層也覺得自己遭到薩伏依王室的征服（在義大利於一八六一年統一之後）絲毫不亞於先前遭到西班牙波旁王朝的壓迫。佩尼科內也精湛敘述了巴枯寧如何在義大利智勝馬克思與恩格斯，而且又借助了恩格斯所犯的愚蠢錯誤以及馬志尼（Giuseppe Mazzini）對於巴黎公社的激動抨擊——義大利進步人士對於巴黎公社其實懷有高度的同情。如同巴枯寧一針見血地指出的，馬志尼「追求的向來都是人民為義大利奉獻，而不是義大利為人民著想」。同上，pp. 17, 27, 44-53以及24。

34 約爾，《無政府主義者》，pp. 102-5。

35 梅特隆，《法國的無政府主義運動》，pp. 77-8。

36 同上，p. 206。

37 實際上，一八七八年有兩次由無政府主義者對德皇威廉一世發動的行刺舉動，刺客是霍德爾（Max Hödel）與諾比林格（Karl Nobiling），行刺時間分別為五月十一日與六月二日（佩尼科內，《義大利無政府主義》，p. 148）。另外還有一次行刺舉動則是在法蘭克福警察總部發生爆炸之後遭到發現。這次行動據稱的「無政府主義」領導人賴恩斯朵夫（August Reinsdorf）隨即受到處決，而警長朗普夫（Rumpf）也在不久之後遭到刺殺：這是一項複雜糾葛的事件，很有可能受到朗普夫的操弄。在一八八三至一八八五年間，倫敦出現了以倫敦塔、維多利亞車站以及下議院為目標的炸彈陰謀。見努涅茲，《無政府主義恐怖行動》，p. 18。這些「事件」迅即反映在亨利·詹姆斯的《卡薩瑪斯瑪公主》（Princess Casamassima，一八八六）當中，後來也可見於康拉德的《特務》（The Secret Agent，一九〇七）與《西方眼界下》（Under Western Eyes，一九一一）。我們也應該提及愛爾蘭的芬尼亞組織（Fenian）在一八八二年五月刺殺新任愛爾蘭布政司卡文迪希勳爵（Frederick Cavendish）及其副手的事件，儘管這兩人的位階遠低於前述那些人物，而且芬尼亞組織也和殺害斐迪南大公的民族主義者一樣根本不是無政府主義者。

38 佩尼科內，《義大利無政府主義》，p. 3。尼蒂（Francesco Nitti）提出了一項當代的補充說明。當時在那不勒斯大學擔任政治經濟學教授，後來成為義大利總理的他，語帶莞爾地嘆息道：「我們必須指出，義大利的學校犯了一項遺憾至極的錯誤，也就是為弒君行為提出辯護。缺乏學問的教師並未說明烈士與謀殺犯的差異。古羅馬的歷史充滿了謀殺暴君的行為或者一心想要成為暴君的人。個人於是成了社會的報復者與救助者。我無意間看到一本受到義大利許多學校使用的歷史手冊。令人震驚的是，這本手冊竟然為如此多的弒君行為賦予了正當性，從布魯特斯乃至米拉諾（Agesilao Milano）都備受讚許。義大利，尤其是義大利中部，曾經一度滿是小暴君；弒君者成了解放者。不幸的是，這項傳統長久存續了下來。即便是詩人，也同樣沒有拒絕為政治謀殺行為鼓掌，而且不僅是讚許那些比較令人同情的弒君者，連最糟的『義大利無政府主義者』也包括在內。」《北美評論》（North American Review），167: 5（一八九八年十一月），pp. 598-607，引自p. 607。

39 同上，p. 7。

40 見帕爾多的〈女虛無主義者〉（Las Nihilistas），《女性展望》（The Women's Outlook，Manila），一九二二年十一月十日。帕爾多的叔父華金（帕爾多在父親早逝之後曾受他照顧）被流放於馬里亞納群島四年之後，在一八七五年遷居巴黎，並且召喚姪子加入他的行列。如同在馬德里的黎剎，帕爾多也修讀醫學（索邦大學）與文學（東方語言學院〔École Nationale des Langues Orientales Vivantes〕），而在一八八五年畢業。他的專長雖是馬來世界的語言，卻也懂得俄語和梵語。帕爾多成敗參半的政治生涯與智識貢獻有一項精要的描述，見莫哈雷斯（Resil Mojares）剛出版的《國家的頭腦：帕特諾、帕爾多、陸雷彝與現代知識的生產》（Brains of the Nation: Pedro Paterno, T. H. Pardo De Tavera, Isabelo De Los Reyes and the Production of Modern Knowledge，Quezon City: Ateneo de Manila University Press, 2006），pp. 121-252。

41 菲律賓在後續所有的憲政時刻都保有這個席次，直到其代表權在一八三七年遭到取消為止，當時南美帝國早已崩解許久。黎剎向好友布魯門特里特表示，他的外祖父曾以菲律賓代表的身分出席這個殖民母國的國會。見《黎剎—布魯門特里特通信集》，第一冊，p. 268之後第三個沒有編碼的頁面（一八八八年十一月八日寄自倫敦的信件）。

42 霍爾（D.G.E. Hall），《東南亞史》（A History of South-East Asia），第三版（London and New York: St Martin's Press, 1968），p. 721。關於這些多由克里奧人組織的騷動，詳見薩基席安茨，《黎剎》，pp. 76-9。

43 德利（Luis Camara Dery），〈曾受世界喜愛的菲律賓人〉（When the World Loved the Filipinos），《歷史》（Kasaysayan），I:4（二〇〇一年十二月），p. 57。他還愚蠢地自立為菲律賓皇帝。值得注意的是，莫哈雷斯，《國家的頭腦》，p. 412提及兵變行動中的部分軍官是墨西哥人。

44 他職業生涯末期最能幹的副手，也就是後來擔任總理的安東尼奧・毛拉（Antonio Maura），對他提出這樣的描述：「聆聽他的話令人不禁顫抖，閱讀他的文字更是令人害怕。」費南德茲（Frank Fernández），《聖塔阿圭達的鮮血：安焦利洛、貝丹賽斯與卡諾瓦斯》（La sangre de Santa Águeda: Angiolillo, Betances y Cánovas，Miami: Ediciones Universal, 1994），p. 4。

45 同上，p. 1。

46 舒瑪克，《宣傳運動》，pp. 21-2。字體強調為我所加。

47 費南德茲，《聖塔阿圭達的鮮血》，p. 5。

48 關於門迪薩巴與歐提斯，見同上，p. 134，注16。關於徵收修道會資產造成的後果，尤其是在安達魯西亞，見貝卡呂與拉普居，《西班牙的無政府主義者》，pp. 14-20。

49 唯一的例外是耶穌會，在一七六八年遭到卡洛斯三世逐出他的王國。法國、西班牙、葡萄牙與那不勒斯等國的國王聯合起來對教宗克萊孟十四世施壓，而成功促使他在一七七三年對全世界的耶穌會進行打壓。庇護七世在一八一四年恢復了耶穌會的合法地位，但其成員已流失了許多支持。在菲律賓，耶穌會直到一八五九年才再度出現，而且有很長一段時間都遠遠比不上其他修道會。

50 相比之下，荷屬東印度群島也是另一個古老帝國的掌控力迅速衰退的殖民地。在那裡，直到二十世紀初始才開始認真推行荷語教育：當時荷蘭介入這座群島已有三百年之久，西班牙在菲律賓的統治也已經垮台。龐大的「跨國」東印度公司是這座群島頭兩百年間的統治者，公司在當時根本不覺得需要浪費錢設立學校。到了十九世紀，荷蘭這個殖民國家也只忙著剝削殖民地（以便彌補拿破崙戰爭以及一八二〇年代的蒂博尼哥羅〔Diponegoro〕叛亂所造成的財務損失），而沒有比東印度公司做得更多。對於本土語言的訓練直到一八七〇年代才認真展開，而且只聚焦於爪哇語。此外，在荷蘭本國境內，統治階層使用荷語的時機也仍然主要只是為了對女傭和商店老闆說話。一八八〇年後的民主化，尤其是擴大投票權，開始對殖民政策施加了民族主義的壓力，因此在殖民教育體系開始出現的時候，終於採用荷語為語言媒介。到了一九二〇年代已有一小群知識廣博的民族主義菁英（比菲律賓晚了四十年）開始發動民族主義與社會主義的騷動。不過，那時已經太遲了。日本在一九四二年的襲擊終結了荷蘭的行政管理，而最後一本以荷文寫成並且算得上具有重要性的印尼小說也已是一九三〇年代的產物。這座殖民地在一九三〇年的七千萬人口幾乎全是本土人，其中頂多只有百分之〇·五懂得殖民母國的語言。但另一方面，自從東印度公司的時代以來，就有一種皮欽馬來語受到使用，不只用在島嶼之間的商業交易，統治者本身也在行政實務中使用。（東印度群島位於越洋商業活動重要航道上的地理位置，勝過菲律賓的邊緣位置。）在一八九〇年代開始發展本地語言的媒體之時，「馬來語」的市場接受度遠遠超越了荷語、爪哇語和阿拉伯語，因此在一九二八年獲得年輕的民族主義者標舉為「印尼語」，取代了皮欽馬來語的稱呼。荷蘭語作為知識菁英私下使用的語言雖然存續到了一九六〇年代，但在一九四二年之後就再也沒有人公開使用。

51 關於法奈里與他的背景，見佩尼科內，《義大利無政府主義》，pp. 19-20。他也是那不勒斯人，而且還是建築師暨工程師，在一八四八—四九年間發生於倫巴底與羅馬的革命活動當中扮演了重要角色，也曾與加里波底的千人軍在西西里一同作戰，而擊潰了波旁王朝在義大利南部的統治。他在一八六五年當選新成立的國會議員，卻拒絕參與國會的商議，而是利用國會議員享有的鐵路通行證在全國四處遊歷，從事激進宣傳活動。

52 埃森韋恩，《無政府主義意識形態》，pp. 14-18；貝卡呂與拉普居，《西班牙的無政府主義者》，pp. 27-9。

53 一個古巴人怎麼會有這麼好聽的法國姓名？他的祖父母與外祖父母都是「法裔海地人」，為了躲避杜桑（Toussaint）的革命而遷居古巴。他的祖父（拉法格）是個蓄奴的小農場主人，外祖父（阿瑪尼亞克〔Abraham Armagnac〕是猶太商人；祖母是黑白混血的海地人，外祖母是牙買加加勒比人。保羅和他的父母都出生於古巴聖地牙哥（Santiago de Cuba）。他們全家在一八五一年搬回祖父母土生土長的波爾多，這一次是為了逃避古巴起義以及西班牙的鎮壓。保羅擁有西班牙護照，而且通曉法語和西班牙語。

54 貝卡呂與拉普居，《西班牙的無政府主義者》，pp. 29-34；大衛．歐提斯（David Ortiz, Jr），《自由主義報刊：西班牙復辟時期的媒體與政治》（Paper Liberals. Press and Politics in Restoration Spain；Westport, CT: Westwood Press, 2000），p. 58。

55 根據貝卡呂與拉普居，《西班牙的無政府主義者》，p. 36，先前也曾有這麼一波騷亂發生於一八七八—八〇年間。

56 森帕烏提到「早已遺忘的做法（即宗教審判時期的做法）再度受到實施」。《行凶者》，p. 275。二十五年後在自由化政權下出版的兩部著名西班牙小說，對於巴塞隆納與安達魯西亞在這個時期的地下社會提出了生動的描寫：巴羅哈的《紅色黎明》（Aurora roja）與伊巴涅斯的《地窖》（La bodega），最早都在一九〇五年出版於馬德里。

57 這些發展的簡要描述可見於努涅茲，《無政府主義恐怖行動》，pp. 38-42。

58 這幾段的內容有部分參考自席克羅夫斯基（Harry Sichrovsky），《布魯門特里特：為菲律賓而生的奧地利人》（Ferdinand Blumentritt: An Australian Life For The Philippines；Manila: National Historical Institute, 1987）一開始的三個簡短章節，而這本書乃是翻譯自《利托梅日采的革命者》（Der Revolutionär von Leitmeritz），原在一九八三年出版於維也納。

59 比較古爾雷諾，《第一個菲律賓人》，pp. 178-80，以及舒瑪克，《宣傳運動》，pp. 109-14。

60 古爾雷諾，《第一個菲律賓人》，p. 180。

61 《黎剎—布魯門特里特通信集》，第一冊，p. 133之後第五個沒有編碼的頁面。俾斯麥在神職圈內被視為惡魔，原因是他在一八七〇年代推動了長達十年的文化鬥爭，用意在於脅迫德國天主教徒以德皇為第一效忠對象。（這是他對教宗無誤說的部分反應。）不過，另外還有一項更廣泛的恐懼，害怕他對西班牙大洋洲有所圖謀。俾斯麥似乎在一八八五年宣布，帝國海軍將確保德國企業家在加羅林群島的安全。西班牙隨即匆忙派遣部隊去鎮壓那裡的反抗行動，以便完全施行馬德里的主權。

62 韋勒（出生於一八三八年）職業生涯的頭十年（一八六三—七三）幾乎全在加勒比海地區度過。第一個多明尼加共和國在一八四四年成功脫離海地，但在一八六一年卻在總統桑塔納（Pedro Santana）的主動要求下再度回歸西班牙帝國。一八六三年，一場反抗此一叛國行為的民變在海地的協助下爆發。韋勒是最早從古巴被派往多明尼加鎮壓這場暴動的軍官之一。在美國施壓以及軍事狀況逆轉的情況下，馬德里在兩年後被迫撤軍而承認第二個多明尼加共和國。

韋勒因為屢次壓制塞斯佩德斯在古巴發動的反抗行動，而建立了傑出軍官的名聲（他在當代以最輕的年紀升上了將軍）。他率領殘暴無情的獵殺部隊（cazadores），成員都是志願加入的無業遊民或罪犯，而因此贏得「嗜血者」的稱號。即便是他的狂熱仰慕者，也承認他殺害的囚犯比其他西班牙軍官都還要多。他一返回馬德里，隨即奉派粉碎瓦倫西亞擁護卡洛斯的部隊，結果沒有用上古巴式的做法就達成了任務。見馬丁將軍（Hilario Martín Jiménez）引人發笑的佛朗哥時期美化傳記：《韋勒的一生及其性格，一八三八—一九三〇》（Valeriano Weyler, de su vida y personalidad, 1838-1930，Santa Cruz de Tenerife: Ediciones del Umbral, 1998），第二—六章，尤其是其中關於死去囚犯的內容，p. 247。休．湯瑪斯指稱韋勒在美國南北戰爭期間曾是駐華盛頓的武官，深深仰慕殘酷無情的北軍名將謝爾曼（William Tecumseh Sherman）。見其《古巴》，p. 328。在《來自巴黎的流亡者：貝丹賽斯醫師傳（一八二七—一八九八）》（El Desterrado de París: Biografía del Dr. Ramón Emeterio Betances (1827-1898)，San Juan: Ediciones Puerto Rico, 2001），p. 351，奧赫達（Félix Ojeda Reyes）證實了這項職務，其中提及的佐證資料是韋勒出版於一九一〇年的《我在古巴掌權的日子》（Mi mando en Cuba）。

63 布魯門特里特與陸雷彝的通信可能也令黎剎感到不悅。一八八八年四月三十日，他心煩氣躁地寫信向這位朋友表示：「就我所見，許多民俗學者或者未來的人類學家都來自伊羅戈斯。你有所往來的德羅瑟先生（陸雷彝的筆名）就是一個例子。我注意到一件事情：大多數的菲律賓民俗學者都是伊洛卡諾人，而由於他們使用『伊洛卡諾』這個形容詞，人類學家就會受到這樣的誤導，而把實際上是菲律賓人的風俗習慣歸類為伊洛卡諾人所有；

不過，這是我們的錯。我身上帶著陸雷彝的著作，也將在歐洲把我的評論寄給你。他的著作裡有些錯誤，可能是因為他不完全懂得泰加洛語。」《黎剎—布魯門特里特通信集》，第一冊，p. 165之後沒有編碼的頁面。「你有所往來」這句話的無禮語氣頗為引人注意。另外也帶有明確寓意的一點是，黎剎雖然把自己的第一部小說稱為「novela tagala」（泰加洛小說），而且他顯然完全不懂伊洛卡諾語，卻指責陸雷彝以伊洛卡諾代表菲律賓以及不精通泰加洛語！

64 在《第一個菲律賓人》裡，古爾雷諾針對摩爾加的原書以及黎剎的注解提出了篇幅相當長而且又有趣的討論（pp. 205-23）。一八九〇年，陸雷彝在《團結報》針對這本書寫了一篇正面的評論，但指稱黎剎的愛國心導致他在有些地方過於誇大。黎剎勃然大怒，寫了一篇輕蔑又尖酸的反駁，基本上指控陸雷彝只是個業餘寫手。這兩人的共同朋友胡安・盧納寫信向黎剎指出，他的許多論點雖然沒錯，但這樣的攻擊只會讓馬尼拉的西班牙人譏笑菲律賓人不懂得團結；陸雷彝的批評並不強烈，黎剎應當一笑置之就好。一八九〇年十一月八日的信件，《黎剎及其宣傳同僚的通信》（*Cartas entre Rizal y sus colegas de la propaganda;* Manila: José Rizal Centennial Commission, 1961），Tomo II, Libro 3, Parte 2a, pp. 587-8。

65 見歐提斯，《自由主義報刊》，pp. 57-60。歐提斯評論指出，這些出版品以及後來的《白色雜誌》（*La Revista Blanca*）都顯示了活力充沛的無政府主義報紙「在智識嚴謹度、流通量與出版壽命方面都超越了社會主義報紙」。他也指出，由閱讀者（*lectores*）大聲唸出報紙內容的閱讀俱樂部在當時大為盛行，原因是巴塞隆納的勞動階級普遍都不識字。頗為驚人的是，有兩份《生產者報》出現於同一年，一份在巴塞隆納，另一份在哈瓦那，由精力旺盛的加泰隆尼亞無政府主義者羅伊格（Enrique Roig y San Martín）擔任主編，他的勞工集團組織（Círculo de Trabajadores）也出版一本巴枯寧主義半月刊，名為《世界之子》（*Hijos del Mundo*）。這項資訊得自一篇未發表的文章，伊凡・丹尼爾（Evan Daniel），〈時代的變遷：古巴菸草工人以及對於奴役和西班牙帝國統治的反抗，一八八〇年代—一八九〇年代〉（Leaves of Change: Cuban Tobacco Workers and the Struggle against Slavery and Spanish Imperial Rule, 1880s-1890s；二〇〇三），pp. 23-4。感謝布拉克伯恩（Robin Blackburn）與丹尼爾允許我閱讀這篇文章。丹尼爾指出，哈瓦那的《生產者報》經常翻印巴塞隆納的《無政府報》當中的文章，也經常翻譯《反抗者》（實際上，當時那份刊物已改名為《反抗》）以及其他非西班牙無政府主義報刊的文章，卻沒有提及與自己同名的那份巴塞隆納報紙，這點令人頗為不解。丹尼爾也強調了閱讀者對於為數眾多的菸草工人所具有的高度重要性。這一切都呈現了哈瓦那與馬尼拉在那個時期的一項鮮明對比：活躍而合法的無政府主義報紙可以在古巴廣泛發行，但這樣的情形在菲律賓卻絕不可能受到容忍。

66 舒瑪克的《宣傳運動》針對德爾皮拉爾的生平、理念、目標與政治活動提供了精闢而且整體上頗為正面的陳述。以上這段文字完全不足以呈現他的論點。在這裡也許應該簡短談論古巴人與菲律賓人在西班牙的接觸。大多數在殖民母國成為共濟會成員的菲律賓人都加入了主要由古巴人組成的分會，也許是因為古巴人比西班牙人來得友善而熱情。古巴克里奧人拉布拉（Rafael Labra）是在西班牙國會裡強力推行自治方案的共和主義團體資深成員，他不但以自己對殖民問題的大量書寫而深具智識影響力，也經常參加菲律賓運動人士舉辦的政治宴會，並且在其中發表演說。他先前曾經率領西班牙的第一場廢奴運動（在一八六〇年代！）（休・湯瑪斯，《古巴》，p. 240）。除此之外，古巴人與菲律賓人的關係似乎頗為有限，直到一八九〇年代中期才出現改變。古巴的政治地位遠高於菲律賓，在西班牙的代表也比較有可能是半島人與克里奧人（而不是麥士蒂索人或「土著」），而且這兩個殖民地面對的問題也非常不同。就我所知，在一八九〇年代之前完全沒有古巴人走訪過西班牙治下的菲律賓，也只有一、兩名菲律賓人曾在殖民時代晚期親眼見過古巴。

67 《黎剎及其宣傳同僚的通信》，p. 517。這封信完全由泰加洛語寫成，對於黎剎而言雖然不尋常，卻顯然是為了表達親密與友好。這封信寫於布魯塞爾，因為黎剎聽朋友說布魯塞爾的生活花費與印書成本都遠比巴黎還低，便在一月底搬到了那裡。他就是在布魯塞爾開始認真寫作《起義者》。

68 《黎剎及其宣傳同僚的通信》，pp. 539-41, 547-51。最後這兩封信的日期分別為一八九〇年六月八日與十一日。

69 黎剎與德爾皮拉爾之間盤根錯節的衝突，詳盡而客觀地闡述於舒瑪克的《宣傳運動》當中極為精彩的第十二章。

70 《黎剎—布魯門特里特通信集，一八九〇—一八九六》，第416與417頁之間沒有編碼的頁面。這封信在一八九一年十月九日寄自巴黎。

71 同上，pp.47-8。這本書並未收錄布魯門特里特這封信的德文原文。

72 他從彭西那裡聽聞自己心地善良但行事難以捉摸的同志哈埃納（Graciano López Jaena）有意前往古巴，便回信指出：「這麼做沒有意義，古巴已經耗竭了，只剩下一個空殼子而已」。一八九〇年七月九日的信件，收錄於《黎剎及其宣傳同僚的通信》，pp. 559-60。

73 實際上，《起義者》的印刷費用乃是由一名好友支付，也就是富有的凡杜拉（Pampangueño Valentín Ventura）。黎剎原本過著非常簡樸的生活，而且經常被他的朋友視為一個鐵公雞，但我們必須注意到他在旅行時經常搭乘頭等艙，也都住宿在豪華的飯店，但主要不是為了享受奢華，而是出於身為殖民地人口的自尊。

74 《黎剎書信集》，第三冊（一八九〇—一八九二），編者為卡勞（Teodoro M. Kalaw）(Manila: Bureau of Printing, 1935)，pp. 200-01。

75 《黎剎及其宣傳同僚的通信》，p. 660。感謝安伯斯・歐坎波把這本書寄給我。另見他的《黎剎的真實面貌》(Rizal without the Overcoat，Pasig City, Manila: Anvil, 2000)，pp. 62-3。拉維拉耶（一八二三—九二）是知名的比利時博學家暨複本位制政治經濟學家。

76 這篇文章在一月二日刊登於刊名極為可笑的《現代西班牙》(La España Moderna)。

77 馬格爾雖比黎剎年長了將近四十歲，卻是黎剎的好友，也是少數對於菲律賓人的志向表達支持的西班牙知名政治人物。見薩基席安茨，《黎剎》，p. 112以及第八章（這一章完全投注於探討他們兩人的關係）。

78 《黎剎—布魯門特里特通信集》，第二冊（一八九〇—一八九六），p. 336之後沒有編碼的第三頁。

79 在《起義者》的最後一章（p. 281），西蒙描述了他仍是伊巴拉的時候如何帶著祖傳珍寶偷偷逃離菲律賓，並且投身於珠寶交易。接著：「他參與古巴戰爭，一會兒幫助這邊，一會兒幫助那邊，但總是能夠從中獲利。他就是在那裡結識了當時還是少校的將軍，首先藉著借支金錢而攀上關係，後來又藉著他私下知曉的祕密罪行而把將軍變成了他的朋友」。韋勒在一八六三年三月於古巴當上少校。至於那些「祕密罪行」是什麼，則並不清楚：是殘暴、貪腐，還是荒淫縱樂？羅伊格的傳記當中有一個奇特的段落，探討了韋勒的殘酷無情以及貪婪的性慾。韋勒自己針對他在古巴執政時暗中交往的一名已婚婦女指出：「那名女子深得我的歡心，要是有一支叛軍部隊想要阻礙我們約會，就算他們的刺刀在我面前密布如林，我也還是會設法去找她。」《韋勒》，pp. 256-7。

80 第四章（〈卡貝桑・塔勒斯〉〔Cabesang Tales〕）與第十章（〈富有與窮困〉〔Riqueza y Misera〕）。

81 第十章就在這段呼籲中結束。這段文字令人聯想起戴克爾的《馬格斯・哈弗拉爾》書中著名的結尾，只見作者突然把小說人物和劇情拋在一旁，而以自己的真實身分對東印度群島的荷蘭殖民政權及其在荷蘭國內的支持者提出了令人熱血沸騰的猛烈抨擊。

82 黎剎在這段時期的一項政治嗜好就是堅持以他自己的拼字法拼寫泰加洛語詞彙，就算那些詞彙源自西班牙語也不例外，或者也許在這種情況下更加堅持。他這種做法當中的一種挑釁行為，就是以非西班牙語的「k」取代

「c」。因此，他也就把「Calamba」(卡蘭巴)拼寫成「Kalamba」。

83 這項比較並非隨意為之。吉伊從烏納穆諾的〈悼文〉(見注19)引用了以下文字：「在菲律賓，就和我本身所屬的巴斯克一樣，西班牙語也是近期才植入的一種外來語言……我學會了用西班牙語結結巴巴地說話，我們在家裡也說西班牙語，但那是畢爾包的西班牙語，是一種貧窮而且膽小的西班牙語。(因此)我們被迫更改這種語言，藉著我們的努力打造出一套屬於我們自己的語言。所以，就某些面向而言算是我們身為作家的弱點，卻也正是我們的長處」(p. xxix)。

84 《起義者》，第七章(〈西蒙〉)，pp. 47-8。

85 同上，p. 47。按照邏輯來說，這句話代表了菲律賓有四十幾個民族，而不是只有一個。此外，這句話也忽略了西班牙語扮演通用語的角色，可以成為其他那四十幾種語言之間的溝通連結。黎剎把赫爾德的論點看得太認真了。即便在今天，泰加洛語身為市場通用語言也比身為國家語言的散播速度更快。

86 努涅茲，《無政府主義恐怖行動》，p. 49；埃森韋恩，《無政府主義意識形態》，pp. 175-80。西班牙在十九世紀期間施行三種死刑：槍決、絞刑以及絞喉。前兩種據認為會使人犯近乎立即性死亡；絞喉椅是一種中世紀刑具，致死過程時間比較長，因此保留使用於「惡性最重大」的罪犯(亦即政治犯)。順帶一提，埃森韋恩的詳盡研究獲致了一些奇特的發現。從一個角度來看，這一連串的事件始於一八八六年五月初發生於芝加哥的乾草市場「暴動」。在反「共產」與反外來移民的恐慌氣氛當中，經過一場有名無實的公平審判之後，四名無政府主義者即在當年十一月遭到絞刑處死。這場死刑引起了歐洲各地的憤慨(當然也包括美國)，於是在法國勞工組織的發起下，開始每年慶祝五月一日國際勞動節(美國除外)以紀念那四名受害者。整個西班牙左派都是此一新傳統的熱切支持者，尤其是在薩加斯塔執政期間。在一八九一年的國際勞動節紀念活動之後，兩枚炸彈在卡迪斯爆炸，造成一名工人以及數人受傷。當地警方逮捕了一百五十七人，但沒有找到證據確鑿的凶手，因此無法排除這起爆炸事件係由政府臥底人員所為的可能性。赫雷斯的農民想要救援的就是其中的部分囚犯。巧合的是，就在這個節骨眼上，馬拉泰斯塔也正好在無政府主義的智識新星塔利達陪伴下，在西班牙舉行巡迴講座，並從事組織活動，而且還安排了要到赫雷斯發表演說。聽聞這起暴力事件之後，馬拉泰斯塔勇敢地決定繼續前往卡迪斯，但喬裝成一名富有的義大利商人。他似乎沒有獲致任何成果。埃森韋恩認為值得注意的一點是，不論在當時還是後來，無政府主義者都沒有把一月八日宣告為「行動宣傳」。相反的，他們總是堅稱自己和那起事件無關。

87 見梅特隆，《法國的無政府主義運動》，pp. 213-24。柯尼希斯坦在獄中向訪問者表示，他閱讀了歐仁．蘇的《流浪的猶太人》之後就喪失了宗教信仰！梅特隆指出，這段時期的法國無政府主義主要由許多祕密或半祕密的小團體構成，但這些小團體之間並沒有真正的組織連結。這種性質使得警方難以對他們有效監控，也使得犯罪人士相對容易滲透其中。直到一八九〇年代末期，行動宣傳受到揚棄，而且勞動階級政治生活也開始採行工團主義之後，法國的無政府主義才成為一股真正的政治勢力。西班牙的無政府主義則是擁有比較強烈也比較廣泛的社會基礎。拉瓦紹爾擁有部分的亞爾薩斯血統，是我根據森帕烏在《行凶者》，p. 15提出的證詞所進行的推測。

88 努涅茲，《無政府主義恐怖行動》，pp. 121-3。在無法取得法文原文的情況下，此處也就沒有必要列出西班牙譯文。

89 根據當時報紙的報導，巴亞斯並未使用常見的「奧西尼炸彈」，而是所謂的「芬尼亞」炸彈。同上，p. 53。奧西尼（Felice Orsini；出生於一八一九年）曾經參與一八四八年革命，是稍縱即逝的羅馬共和國的一名代表，也是忠誠的義大利民族主義者。他在一八五五年被奧地利政權囚禁於曼托瓦堡壘，結果以驚人的方式逃脫，前往巴麥尊（Palmerston）治下的倫敦，當時馬志尼正在位於富勒姆路（Fulham Road）的簡陋住處計畫著起義行動。奧西尼在一八五六年出版了轟動一時的回憶錄《義大利的奧地利地牢：在聖喬治堡壘監禁十五個月以及最後逃出的記述》（The Austrian Dungeons in Italy: A Narrative of Fifteen Months Imprisonment and Final Escape from the Fortress of S. Giorgio；London: G. Routledge, 1856），迅速賣出了三萬五千本，而他有如拜倫般的俊美相貌以及激切的言論，使得他在巡迴演說期間廣受喜愛。另一方面，他也正在發明一種新式炸彈，主要由雷酸汞製成。這種炸彈不需要引信，只要碰撞就會爆炸。他在普特尼（Putney），還有德文郡和雪菲爾的廢棄採石場內測試了這種炸彈。接著，由於他認定刺殺拿破崙三世能夠在法國引發革命，進而促使義大利追隨巴黎的模範，他因此航越英吉利海峽，在一八五八年一月十四日試用了他的發明。他的目標幾乎毫髮無傷，但有一百五十六人因此受傷，其中八人後來不治死亡。奧西尼在三月十三日被斬首處死。巴麥尊試圖通過一項陰謀殺人法案，把陰謀殺害外國統治者訂為重罪，但沒有順利取得國會支持，結果被迫下台。見賈德．亞當（Jad Adam），〈為自由發動襲擊〉（Striking a Blow for Freedom），《今日歷史》（History Today），53: 9（二〇〇三年九月），pp. 18-19。

90 對於西班牙而言，這是第一個明白可見的「行動宣傳」案例。一八七八年十月，一個名叫胡安．奧利瓦（Juan Oliva）的加泰隆尼亞桶匠對阿方索十二世開槍，但沒有命中。一年後，十九歲的奧蒂羅（Francisco Otero）如法炮製，但一樣準星欠佳。這兩人和無政府主義圈都沒有明確的關聯，也都在事後迅速受到處決。（努涅茲，《無政府主義恐怖行動》，p. 38）。巴亞斯是出身塔拉戈納的平版印刷工，後來移民到阿根廷。他在那裡結婚，然後又遷居巴西謀求更好的生計以便養家活口。他在聖達菲（Santa Fé）擔任排字工人的時候成了激進分子以及無政府主義者。在一八九二年的國際勞動節，他把一個炸藥丟進里約的阿坎塔拉劇院（Alcantara Theatre），同時高喊「Viva la anarquía!」（無政府主義萬歲！）。結果沒有人受傷，而且觀眾還齊聲歡呼。觀眾之所以會如此興奮，原因是巴西無政府主義發展初期，其同志都過於貧窮，無法買下建築物舉行政治集會以及演出他們的戲劇，因此他們都租用當地的劇院。巴亞斯的里約觀眾想必是西班牙與葡萄牙無政府主義者，聖保羅則是義大利移民無政府主義者的聚集地。（見羅德里格斯〔Edgar Rodrigues〕，《無政府主義者：巴西的義大利勞工》〔Os Anarquistas, Trabalhadores Italianos no Brasil；Sao Paolo: Global editor e distribuidora, 1984〕，pp. 66與73）。後來西班牙警方搜查他的住處，發現了無政府主義報紙、一本克魯泡特金的《征服飢餓》（The Conquest of Hunger），以及一幅乾草市場烈士的平版印刷畫。大多數的歷史學家都認為他的行為有一部分是出於對赫雷斯事件的農民遭到絞喉處死所感到的憤慨，但努涅茲指出，沒有巴亞斯所寫的文件能夠證明這項論點。比較埃森韋恩，《無政府主義意識形態》，pp. 184-5；努涅茲，《無政府主義恐怖行動》，pp. 49與53；還有毛拉，〈巴塞隆納的恐怖活動〉，p. 130（他說有兩人死亡，十二人受傷）。

91 這場歌劇表演可能不是隨機挑選的結果。在人民意志於一八七九年舉行的第一場大會上，其中的議程表寫道：「我們將以威廉．泰爾採取的方式進行抗戰」；十九世紀末的歐洲激進分子廣泛將這位傳奇瑞士弓箭手視為他們的先驅。見拉科爾（Walter Laqueur），《恐怖主義史》（A History of Terrorism；New Brunswick, NJ: Transaction, 2002, revised edition），p. 22。

92 薩爾瓦多原本是卡洛斯支持者，也是狂熱的天主教徒，但貧窮、犯小罪（走私）以及無法清償的債務引發了他對無政府主義的興趣。另外有五人和他一起受到處決，但沒有令人信服的證據顯示他不是像巴亞斯那樣獨自犯案。尤見埃森韋恩，《無政府主義意識形態》，pp. 186-7，以及毛拉，〈巴塞隆納的恐怖活動〉，p. 130。根據貝卡呂和拉普居，《西班牙的無政府主義者》，p. 44的記述，薩爾瓦多被問到他遭到處死之後他的女兒會怎麼樣，他的回答是：「她們如果長得漂亮，資產階級就會好好照顧她們。」這是無政府主義者在一時憤怒之下所說的話，還是他們的迷思？

93 梅特隆指出，瓦楊對於第三共和的若干領導人物而言乃是天上掉下來的禮物，因為他們當時正因巴拿馬運河泡沫遭到公開揭露而鬧得焦頭爛額，瓦楊正好讓他們可以轉移大眾的注意力，並施行嚴苛的法律打壓任何形式的「革命宣傳」。《法國的無政府主義運動》，p. 237。

94 亨利的家人逃亡之時，他還只是個三歲大的幼兒。在西班牙，他的父親被迫到礦坑工作，結果因為水銀中毒而在極度痛苦中死亡。他在一八八〇年大赦之後返回法國，學業表現極為亮眼，進入了法國綜合理工學院就讀。不過，他在一八九一年（二十三歲）為了無政府主義而輟學。見哈佩琳（Joan Ungersma Halperin）引人入勝的《費尼翁：世紀末巴黎的審美家暨無政府主義者》（Félix Fénéon: Aesthete and Anarchist in Fin-de-Siècle Paris，New Haven: Yale University Press, 1988），p. 268。

95 克里蒙梭深深有感於亨利的處決而寫道：「亨利的罪行是野蠻人的罪行。然而，社會採取的行為在我看來卻是卑鄙的復仇……死刑的擁護者如果有膽子的話，請先去聞一聞羅凱特（一八五一年之後執行了巴黎所有死刑的監獄）的血腥味，然後我們再來談。」引用於梅特隆，《法國的無政府主義運動》，p. 246。

96 同上，p. 115-19。注意亨利提及赫雷斯與芝加哥，還有巴亞斯與瓦楊。

97 經常受人引用的著作是伊雷托（Reynaldo Clemeña Ileto），《基督受難與革命：菲律賓的民間運動，一八四〇—一九一〇》（Pasyón and Revolution: Popular Movements in the Philippines, 1840-1910，Quezon City: Ateneo de Manila Press, 1989）。

98 我們不該把奈查耶夫排除在外。他與巴枯寧在一八六九年合寫的《革命者教義問答》在歐洲各地都受到廣泛閱讀。一八九三年一月十五日與三十一日的《團結報》刊登了布魯門特里特所寫的一篇奇特的兩部分文章，標題為〈意外的訪客〉（Una Visita），內容描述西蒙前來拜訪他，解釋說黎剎之所以似乎安排他在小說裡死亡，是為了向菲律賓當局掩飾他其實存活在菲律賓人口當中，深深影響了菲律賓人的政治思想。他們兩人針對菲律賓的未來以及在政治抗爭中應當使用的方法展開了一場又長又激烈的辯論。這位民族學家一度在憤怒之餘說道：「西蒙先生，你不只是個顛覆者，還是個虛無主義者。」西蒙在神秘地離開之際，對這句話提出了充滿譏諷的反駁：「我要去俄國的虛無主義學校就讀了！」奈查耶夫在黎剎抵達歐洲之前就已去世。不過，布魯門特里特是黎剎最親密的朋友，所以我認為，若非他們兩人曾認真討論過虛無主義，布魯門特里特應該不太可能會把西蒙和虛無主義連在一起。此外，杜斯妥也夫斯基的《群魔》在一八八六年於巴黎出版了法文譯本，就在黎剎離開法國首都前往德國之後不久。多虧了德歐坎波，我們也知道黎剎讀過（但究竟是什麼時候呢？）屠格涅夫的《父與子》德文譯本。（感謝梅根・湯瑪斯〔Megan Thomas〕向我提起布魯門特里特的文章。）

99 《起義者》，第三十三章（〈La última razón〉〔結論〕），p. 250。

100 同上，第三十九章（無章名），p. 283。

101 同上，pp. 271-2。

小說家的試煉

車爾尼雪夫斯基（Chernychevsky）的問題

黎剎把第一版的《起義者》幾乎全部寄到香港給他信任的年長好友巴薩，而且也了結其他事務之後，即在一八九一年十月十九日離開了歐洲。自此以後，除了一個陰鬱的日子以外，他就再也不曾踏上這片大陸。這個時機挑選得相當好。韋勒擔任菲律賓都督的四年任期即將在一個月內結束。他的繼任者德斯普霍將軍在職業生涯中主要是一名能幹的參謀，因此一般都認為他遠遠沒有韋勒那麼凶惡。（實際上，他很快就深受殖民地人民的愛戴，他不僅公然開除許多腐敗官員把他們趕回殖民母國，也與勢力龐大的宗教修道會保持距離。）[1]

黎剎的家人一再警告他不要回來，力勸他定居在平靜而安全的香港，距離馬尼拉只有八百英里，再由他們設法去探望他。他抵達這座英國殖民地才沒幾天，他年邁的父親、他的哥哥帕西亞諾以及他一名姐妹的丈夫也就跟著抵達，後兩者「逃過」了被流放到明多洛島（Mindoro）的命運。[2]在那一年結束之前，他幾乎全盲的母親以及他的兩名姐妹也跟著來看他。這位年輕的小說家開設了一家成功的眼科診所，而他開心團圓的家人也似乎樂於定居在英國統治下。不過，他身為菲律賓首要智識領袖的名聲，以及他離開歐洲之時的狀況，卻導致他難以長久迎合家人的願望。仍然身在歐洲的那些較激進的同志不斷寫信給他，問他「下一步」會怎麼做，並且承諾不論他的「下一步」是什麼，他們一定全力支持。由於黎剎已對德爾皮拉爾及其同僚說過：待在歐洲只是浪費時間，因此深知如果他被人發現在香港浪費時間，一定會遭到猛烈抨擊。

該怎麼做？從布魯門特里特寫於一八九二年一月三十日的一封擔憂而尖銳的信件裡，我們可以像看照片底片般，反過來看見一個核心選項。

最重要的是，我求你不要捲入革命活動裡！因為發動革命的人面前應該至少要看得到成功的可能性，才不會在良心上背負造成無意義流血的歉疚。每當一個民族反抗宰制他們的民族，（或是）殖民地反抗殖民母國，這樣的革命從來不可能單純靠著反抗者本身的力量而成功。北美邦聯之所以能夠獲得自由，是因為得到法國、西班牙與荷蘭的結盟。原屬西班牙的各個共和國之所以能夠獲得自由，原因是母國飽受內戰摧殘，而且英國與北美又提供了資金與武器。希臘之所以獲得自由，原因是英國、法國與俄國提供了支持。羅馬尼亞、塞爾維亞與保加利亞則是由俄國解放。義大利的解放必須歸功於法國與普魯士，比利時必須感謝英國與法國。不論在什麼地方，單純仰賴自身力量的民族都不免遭到正統集團的軍隊壓制：一八三〇、一八四八與一八四九年的義大利人；一八三一、一八四五與一八六三年的波蘭人；一八四八與一八四九年的匈牙利人；還有一八六八年的克里特人。[3]

布魯門特里特接著指出，這種革命絕對沒有成功的機會，除非：（一）敵人的陸軍與海軍有部分人員叛變；（二）殖民母國正在和其他國家打仗；（三）資金與武器早在事前就已充分準備好；（四）外國強權正式或暗中支持起義行動。他接著指出：「（當今的）菲律賓完全不具備其中任何一項條件。」[4]布魯門特里特在利托梅日采教書，身處於哈布斯堡帝國的核心地帶。這座帝國從來沒有幫助過任何一個民族爭取自由，但波蘭人、匈牙利人、義大利人、塞爾維亞人、保加利亞人、羅馬尼亞人、希臘人乃至克里特人卻都繞著它轉；由此看來，近代歷史與策略規則似乎都合乎布魯門特里特的觀點。他說菲律賓在一八九一年完全不具備他列出的那四個先決條件也確實沒錯。可是，這種狀況會長久持續嗎？

另一方面，黎剎一位充滿活力的年輕朋友伊凡赫利斯塔（Edilberto Evangelista；他是後來在一八九六－一九八年間武裝反抗西班牙的起義行動中遭到殺害的英雄人物）則是在一八九二年四月二十九日從說法語的根特寫信給他：[5]

你為什麼不至少嘗試找出那些接受你的觀念，並且對同樣的理想充滿熱情的人？我的意思是說，要實現你的想法，就必須違抗政府而組織一個革命社團，不論你在香港，還是其他地方，都可以加以指導。古巴分離主義者不就是這麼做的嗎？西班牙的進步人士不也是如此？[6]

康拉德之地

黎剎為了化解或是迴避這些相互矛盾的壓力所採取的第一項計畫，就是在當今馬來西亞東部沙巴州的山打根灣為他的家人與意氣相投的朋友建立一座聚落。地理上，這裡是離菲律賓最近的地方：距離霍洛島（Jolo）只有兩百五十英里——這座島是一度勢力龐大的穆斯林蘇丹國蘇祿的所在地，在西班牙鬆散的統治下仍然躁動不安——距離馬尼拉則是略微超過六百英里。哈瓦那與邁阿密還有坦帕也是隔著相同的距離，而馬蒂就是在坦帕的古巴菸草工人社群當中招募革命人士。政治上，山打根也顯得頗有前景。在一八九〇年代期間，婆羅洲北岸是個極具康拉德色彩的奇特地區。西側是所謂的白人拉惹王國（White Rajahs），由英國探險家詹姆斯．布魯克（James Brooke）創立於一八四〇年代，而且自從一八八〇年代以來即受到倫敦的不干預保護。一度強大的汶萊蘇丹國所殘留下來的部分，盤據著中央的一小塊地區，包括山打根在內的東側則是在一八八二年之後即受到英屬北婆羅洲特許公司這家私人企業所管理。更理想的是，西班牙雖然在取得霍洛島時，由其宗主權衍生出對於這個區域的半合法所有權，卻在一八八五年被說服同意放棄這項權利。因此，香港雖然擺脫不了西班牙領事館與天主教修道會的當地分會充滿懷疑的監控目光，山打根卻完全沒有這樣的問題。黎剎在歐洲有些較為激進的同志，例如伊凡赫利斯塔與安東尼奧．盧納，都在夢想著像馬蒂的佛羅里達州，所以也就對黎剎規劃的這座聚落興奮不已。一八九二年一月間，盧納寫信到香港給黎剎，指稱「婆羅洲將會成為我們的骨島（Cayo Hueso〔美國人因發音上的混淆而稱之為基韋斯特島〕），而且我很有可能會成為其中的居民，如果情勢必要的話」。[7] 另一方面，對於黎剎的家人而言，山打根也可望讓他們享有不受騷擾的生活，並且讓黎剎本身能夠取用他的藏書並且專心寫作。[8] 他也希望他的家鄉卡蘭巴當中許多遭到剝奪家產的居民，能夠一同到這個婆羅洲庇護所安居下來。[9]

黎剎與英屬北婆羅洲特許公司身在香港的代表進行過初步協商之後，在三月底首度走訪了北婆羅洲。一開始，前景看起來頗為光明。對方提供五千英畝未開墾的土地讓黎剎免費租用，而且最後還可能可以用低價購買。英屬北婆羅洲特許公司熱切希望這個人口極為稀疏的地區能夠有人聚居，於是又接受進一步的條件，同意菲律賓社群能夠由本身的成員依據他們自己的習俗進行管理，而且不需受到強迫勞役，也不需繳交不合理的稅金。不過，這整項計畫在幾個月後就開始瓦解。黎剎體認到自己根本募不到成立這座小小殖民地的資金。此外，要引進居民，就需要西班牙同意讓大批人口外移。黎剎寫信向新任都督表示他希望與家人還有鎮民在這裡平靜定居，但德斯普霍不被說服。如此規模的人口外移有損他的政府形象；此外，西班牙的保守派媒體恐怕也會將此舉視為坦帕的婆羅洲翻版，就位於馬尼拉的政治與軍事掌控範圍之外。[10]

黎剎的另一項選擇則不免令他的家人擔憂，也就是在菲律賓境內成立第一個菲律賓人的合法政治組織。我們很難確定這項計畫究竟進展到什麼程度，因為沒有黎剎本身所寫的文件保存下來。那些內容經常互相抵觸的書面證據，幾乎都是警方審問者與刑求者在四年後，於革命爆發之後，訊問或逼供來的結果。[11]（不過，我們馬上就會看到，黎剎本身並沒有在一八九二年遭到審問，他返回馬尼拉不到十天即遭到逮捕，就在一場私人宴會之後，因為那場宴會宣告了他所謂的「菲律賓聯盟」的成立。）

菲律賓聯盟

菲律賓聯盟的五項目標似乎與黎剎在一八九〇年後的著作與信件當中所表現出來的想法相符：（一）把整個菲律賓群島結合成為一個緊密、活躍而且同類的個體；（二）在每個緊急狀況和需求當中互相保護；（三）抗拒一切的暴力與不義；（四）發展教育、農業與商業；以及（五）研究並且推行改革。[12]第一點明白暗示了殖民地法律必須大幅修改以消除半島人、克里奧人與麥士蒂索人的階級特權。其他幾點則顯示這個殖民地國家經常毫無法紀，對於建立一個現代社會也無所作為。但整體而言，這套綱領以及其中使用的委婉文字卻都沒有逾越既有的菲律賓殖民地法律範圍。除此之外，即是一八八〇年代的古巴這個沒有明言的例子。我們待會兒將會看到，在當時的古巴，奴隸制度已經受到禁止，政黨獲得合法化（更遑論民間組織乃至左翼團體，儘管這樣的合法化是在明確界定的範圍內），而且在類似的界線內也發展出了活躍又多元化的媒體。如果這一切都能夠出現在古巴，那菲律賓為什麼不行？追求這樣的目標顯然是一項合理的嘗試。

不過，從一八九六年的招供內容當中的概述來看，菲律賓聯盟的內部組織顯然有意保持部分的地下組織性質。形式上，菲律賓聯盟的基礎是地方委員會，地方委員會的主席們組成層級更高的省級委員會；省級委員會的主席們再組成最高委員會，其權限得以指揮整個菲律賓聯盟。然而，每一名成員都必須犧牲一切個人利益，盲目而忠實地遵從其所屬委員會或上一級委員會所發布的一切命令以及所有口頭或書面指示；只要看見、察覺或聽聞可能對聯盟的平靜造成威脅的事物，就必須立刻通報自己所屬的委員會當局……；關於委員會與聯盟的作為、行動與決策……也必須完全對外人保密，即便是對自己的父母、兄弟、子女等等也不例外，甚至不惜為此犧牲性命。

成員也必須「不接受侮辱」、「對任何身陷危險的成員伸出援手，以及招募新成員」。（也許頗為典型的是，妻子與姐妹顯然不值一提。）[13]

我們很難相信，這種顯然由共濟會的古老傳說改造而來的威權式組織會是黎剎發想的結果。[14]他在一八八八年返回歐洲之後似乎成了共濟會員，但他加入的是馬德里分會，而他在那裡只待了一小段時間。沒有任何事物顯示他搬回歐洲北部之後仍是共濟會的活躍成員。就我們所知，殖民地的本土人口直到一八九一年才有人成為共濟會員，儘管在此之後人數增加的速度非常快。[15]上述菲律賓聯盟的組織結構比較有可能是波尼費希歐創造出來的結果，他在黎剎被放逐到民答那峨島而且菲律賓聯盟也迅速瓦解之後不久，成立了地下革命組織卡蒂普南。[16]對於在一八九六年底遭到刑求逼供的卡蒂普南成員而言，把他們組織的架構歸因給菲律賓聯盟想必是很容易的事情，因為這就是拷問者想聽的話，而且波尼費希歐一向聲稱兩個組織具有連續性。

然後呢？在這裡與馬蒂互相比較將可為我們帶來不少啟發。[17]馬蒂是第一代的克里奧人，母語為西班牙文，娶了古巴莊園主階級的女子為妻，但婚姻生活過得並不快樂（他可能是同性戀）。他的成年生涯有一大半都在墨西哥與美國度過——一八九二年的美國雖然在北美洲大幅擴張，卻還不是一個殖民強權。所以，就廣泛的昔日定義而言，他乃是「美洲人（americano）」。他在拉丁美洲有許多的聯絡人，甚至還曾在美國擔任烏拉圭名譽領事。他在許多年間以演說家、詩人以及傑出記者的身分打出名號。此外，他也有豐富的政治組織經驗，並且能夠在既有的基礎上繼續發展，包括先前數十年間古巴內部的起義，以及從美國發動的武裝侵略行動——這些行動都由具有利害關係的美國遊說團體或多或少參與其中。他對於自己合法返回古巴所可能遭遇的下場沒有任何幻想，也面對了幾個可能的選項。此外，從一八六八至七八年間由塞斯佩德斯發起的那場為期十年的反抗行動，以及後續在一八七九至八〇年間發生的小戰爭（Guerra Chiquita），誕生了數以千計身經百戰、有豐富游擊戰經驗的老兵，隨時都可再度投入武裝鬥爭。

黎剎是麥士蒂索人，帶有部分的印第安人血統、中國人血統，以及西班牙人血統。他的母語不是西班牙語，而且很可能從沒正式結過婚。[18]他的成年性格塑造過程發生於西歐各地，而不是在美洲。（他初次抵達馬賽的時候，就因為被人誤認為美洲人而氣憤不已。）他也許稱不上是演說家，但卻是稱職的記者，而且最主要是一位驚人的小說家。他早期搬遷至歐洲北部雖然在許多面向上都對他有益，卻導致他無從獲得馬蒂大量擁有的東西：實際政治經驗。他的國家所在的區域幾乎都是殖民地，只是分別受到不同國家統治：英國握有印緬地區、馬來亞、新加坡，也暗中控制了婆羅洲北部；法國握有越南、柬埔寨與寮國；荷蘭握有龐大的東印度群島；只有暹羅是正式的獨立國家。黎剎雖然大量閱讀關於這些地方的著作，尤其是用和他本身的語言關係相近的南島語系寫成的作品，但他走訪過的卻只有新加坡，以及在婆羅洲北部待了幾天。清朝統治下的中國已即將改朝換代。他沒有一個鄰近的據點，不像馬蒂有整個實行共和主義的新大陸可以倚靠。菲律賓雖有地方鄉下暴動以及克里奧人叛變的傳統，但這些傳統早已消失許久，以致他唯一可以利用的材料只有甲米地省叛變事件（一八七二）以及後續許多人遭到絞喉處死的可怕後果。在一八九〇年代初期，信奉天主教的菲律賓人完全沒人有過游擊戰的經驗。

在一八九二年季春，黎剎的選擇相當有限。他已完全離開歐洲，山打根也感覺愈來愈像是一場幻夢。香港雖然有如天堂，卻是只有在英國容忍他的情況下才是如此，而英國對於攪擾殖民統治下的馬尼拉絲毫沒有興趣。為了忠於他的信念以及所有將他視為民族領袖的人，他顯然只有一條路可走：返回家鄉，並且公開行動。

二度返鄉

一八九二年六月十九日，黎剎度過了三十一歲生日。他在第二天寫完兩封信，託付給他的葡萄牙友人，也就是在香港擔任監獄署長的馬奎茲博士（P.L. Máquez）。他把這兩封信密封了起來，並且指示只有在他死後才能拆封並且發表。[19] 他在二十一日又寫了一封私人信件給德斯普霍都督，而運送這封信的船隻正是載運他前往馬尼拉的同一艘船。

那兩封密封的信件，有一封是寫給他的家人，另一封寫給「菲律賓人民」。這兩封信的用意都在說明他為何決定踏上返回菲律賓的這趟危險旅程。他指出，他自己的行為對無辜的人造成了許多苦難，包括他的家人，尤其是他同鎮的居民，那些人都因為他而遭到嚴酷的迫害。他不會改變自己選擇的道路，但希望為這選擇負責，他的做法就是親自面對政府當局，希望他們能夠就此放過其他的受害者。第二封信對他的目的提供了比較寬廣的觀點：

我也想要讓那些認為（我們沒有能力發揮）愛國心的人看見，我們確實懂得如何為自己的義務與信念犧牲性命。人如果能夠為自己所愛的對象而死，為自己的國家以及自己敬重的人物而死，那麼死又有什麼大不了？我如果認為自己是菲律賓政治的唯一支點，而且認定我的同胞有用得上我的地方，那麼也許我會對採取這一步有所遲疑；但實際上，還有其他人可以取代我的地位，而且他們也確實取代我的位置而發揮有益的效果；此外，有些人可能認為我是多餘的，不覺得有我派得上用場的地方，因為他們就這麼把我晾在一旁。我向來熱愛我可憐的國家，也確信我對它的愛將會至死不渝，（就算）別人沒有公平待我也是一樣；我的未來，我的人生，我的喜悅，全都為了愛它而犧牲。不論我的命運如何，我至死都會祝福我的國家並且渴望它獲得救贖的一天。[20]

這種混雜了愛國精神與個人憤恨的古怪感受需要特別解釋。兩個月前，《團結報》發表了一篇文章，他認為那篇文章是一項惡毒的個人攻擊，醜化了他與他的政治理念。那是一篇粗俗的諷刺文章，標題為〈廉價救世主〉（Redentores de Perro Chico）。黎剎認定那篇文章將他嘲諷為「幻想家一世」，是個充滿虛榮心的政客，裝出拿破崙的模樣，並且自認為是上帝的使者，負責解放幻象之城（也就是菲律賓）。他匯集了一群白痴、幼稚人士以及狂熱分子，並且號召他們拿起武器反抗他們的壓迫者。他的聽眾當中有人質疑這一切怎麼可能在沒有武器、船隻與資金的情況下實現，這名騙子於是提出以下回應：

混蛋，你說什麼？你有什麼疑慮？錢嗎？你不需要錢。只要有一把劍和一顆堅定的心就夠了，這才是秘訣所在。上帝已把你們造成優秀的愛國者。媒體嗎？我們已經寫夠了。我們不該對總督、市長或甚至是教區教士懷有任何期待。你沒有聽到我說的話嗎？我這麼大聲疾呼，為你們指出道路，驅使你們作戰，你認為我做得還不夠嗎？我個人不該涉入戰鬥，我的生命是神聖的，我有更高的使命……你們需要補給品嗎？上天自然會降下補給品資助正直的理念；要是沒有，那就節食吧！武器！去買呀！軍事組織？自己成立嘛！船隻？游泳就好了！運輸工具？把你們的行李背在自己的肩上！服裝？裸體就好了。營房？睡在地上吧。醫生？死就好了，這是愛國者必盡的義務。

衣衫襤褸而且沒有武裝的群眾於是對他們的壓迫者發動攻擊，但立刻就在世人的訕笑下遭到逮捕，然後不是被送上絞刑台就是遭到放逐。幻想家一世沒有身在其中。「他已去哀嘆祖國的不幸，他早已藉著高談闊論證明了自己的愛國心。」他「端坐在自尊自大的頂峰上」對自己說：「我留下來是為了更崇高的事物。我是唯一先知；只有我對國家的愛，才是它應得的那種愛。」最後，他被關進了瘋人院。21

我們至今仍不清楚馬德里發生了什麼事。德爾皮拉爾確實對於自己的支持者與黎剎陣營之間的分歧深感懊惱，並且對盧納、阿勒罕德里諾與伊凡赫利斯塔等人的話語感到惱怒，也可能對山打根協議背後的用意所傳出的扭曲謠言感到擔憂。他非常明白，任何毫無成功希望的武裝革命行動都必定會對他本身的同化主義政治運動造成災難性的後果。若是發生這樣的事件，他將難以避免在事後加以譴責，而這麼做卻會在菲律賓造成無法預見的後果。因此，他希望預先消除這樣的可能性自然是一種合理的反應，而他顯然也會認為以諷刺方式攻擊「莽撞人士」的效果優於刊登一篇正經的文章，因為一篇正經的文章將不免被視為正式的政策，而必須仔細提出正當理由。那篇諷刺文章的多重目標（標題中的「救世主」一詞為複數）足以證明德爾皮拉爾的用意。此外，他性情冷靜，是個經驗豐富的斡旋者與精明的策略家，他並無意把黎剎逼進牆角。他寫給黎剎的信件全都友好而且明理，儘管他收到的回信不一定如此。另一方面，那篇諷刺文章本身卻又顯然是針對單一的一位救世主，也就是黎剎（「他們稱我為『偶像』，說我是個暴君」），而不是所有的莽撞人士。最有可能的解釋，是德爾皮拉爾與列德在刊登諷刺文章的做法上取得了一致的意見，但文章的撰寫工作卻由後者負責，因為他是《團結報》的主編；然後，列德就粗魯無禮地利用這個機會報他自己與黎剎的私仇。我們不知道德爾皮拉爾與列德在文章登出之後有什麼樣的互動，但德爾皮拉爾一定不高興。如此一來，我們即可將他寫給黎剎的那封長信解讀為一項含糊其詞的彆扭辯解，一方面為自己決定諷刺「莽撞人士」的決定負起責任，另一方面卻又假裝列德所寫的文章內容沒有額外的意涵。如果不這麼做，那麼他唯一的選擇就是必須向黎剎道歉，但這麼一封道歉函必然會流傳出去，從而迫使他與列德斷絕關係。

對於性情敏感的黎剎而言，那篇諷刺文章乃是壓垮駱駝的最後一根稻草。被嘲諷為一個自命為救世主的自大狂是一回事，但被說成一個膽小鬼，只會驅使同胞赴死，而自己卻安然躲在後方，可就全然是另一回事了。他返回菲律賓的主要理由雖是他的親人與鎮民的遭遇，但那篇諷刺文章很有可能堅定了他的意志。他將證明那篇文章內容不實，方法就是公開前往殖民地首都，不但手無寸鐵，而且唯一的同伴就只有他自己的家人。[22]

黎剎在六月二十一日登船航向馬尼拉的同一天寫了第三封信，收信人是菲律賓都督。他在信中表示自己要回國處理一些個人事務，並且請求德斯普霍結束韋勒對他家人的迫害。他已完全準備好要面對一切對他的指控，獨自承擔責任。他在二十六日星期日於馬尼拉上岸，住進岷倫洛的唐人街裡一家新開的高級旅館，並且在當天晚上就獲得他寫信的對象接見。[23]年紀比黎剎大了一倍的德斯普霍將軍隨即「赦免」了黎剎的父親，並且要黎剎三天後再來晉見他。

這點頗不尋常，至少就比較觀點來看是如此。這名年輕的殖民地人民在九個月前出版了一本小說，書中那個沒有指名的都督，連同整個殖民地的頂層菁英，都差點就被炸彈炸得粉碎。此外，殖民政權也在六個月前取得了這部小說。（巴薩試圖從小港口把小說暗中運入菲律賓，結果其中一大批在菲律賓中部的伊洛伊洛港遭到查獲。）[24]我們無法想像這樣的會面發生在英國、法國、荷蘭或葡萄牙帝國當中——甚至是西班牙所屬的古巴也不可能。我的猜測是：第一，德斯普霍忙得沒有時間看小說，或者本來就不喜歡看小說；第二個猜測則是可能比較合乎事實：他一看就知道那是小說，不會把虛構的小說和真實混為一談。

事情進展的速度非常快。在第二天的星期一，黎剎在馬尼拉以北新開通的鐵路搭上一列火車，而在途中停留於若干城鎮的時候發現，儘管沒有人認得他，所有人卻都談論著他，而且他抵達馬尼拉的事情早已廣為人知。德斯普霍在星期三與星期四再度接見他，准許黎剎的姐妹從香港返鄉。他們討論的內容以山打根的計畫為主，黎剎堅稱這項計畫還只在規劃階段，德斯普霍則是表達了強烈反對。他們又安排了七月三日星期日再度會面。另一方面，警方人員在這段期間都不斷跟蹤黎剎，也隨時待命搜查他拜訪過的房屋。同一天，黎剎在一名富裕的政治支持者家中正式成立菲律賓聯盟。當時在場的許多人當中包括了波尼費希歐，也就是在四年後發動革命的那位年輕工匠暨商人。黎剎本身似乎僅僅只有概述了菲律賓聯盟的目標、說明政治抗爭的焦點為何從西班牙轉回菲律賓，並且請求各種支持而已。星期二上午，警方發動了大規模搜查，但只搜到幾本黎剎的小說、共濟會的傳單，以及反修士的小冊子等等，全都是在西班牙本土不會受到懲罰的東西。於是，後續也就沒有大規模的逮捕行動。

熱帶西伯利亞

星期三，黎剎在一週裡與德斯普霍見了第五次面，向他保證自己已準備返回香港。不過，這時德斯普霍卻要求他說明他的行李當中為何藏有反修士的傳單，包括對教宗利奧十三世的一篇諷刺文章。黎剎回答說這是不可能的事情。他的行李是他的姐妹為他打包的，而她們絕對不會做這麼笨的事情，尤其還是在他不知情的狀況下。德斯普霍下令逮捕他，將他監禁在聖地牙哥堡（Fort Santiago）。不過，卻是由都督自己的馬車載他去，並且由德斯普霍的兒子暨副官陪同。第二天，黎剎收到國內流放的命令，流放地點為達畢丹，是南部偏遠的民答那峨島西北岸的一座小聚落。[25]他人生最後的四年就在那裡度過。這段期間不算太糟。他受到極度有禮的對待，也證明了自己絕非幻想家一世。可是究竟發生了什麼事？

我們可以從那些違禁傳單談起，德斯普霍對黎剎說，那些傳單是在他從香港抵達馬尼拉的時候被發現的，也就是在流放令發出的十天前。如果真有這回事，德斯普霍一定會立刻接獲通報；他要是發現那些傳單有顛覆西班牙統治的意圖，就不可能和黎剎進行那麼多次友善的會面，也不會在黎剎受到逮捕之後那麼禮遇他。雷塔納在他早期的黎剎傳記（一九〇七）指出，據說發現了那些傳單的海關官員是諾薩勒達（Bernardino Nozaleda）的姪子：諾薩勒達是極度反動的馬尼拉道明會大主教。雷塔納還指出，在黎剎抵達前不久，一個名叫貝里茲（Miguel Rodríguez Berriz）的西班牙法官發現奧斯定會經營的一家孤兒院裡有人祕密印刷了一些反修士的傳單。[26]此外，黎剎對利奧十三世根本毫不在乎。因此，我們幾乎可以確定那些傳單是偽造的，目的在於迫使殖民地政權果斷處理這個在卡蘭巴事件中把盛氣凌人的道明會告上西班牙最高法院的起義者。德斯普霍很有可能知道或者猜到了這一點。但不管怎麼樣，那些傳單正好可以為他所用。

真正令德斯普霍憂心的是其他事情。首先是東方的骨島。黎剎反覆向他保證自己對於山打根聚落的態度非常認真，只要獲准返回香港，他就會繼續進行。有人能夠確定黎剎日後不會找到資助者嗎？無論如何，他身在婆羅洲，一方面不屬於西班牙帝國的範圍，另一方面卻又近在咫尺。話說回來，黎剎如果獲准在馬尼拉以及周圍地區自由活動，那麼他的名聲所引發的熱情就可能導致殖民地人口的騷動，不然就是可能會導致他遭到他的教士敵人所刺殺。從德斯普霍的觀點來看，不論哪一種都是政治災難。在這種情勢下，選項明顯可見：把黎剎留在菲律賓，但不要讓他引起動亂；同時也要善待他，以免他成為烈士，尤其要避免殖民母國的媒體以烈士形象描繪他。此外，德斯普霍雖是傳統的天主教徒，卻也是個老派的紳士，而且在十九世紀西班牙的奇特定義下，他也算得上是個自由主義者。[27]甚至也有可能是他實際上喜歡黎剎，因為黎剎其實相當有魅力。

黎剎的命運以及這項命運受到挑選的方式證明了這項猜測。達畢丹是耶穌會一處傳教站的所在地，而把黎剎流放到那裡的決定，在宣布之前是一項嚴密保守的祕密，只有德斯普霍與加泰隆尼亞的耶穌會主教長帕斯特爾斯（Pablo Pastells）兩個人知道。開明專制的卡洛斯三世把耶穌會逐出他的帝國之後，耶穌會的教區、財產與俸祿迅速被競爭對手奪取，尤其是道明會與奧斯定會。耶穌會在黎剎誕生之前的一八五九年獲准回到菲律賓，條件是他們接受其他修道會的侵佔為既成事實，並且主要只能在殖民地與南方的穆斯林領域（蘇祿省與民答那峨島）之間那片充滿不確定性的邊緣地帶從事傳教工作。後來他們試圖在馬尼拉成立自己的菁英中學，也就是我們經常提及的雅典耀中學，這也是唯有靠馬尼拉的世俗總督支持，才能克服道明會的激烈反對而成立。如果說耶穌會在十九世紀的歐洲被視為天主教當中狡猾而且精於政治算計的智識先鋒，那麼在他們沒有珍貴財產利益需要保護的菲律賓，他們看起來則是有如自由主義者。在一八九二年，雅典耀中學還有不少教師（包括帕斯特爾斯在內）相當喜愛他們先前教導過的黎剎，也認知到《不許犯我》嘲諷的對象主要是道明會與方濟各會，而且總之樂於能夠有機會打擊自己的對頭。至於主教長本身，他與德斯普霍共謀則似乎還有另一項動機：他認定黎剎一旦被孤立在耶穌會控制下的達畢丹，一定會在耶穌會的說服下恢復天主教的理智。能夠藉此打臉其他修道會，該是多麼大快人心的一項勝利！[28]對於風雅又權謀的德斯普霍而言，還有什麼會比打出耶穌會的紅心Q壓制道明會的梅花J更令人心胸暢快呢？[29]

馬蒂的起義

就在這時候，馬蒂正在地球的另一端組織他的流亡革命黨，並且採取循序漸進的步驟，準備發動一場最終的革命戰爭。一八九四年底，他覺得時機已然成熟，於是決定在次年二月開戰。古巴在過去二十年來出現了劇烈改變，對他的目標看來頗為有利。（菲律賓在一八七二年的甲米地省叛變事件與一八九六年的波尼費希歐起義之間沒有發生類似的變化。）十年戰爭是造成轉變的主要肇因。如同先前提過的，這場戰爭的結局不是馬德里獲得大勝，而是一項政治妥協。多年來，塞斯佩德斯（他在宣告成立古巴共和國的同一天解放了他自己的奴隸）大致上控制了古巴東部的殘破地帶，那裡的奴隸相對而言人數不多，而且經濟主要奠基於牧牛上。不過，他卻無法對古巴西部發動決定性的攻擊，那裡不但是殖民地首都的所在處，富裕的甘蔗園也在那裡具有支配地位，並且還有龐大的奴隸人口，而控制那些奴隸人口的階級，就是有些毫無反諷意味的史學家習於描述為「殖民地貴族」的人物。在戰爭期間，殖民政權在馬德里的支持下不斷利用海地那種幻想中的嗜血形象博取伊比利半島與古巴的克里奧人菁英的支持：其論點指出，如果反抗軍獲勝，「白人」就會遭到屠殺，於是古巴島建立於「聖多明（Saint-Domingue）的廢墟」之上的繁榮也將消失無蹤。由於塞斯佩德斯有些戰功最顯赫的游擊戰指揮官是黑人，例如傳奇將領馬瑟歐（Antonio Maceo），因此西班牙人就利用這點鞏固古巴西部的支持，同時也破壞東部叛軍的團結。

儘管如此，馬德里在一八八〇年代還是認知到奴隸的時代已然結束。美國北軍名將格蘭特與謝爾曼擊敗南方邦聯，廢奴運動又在英國、法國與荷蘭帝國當中獲得成功，因此到了一八七八年，巴西與古巴乃是僅剩的兩個奴隸大國。[30] 於是，藉由桑洪和約促使反抗軍放下武器以換取赦免與改革之後，馬德里就立刻和平終結了古巴的奴役制度。不過，這個和平帶來的結果卻是多重複雜的，因為它顯示出認定古巴會變得像海地的擔憂陰影只是個假象。此外，馬德里的迪斯雷利與格萊斯頓體認到政

馬蒂

治改革無可避免，而且必須採取嚴正措施促使經濟復甦。古巴東部遭到漫長戰事的摧殘，西部在一八八○年代期間也備受打擊，一方面是因為世界經濟蕭條，另一方面是因為美國與歐洲的甜菜與甘蔗製糖農業綜合企業的優越效率。不過，政治改革雖然首度讓古巴人獲得了組織政黨的權利以及相對自由的媒體，而且還進行了行政的改革與合理化，卻沒有如願促成古巴人一致支持搖搖欲墜的西班牙帝國。另一方面，對殖民母國的農業綜合企業開放，消滅了許多缺乏效率的大莊園，而鼓勵西班牙人大量遷徙至古巴則是造成了完全沒有預見的後果。在一八八二至一八九四年間（可以取得的數字只缺了一八八八年），至少有二十二萬四千名半島人口遷移至古巴，而當時古巴的人口還不到兩百萬人。這些外移人口當中，只有十四萬人後來返回西班牙。[31]艾妲·費勒（Ada Ferrer）指出，根據一八八七年的人口普查，被描述為「白人」的人口當中只有百分之三十五具有識字能力，而「有色人種」則是百分之十二。（這兩個群體的識字人口比例只有在哈瓦那才明顯較高）。[32]古巴的「白人」有三分之二不識字，就足以證明大多數新來的移民都是殖民母國的前農民和無產階級，尤其是來自加泰隆尼亞。馬克思主義與無政府主義就是由此傳入古巴。第三章提到的加泰隆尼亞移民羅伊格這位令人印象深刻的古巴無政府主義創始人，就是這波貧窮而激進的移民當中的一個關鍵成員。直到

傳奇將領馬瑟歐是古巴獨立軍副指揮官，也是十九世紀傑出的游擊戰指揮官。

古巴聖地牙哥，一八五六年。

他在一八八九年早逝之前，他一直都是馬蒂的堅定支持者。[33]

此一人口轉變，再加上奴役制度平和漸進的廢止，使得馬蒂能夠將革命事業重新包裝於民族主義色彩當中，從而超越、或者在表面上超越種族的論述。也就是說，白人與黑人的古巴男性能夠平等相待，共同攜手（就隱喻意義而言，或是在戰場上）對抗帝國統治。[34]「海地」陰影的逐漸消失，以及糖業「貴族」的瓦解，導致馬德里的狂熱支持者愈來愈少。黎剎式的普遍民族主義於是在一八八八年之後迅速在所有區塊當中散播開來。[35]接著，這些改變又使得一八九五年的革命得以突破東、西部的界線。十年戰爭的黑白混血兒指揮官暨英雄人物馬瑟歐，從東部到西部踏遍了整座島嶼，在途中贏得眾多的仰慕與支持。

馬蒂、馬瑟歐以及一八六八—七八年間的另一名五星英雄人物馬克西莫・戈麥斯（Máximo Gómez）於四月潛進古巴之時，戰爭正如火如荼地進行著。在馬德里，自由派的總理薩加斯塔向參議院嚴正宣告西班牙不惜「花費最後一毛錢，灑下最後一滴血」以鎮壓反叛行動，但他卻不是戰爭時期的合適領導人；他的政府不到八週後即告垮台。[36]卡諾瓦斯第六度也是最後一次掌權之後，隨即說服能幹的政治家將軍康柏斯返回古巴擔任都督暨總司令，而後來也就是他協商結束了十年戰爭。我們將會記得康柏斯是巴亞斯在一八九三年九月二十四日發動無政府主義炸彈攻擊的目標，當時他是巴塞隆納的都督。在毫髮無傷的情況下，他接著又被派去鎮壓西屬摩洛哥的一場叛亂。只有他擁有足夠的經驗與聲望能夠達成他們希望的目標，也就是帝國內部的軍事與政治協議。八個月後，他就離開了古巴。

早在一八九五年六月，馬蒂雖在一個月前戰死，這位新任都督對於新現實的描述卻絲毫沒有不切實際的幻想。他寫信向卡諾瓦斯指出：

> 僅有島上極少數的西班牙人自稱為西班牙人……其他人……都痛恨西班牙……身為文明國家的代表，我不能率先展現出……強硬姿態，而必須盼望他們先採取這種態度。我們可以把鄉下的家庭集中於城鎮裡，但必須使用大量武力強制他們，因為現在內部已經極少有人願意擔任（西班牙）志願者……由此造成的苦難與飢餓將會非常可怕。如此一來，我就必須配給糧食，而上一場戰爭接受配給的人數就達到了四萬人。這樣會把鄉下與城鎮隔離開來，但無助於阻止間諜行為，因為這種活動將會由婦女和兒童從事。也許我們會走到這一步，但只能是在逼不得已的情況下，而且我認為我也缺乏執行這種政策所需的特質。在目前的將領中，只有韋勒擁有必要的能力可以執行這麼一項政

策，因為只有他身上結合了必要的智力與勇氣，以及對於戰爭的理解。我親愛的朋友，請你好好考慮。你如果在經過討論之後認同我描述的政策，請立刻把我召回。我們正在對西班牙的命運進行一場賭博，但我仍然抱持特定信念，這些信念比一切事物都還要重要。這些信念不許我執行就地處決以及其他類似行為……就算我們在戰場上獲勝，壓制了叛軍，但既然國家不希望赦免我們的敵人，也不希望對他們趕盡殺絕，因此我忠心而真誠的認為，不論有沒有改革，我們在十二年內必定會再遭遇另一場戰爭。[37]

這位經驗豐富的都督進行長期性的思考，而認知到帝國事業已經無望（並且匆忙脫身）。面對民族主義的浪潮，改革根本無濟於事；軍事勝利只會造成巨大的苦難，也無法防止未來十二年內再次發生戰爭。卡諾瓦斯也許明白這項訊息，但他也認定失去古巴不但會導致他喪失權位，也幾乎必然會摧毀他與薩加斯塔在過去一個世代以來於西班牙建立的酋長式民主；此外，西班牙也將因此淪為歐洲的小國，從而對西班牙的民族自尊與自信造成重大打擊。因此，他派遣韋勒前往哈瓦那，並且授權他全權處理。[38]韋勒在一八九六年二月十日抵達古巴，而在那裡待了十八個月。卡諾瓦斯確實說到做到。為了支持韋勒，他立刻運送了二十萬名左右的西班牙士兵到古巴去，在當時是史上航越大西洋最大的一支軍隊。[39]

韋勒完全達到了卡諾瓦斯的期待。他以媲美普魯士人的堅定效率在一八九六年扭轉了戰場上的勢頭。十二月，馬瑟歐與馬克西莫．戈麥斯的兒子「班裘」戰死，而戈麥斯則是大致上都處於逃亡狀態。不過，西班牙為此付出的代價極為龐大。整體而言對卡諾瓦斯與韋勒懷有同情的休．湯瑪斯（主要是因為他鄙視偽善的美國人在戰爭前、中、後的行為），指稱「整個島嶼都變成了一座巨大的集中營」。在一八九五至一八九九年間，古巴的人口從一百八十萬減少到一百五十萬。在遍及全島的集中營當中，大多數的死亡人口都是兒童，死於營養不良以及隨之而來的寄生蟲疾病。根據湯瑪斯的說法，在一八九九年全世界受到人口普查的地區當中，古巴的五歲以下兒童人口數是最少的；在十九世紀，只有古巴發生損失六分之一人口的慘況。[40]經濟殘破不堪，戈麥斯以殘酷無情的焦土戰略對付莊園主階級的莊園，也對這種經濟後果扮演了一定程度的角色。[41]不過，更深層的問題是，卡

西班牙的古巴軍事總督：「屠夫」韋勒。

諾瓦斯與韋勒除了軍事手段以外，都提不出可行的政治解決方案。我們後續將會看到，這個僵局後來將由一名流浪的義大利男孩解決，他的年齡才二十出頭而已。

黎剎去古巴？

黎剎意識到自己被流放到達畢丹這個小地方可能會待上很長一段時間，於是在抵達之後就立刻安頓了下來。他在至今仍然美麗而平靜的海灣沿岸為自己蓋了一間簡樸的高腳草屋，然後開設了一間診所以及一所供當地男孩就讀的小學校，在閒暇時間從事農耕以及研究植物學，並且閱讀他的親友獲准寄給他的書籍。他的通信自然都受到檢查。在他留下來的信件當中，內容的語氣都顯得平靜但充滿提防的姿態。他在那個聚落裡可以自由活動，都督大致上也對他相當禮遇。一八九三年夏季，新任都督布蘭科抵達馬尼拉，提早取代德斯普霍，原因是馬尼拉的半島人社群以及修道會對德斯普霍已愈來愈反感。布蘭科雖然歷經了卡洛斯戰爭與古巴十年戰爭的戰火洗禮，卻以行事有彈性著稱。在這同時，黎剎有不少朋友紛紛想出了一些未能實現的救援計畫：有些人打算雇船載他離開，有些人則是希望他能夠受到總理薩加斯塔的赦免，然後再競選西班牙國會的席次。一八九四年十一月，布蘭科在民答那峨島中北部的一場小規模戰爭中打敗信奉伊斯蘭教的馬拉瑙人（Maranao）之後，在回程途中親自去了達畢丹。據說他先是提議黎剎返回西班牙（黎剎拒絕了這項提議），接著又提議他搬回呂宋島北端的一個伊洛卡諾省分。不過，這次會面終究沒有達成任何結果。[42]

不過，到了一八九五年，古巴的起義行動改變了菲律賓的整個政治情勢。布魯門特里特的「前提」已開始實現。黎剎的年長朋友雷希多在倫敦為在西班牙貿易以及投資的英國商人擔任法律顧問而致富，並且在馬德里擁有許多身在高位的朋友，他得知黃熱病肆虐的古巴嚴重欠缺軍醫，於是遊說布魯門特里特與巴薩去說服黎剎自願前往古巴行醫。黎剎猶豫許久之後終於同意，而在康柏斯仍於哈瓦那掌權期間的十一月寄了一封信給布蘭科，請求准許他到古巴為傷患提供醫療服務。巴薩認為這項提議將會被視為黎剎忠於西班牙帝國的證明。無論如何，重點是要讓他離開菲律賓。前往哈瓦那的旅途必須經過西班牙；一旦到了那裡，黎剎即可在有影響力的朋友與政治盟友的保護下安然待著。黎剎本身的動機則是沒有那麼清楚。他是個榮譽感非常強烈的人，必定不願對布蘭科撒謊；畢竟，布蘭科先前就曾經主動提議讓他光明正大地前往西班牙。他長久以來一直認定在殖民母國不可能獲致任何成果。所以，在一八九五年十一月那時，他對於前往古巴行醫的態度應該是相當認真。

可是為什麼？在這一點上我們只能猜測。他知道康柏斯主導了桑洪和約這項和平解決方案，而為十年戰爭畫下了句點。身為醫生，他看待醫學倫理的態度非常認真，不論面對抱持什麼立場的傷患都竭盡本分善加治療。他在西班牙認識了不少令人尊敬的古巴人，最主要的一位就是主張廢奴主義的克里奧人拉布拉，而且對於一八八〇年代末期之前的「先進」古巴政治史也頗為熟悉，也許他想知道自己能夠從菲律賓的這座姐妹殖民地的經驗當中學到什麼東西。無論如何，比較可能的是他因為在民答那峨島與世隔絕多年，以致對於這座加勒比海島嶼現在遭到韋勒「閣下」鎮壓的情形欠缺瞭解。

布蘭科收到黎剎的信件之後，立刻附上自己的認可而送往馬德里。但在接下來幾個月裡，帝國首都都沒有任何反應。在此同時，韋勒與韋勒主義已取代了康柏斯。

新發生的事件組合

黎剎在一八九二年七月被流放到達畢丹，導致剛成立的菲律賓聯盟隨即瓦解。但不久之後，菲律賓聯盟圈子裡的一小群運動人士，在馬尼拉的一場祕密會議上決定：成立一個祕密革命組織來取代，稱為「Kataas-taasan, Kagalang-galangang Katipunan ng mga Anak ng Bayan」(大概可譯為「人民子女最卓越也可敬的聯盟」)，簡稱「卡蒂普南」。其領導人波尼費希歐比黎剎小了兩歲，在當時二十九歲。在一八九五年底之前，卡蒂普南除了保持組織存續之外，沒有太多成就，當時成員還不到三百人。[43] 不過，一八九五年國際上同時發生的事件組合促成這個組織的成員大幅增加，有些熱心支持者聲稱人數在八月達到了一萬人。[44]

對於卡蒂普南地下組織而言的關鍵事件組合，最好的象徵就是馬蒂在一八九五年四月十一日登陸古巴，時間正在東京與北京簽訂馬關條約的六天之前——這項條約是日本在一八九四－九五年間發生於朝鮮的甲午戰爭當中大勝中國之後的結果。就古巴而言，重點不只在於馬蒂振奮人心的模範，也不只是馬瑟歐與戈麥斯在初期獲致的令人嘆為觀止的軍事成果。波尼費希歐與他的同志深知，同時因應地球兩端的兩場反殖民起義會對西班牙造成多大的困難。他們也知道，一旦面對這樣的狀況，馬德里必定會把主要軍力投注於能夠為帝國賺錢的古巴，而不是整體上賠錢的菲律賓。另一方面，南端距離呂宋島北岸只有兩百五十英里的台灣，現在也已經成了日本的屬地。古巴人既然能夠獲得鄰近的美國支持，那麼菲律賓是不是也有可能爭取日本帝國的支持？

實際上，這兩個「鄰居」的地緣政治位置非常不同。美國在當時已幾乎是毫無異議的西半球霸權，但東亞卻充滿了互相競爭而且野心勃勃的「白人」帝國，包括英國、法國、德國、俄國以及美國。馬關條約才剛簽訂，德、法、俄幾乎就立刻出手干預，迫使日本政府把剛取得的遼東半島歸還給清朝政權。此外，日本也背負了先前三十年間被迫簽訂的許多不平等條約，賦予它的競爭對手可觀的治外法權。在甲午戰爭爆發前不久簽訂的一項日英條約確實展望了那些條約的廢除，但卻必須等到一八九九年才實現。然而，倫敦一旦起了頭，其他帝國首都不可避免也會跟進。因此，一八九〇年代末期（還）不是日本莽撞冒險的時候。

東京與馬尼拉的官方關係雖然大體上沒有問題，西班牙當局卻對未來愈來愈擔憂。[45] 日本船隻大量湧入菲律賓海域，貿易平衡愈來愈大幅傾向於對日本有利。[46] 日本人口開始移民至菲律賓，東京也強烈要求放寬這個殖民地的移民法。日本菁英對菲律賓愈來愈瞭解，但西班牙的外交使團卻因為沒人懂日文，因此對日本的政策與意圖的理解只能被迫仰賴英國與美國。到了一八九〇年代初期，一個聲音愈來愈大的遊說集團（包括在野黨國會議員、報紙、軍國主義者、商業利益人士與意識形態擁護者）已開始鼓吹日本在太平洋與東南亞擴張（一部分是為了對德國與美國的蠶食鯨吞先發制人）。西班牙殖民勢力在菲律賓的虛弱與衰敗已廣為人知。[47] 暗中有所關聯的冒險家，包括平民與軍人，也在殖民地頻繁進出。

在西班牙國內，東京對中國的軍事勝利使得日本稻草人成了大眾關注焦點。[48]一八九五年二月，薩加斯塔的前僑務部長莫雷特寫道，日本崛起成為第一級強權的現象「代表了歐洲與東方關係的劇烈轉變，尤其是西班牙在那些海域的財產。如果拒絕承認這項事實，而坐等著絕對不會遲來的事件發生，就等同是睡在鐵軌上，而認定火車來臨前的軌道震動會讓自己事先獲得危險的警告」。[49]激進的共和主義報紙《大公報》（La Justicia）在不久之後提出這段充滿嘲諷的評論：「一個同時在古巴與菲律賓作戰的美好未來……復辟政府（意指卡諾瓦斯重新掌權）可以在西班牙國家的廢墟上寫下這句歷史性的墓誌銘：西班牙人的終結。」[50]

在這種情況下，難怪菲律賓民族主義者會開始試圖與日本建立有用的聯繫。第一個這麼做的人是拉莫斯（José Ramos），他出生在一個頗為富裕的家庭裡，因此能夠到倫敦接受教育。一八九五年夏季，他收到通報，得知自己即將因為散播民族主義宣傳資料而遭到逮捕，於是逃離菲律賓，假扮成英國人而搭乘一艘英國船隻前往橫濱。他在那裡娶了一名日本女子，改用她的姓氏（石川），並且最後歸化成為明治天皇的子民。他花費了大部分的時間企圖購買朝鮮半島上的戰爭所遺留下來的多餘槍枝以送往菲律賓，但終究徒勞無功。[51]其他富有的菲律賓人也假藉觀光或接受進一步教育的理由而跟進此一做法。

接著，在一八九六年五月四日，日本海軍訓練艦金剛丸載著三十三名見習生以及一所日本海軍學校的二十名學生航進馬尼拉的港口，立刻遭到西班牙當局隔離，表面上的理由是這艘船違反了檢疫規定。[52]儘管日本、西班牙與菲律賓對於這起事件的現存記述在細節上各有相異，但所有文獻一致指出卡蒂普南的領導人波尼費希歐、瓦倫蘇埃拉醫師（Pio Valenzuela）、年輕的煽動者艾米里奧・哈辛托（Emilio Jacinto）以及蒂羅納（Daniel Tirona）都與金剛丸的艦長見了面，並且向他提出一份請願書，請求日本協助以及引導他們「發動起義反抗政府的渴望」。伴隨他們的是田川森太郎：他是菲律賓的長期居民，娶了一名菲律賓女子為妻，向波尼費希歐通報了金剛丸抵達的消息，並且扮演傳譯的角色。這場會面並未帶來任何重要成果，唯一的後果就是殖民地警方得知了這件事情而因此加強監控。[53]金剛丸船長向上級回報的時候，並未提起這場會面。

離開達畢丹

這就是卡蒂普南的領導階層在五月舉行一場會議的背景。他們在那場會議上決定武裝起義確實可行，而且他們將派遣一個代表團前往日本請求具體支持，另外也派一名使者到達畢丹尋求黎剎的背書。（黎剎在不知情的狀況下被卡蒂普南列為名譽主席；該組織的成員據說會在演說結尾高呼：「菲律賓萬歲！自由萬歲！黎剎醫師萬歲！」）到了月底，他們當中唯一的知識分子瓦倫蘇埃拉醫師假藉要帶一名失明的僕人接受治療，航行前往民答那峨島。必須注意的是，黎剎完全不認識瓦倫蘇埃拉，所以他必定曾經懷疑對方可能是政府的密探。我們無法確知他們兩人之間的簡短對話。後來黎剎的審問者向他詢問細節，他被記錄下來的回答如下：

瓦倫蘇埃拉醫師對（他）說，有一場起義即將發生，因此他們對於（他）在達畢丹可能遭到的待遇感到擔憂。（他）宣稱目前不是採取冒險行動的適當時機，因為菲律賓（社會）的各個成分之間都還不團結，也沒有武器、船隻、教育，或是反抗運動所需的其他要素。他們應該參考古巴的經驗，那裡的人民雖然擁有大量資源與一個強權的支持，而且還有豐富的作戰經驗，卻還是無法達成他們渴望的目標。不論那裡的抗爭結果如何，向菲律賓讓步都會是有利於西班牙的做法。因此，（他）認為他們應該耐心等待。[54]

這是軍方速記員的生硬文字，但後來黎剎向審判庭提出一份簡短的「辯護增補文件」，由他一貫的簡潔風格寫成。他寫道：

瓦倫蘇埃拉醫師向我告知他們正在籌備一場起義行動，我表達反對，試圖以理智的論述說服他。瓦倫蘇埃拉醫師似乎受到了我的說服，因為他後來並未參與反抗行動，而是向當局自首，請求赦免。

後續的一句話又添加了更為複雜的曖昧性：

瓦倫蘇埃拉醫師前來警告我要小心，因為根據他的說法，他們（應該是指西班牙，而不是卡蒂普南）可能會把我牽連進去。[55]

這段證詞相當可信。在黎剎對瓦倫蘇埃拉的勸退忠告當中，可以聽得到其中呼應了布魯門特里特反對革命冒險行為而提出的類似警告。我們不清楚他對古巴實際上發生的狀況有多少瞭解，但他提起古巴抗爭的困難主要是為了突顯這項忠告。不過，明顯可見的是瓦倫蘇埃拉說話相當謹慎，不是向黎剎尋求對於起義行動的背書，而是向他諮詢行動的時機是否恰當。不論他是不是真的受到黎剎說服，至少看起來是接受了黎剎的說法，因為就算不為別的原因，他也無法確認黎剎不會向其他訪客，或是他的家人，或甚至是達畢丹當局透露消息。[56]瓦倫蘇埃拉返回馬尼拉之後向其他同志說了什麼也毫不明確：他有沒有忠實轉述黎剎的忠告，指稱目前仍不具備起義行動成功的條件，所以應該耐心等待；還是他只是單純說黎剎拒絕支持波尼費希歐的計畫？後者也許比較有可能，因為據說波尼費希歐一開始不敢置信，後來則是火冒三丈，痛罵黎剎是個孬種。不過，由於黎剎聲望極高，因此他們兩人決定向卡蒂普南的同志隱瞞他的「排拒」。[57]

接著，在毫無預兆的情況下，布蘭科於七月一日收到戰爭部長阿斯卡拉賈（Azcárraga）的來信，指稱韋勒沒有反對黎剎到古巴行醫，因此黎剎應該獲允前往加勒比海。都督寫給黎剎的正式信件在三十日送抵達畢丹。第二天，黎剎就搭乘載運了布蘭科那封信的船隻前往馬尼拉。這項決定如此匆促，絕不可能只是單純因為他想逃離那座耶穌會聚落的煩悶與孤立，也不只是因為布蘭科在信中可能表達出的迫切性。在審判中，黎剎解釋自己之所以堅決想要前往古巴，原因是他由於某些私人因素而與一名傳教士處得不好。[58]這裡指的必定是那名教士要求黎剎必須公開放棄一切異教觀念，否則就不幫他與約瑟芬·布烈肯證婚。不過，真正的原因無疑是黎剎認定卡蒂普南即將發動的起義行動必然會是一場血腥的失敗，而他害怕自己將會被牽連其中。不過，他的好運在這時已經用完了。[59]

六月七日，才七週前，巴塞隆納一年一度的基督聖體節（Corpus Christi）遊行活動當中，有人丟擲一枚巨大的炸彈，導致六人在現場被炸死，四十二名傷者當中也有部分在送醫後不治。第二天，該市發布戒嚴令，當時主掌那座城市的不是別人，正是德斯普霍將軍。戒嚴令持續了一年。那枚炸彈之所以特別駭人，原因是攻擊行動現場並沒有著名的政治或宗教人物，受害者都是平民百姓。[60]在教會與各右翼團體及其媒體充滿恐慌或者陰謀詭詐的激使下，警方濫捕濫抓，逮捕了三百人左右，包括各式各樣的無政府主義者、反教權人士、激進共和主義者、進步知識分子與記者等等。這些人大多數都被監禁在陰鬱的蒙特惠克山堡壘，這座堡壘不久後就因其地牢裡施行的酷刑而惡名傳遍歐洲。[61]最後認定的主要嫌犯是二十六歲的法國人阿什利（Thomas Ascheri）。阿什利出生於馬賽，曾是神學院學生、水手、法國軍隊的逃兵，以及法國警方的線民，但他也聲稱自己實際上是無政府主義團體的間諜，負責為警方提供假資訊，並且針對警方即將發動的搜捕行動預先警告同志。[62]經過慘酷的刑求及軍事審判後，他與四名幾乎可以確定無辜的西班牙人在次年五月五日遭到處決。

古巴原本就已處於實際上的戒嚴狀態下，現在巴塞隆納也實施了戒嚴令；而菲律賓也將在不久後跟進。在全歐最嚴重的國內壓迫下，再加上國內有愈來愈多人意識到韋勒在哈瓦那採行的手段極為殘酷，西班牙政治因此出現了兩極化的分裂現象。卡諾瓦斯因為這兩種情形而受到一部分人的仰慕與另一部分人的厭惡，而他的許多敵人對於蒙特惠克山所感到的憤怒迅速轉化為對古巴更堅定的同情。

最後的旅程

黎剎在一八九六年七月三十一日航行前往馬尼拉，以為自己能夠搭上每月一次的官方郵船前往西班牙。不過，他搭的船遇上了問題，以致延到八月六日才抵達菲律賓首都，那時郵船已經離開了。在表定九月三日的下一班船出發之前，他被舒適地關在甲米地造船廠外的船上，並且在他自己的要求下禁止與他家人以外的其他人接觸。卡蒂普南如果在他仍然身在馬尼拉的時候起事，他想要確保自己不會遭到牽連。我們無法確知他對馬尼拉發生的事件有多少理解，更遑論古巴、馬德里與巴塞隆納。不過，他不太可能會知道波尼費希歐明確知曉的事情：二十萬名西班牙士兵在古巴被纏住無法脫身，馬德里根本沒有能力派出壓倒性優勢的兵力來菲律賓。布魯門特里特心目中認為解放抗爭能夠成功的時機，看來已經近在眉睫。

自從一八九五年底，布蘭科都督就持續收到密探回報說，卡蒂普南這個地下革命組織開始變得很活躍。由於布蘭科手上的部隊相當少，又擔心在馬尼拉的西班牙社群當中引起恐慌，他於是下令監視嫌疑人士以及暗中搜查嫌疑場所。一八九六年春，卡蒂普南的成員開始有人失蹤，被暗中遣送到偏遠島嶼。卡蒂普南的領導階層逐漸注意到這些情形，而這也正是瓦倫蘇埃拉前往達畢丹的原因之一。七月中旬，布蘭科的探員發現一個分部完整成員的祕密名單，於是逮捕或者搜獵了他們所有人。有些人被捕之後開始招供。不過，都督打算悄悄消滅卡蒂普南的計畫卻忘了把婦女納入考量。有些被捕人士的妻子與母親向教區教士尋求幫助，希望能夠讓她們的丈夫或兒子獲得釋放。八月十九日，《西班牙人報》（El Español）刊登了一名教區教士所寫的一則聳動報導，指稱他在告解室裡得知有人即將發動一場革命暴動（這個天主教殖民地的告解保密原來不過爾爾）。西班牙人社群因此陷入憤怒恐慌，布蘭科於是被迫下令進行大規模的公開搜捕與查抄。令他深感憤怒的是，修道會竟然開始宣稱一切都是因為他們的愛國精神與警覺心，才得以預防一場屠殺的發生，而優柔寡斷的都督則是毫無作為。[63] 逃亡中的波尼費希歐因此必須提早時程，於是發布命令在二十四日於巴林塔瓦克（Balintawak）這座位於馬尼拉以北的村莊召開卡蒂普南成員大會，以便決定接下來該怎麼做。不過，當時的壓力極大，大會不得不提前至二十三日舉行，地點也改在普加德拉溫（Pugadlawin）。大會上決議在二十九日展開起義行動，在場人士並且撕掉他們的「cédulas」（本土人口必須帶在身上當做身分辨識文件的繳稅收據），高喊：「菲律賓萬歲！卡蒂普南萬歲！」他們也號召鄰近省分在同時起事，到首都會合。[64]

在起事的那一天，波尼費希歐率領一群人對馬尼拉市郊馬利金納（Marikina）的軍械庫發動攻擊。兩天後，甲米地省受到武裝貧乏的反抗人士控制，馬尼拉周圍的其他省分也在不久之後（短暫）受到反抗人士掌握。

布蘭科因此陷入了兩難的局面。殖民地裡陷入恐慌的西班牙人口（在人口總數約有七百萬的菲律賓，西班牙人包括婦女與兒童在內總共只有一萬五千人左右），尤其是勢力龐大的修道會，都要求立即發動強力鎮壓。[65]他大致上屈服於這樣的要求，儘管這麼做可能違背了他自己的妥適判斷（殖民地的軍隊人數非常少，他必須派電報向馬德里求援）。[66]數以百計的菲律賓人被捕，有些遭到處決，「叛軍」財產被沒收。軍事法庭判定曾為波尼費希歐的手下提供協助的人士，都被行刑隊槍決處死。不過，令殖民地菁英憤怒的是，布蘭科仿照康柏斯先前在古巴實施的政策，對迅速投降的反叛人士立刻完全赦免，而且還在次月再次發布命令重申這一點。十月底，大主教諾薩勒達派發電報給馬德里的道明會總部（以便在西班牙的政治階級中散佈消息）：「情況惡化。叛亂擴散。布蘭科的怠惰難解。如要避免危險，必須立刻指派新領袖。」不到六週後，布蘭科被召回。[67]

至於黎剎呢？引人注意的是，在八月三十日，也就是波尼費希歐藉著攻擊馬利金納軍械庫而為起義行動揭開序幕的次日，黎剎收到都督所寫的兩封私人介紹信，一封的寄送對象是戰爭部長，另一封的對象是僑務部長。信中的文字相當值得注意。在第一封信裡，布蘭科寫道：

> （黎剎）在達畢丹四年來的行為非常良好，而且由於他看起來完全沒有涉入我們目前深惡痛絕的那些異想天開的叛亂行動，也沒有涉入任何陰謀和密謀舉事的祕密社團，因此我認為他更值得寬恕與仁慈的對待。[68]

信中的措辭顯示布蘭科希望向馬德里的卡諾瓦斯內閣與軍事最高統帥證明黎剎與起義行動無關，做法是讚許他在達畢丹的行為表現，並且指稱他與自己過去幾個月來所回報的各個陰謀團體無關。

郵船在表定的日子出發。抵達新加坡的時候，支持黎剎的僑民上船探望他，並且敦促他跳船；他們已準備好要為他申請一份英國殖民地的人身保護令。不過，他已經以名譽向布蘭科保證自己一定會前往西班牙，因此拒絕了他們的幫助。他在九月二十五日於亞丁外海與一艘滿載兵員的大型西班牙運兵船擦身而過：這是菲律賓人不曾見過的景象，卻因為古巴的戰爭而成了必要做法。他的船隻在三天後抵達馬爾他，他被下令不得離開他的艙房，但他設法寄出了一封焦慮的信給布魯門特里特。十月三日，他抵達戒嚴的巴塞隆納。在船艙裡監禁了三天之後，他被押到蒙特惠克山堡壘，關進一間牢房。第二天，他被帶去見德斯普霍都督。德斯普霍的態度客氣而哀傷，但對他說他必須在當天搭上另一艘載運援兵的船隻返回馬尼拉。抵達馬尼拉之後，他就被關進聖地牙哥堡。

到底發生了什麼事？只要菲律賓保持平靜，卡諾瓦斯就不需要擔心韋勒在哈瓦那採行的嚴酷政策與布蘭科在馬尼拉的溫和統治這兩者之間的對比。不過，隨著卡蒂普南武裝起義行動的爆發，這樣的對比就再也無可忍受。他收到布蘭科請求大量援兵的電報之後更是如此，因為這項要求威脅了韋勒迫切需要的人力與財務資源。此外，布蘭科請求的是伊比利半島部隊，不是當地的本土傭兵，因此只能用徵兵補充兵員，但徵兵已經非常不受歡迎，需要一再對公眾解釋。最後，對待菲律賓人的方式如果給人軟弱的印象，就會削弱嗜血者韋勒在古巴採取極度嚴酷手段的合理性。實際上，政治上已不再可能在西班牙最後的兩大殖民地採行不同的政策。

除此之外，還有其他問題。就法律上而言，就算是在實施了戒嚴令的巴塞隆納，也不可能讓黎剎接受審判：不只是因為他的「犯行」不是發生在西班牙，也因為證人都不在那裡。就政治上而言，在西班牙舉行死刑審判將會是一場災難。黎剎在那裡是知名人物。處死一個沒沒無聞的無政府主義者是一回事，但處死莫雷特、莫拉伊塔與馬格爾的私交好友可是另一回事。除了巴塞隆納以外，西班牙其他地區並未實施戒嚴令，而這麼一起案件必定會引起政府不樂見的高度關注，並且必然會受到國際媒體的放大，尤其是那些媒體已開始抨擊塔利達在不久之後所稱的西班牙新一輪的宗教迫害。即便是實施了戒嚴令的巴塞隆納也不必然可靠。內閣知曉德斯普霍先前與黎剎的關係，因此無法確定能否把召開一場非法軍事審判而對這名年輕的菲律賓人草草定罪的任務託付給他。然而，當時的西班牙政權已決定強硬打擊這位菲律賓獨立運動的象徵領袖，為了做到這一點，必須將他遣返至他的出生地。所幸，遣返他所需的工具正好就在手邊。

波尼費希歐的起義行動爆發之後不久，布蘭科即指派一位奧里維上校（Francisco Olivé）領導一個權力龐大的調查委員會，調查那場行動的起源、計畫以及資源。但他卻不曉得這個人在五年前曾經被韋勒派往卡蘭巴，奉命利用一切必要的力量驅逐道明會那些桀驁不馴的佃戶，包括黎剎的家人與親友。這名上校在馬德里的支持下，堅決要求黎剎必須立刻被訊問並且接受審判。布蘭科面對馬德里的新政策、馬尼拉的西班牙人所表達出來的仇恨，以及他自己即將被召回的情況，不禁感到對當下的情勢無能為力。十二月二日，嚴肅的天主教徒波拉維哈（Camib Polavieja）將軍帶著一群心腹抵達殖民地首都，十天後就從布蘭科手上接下了統治權與政策主導權。

韋勒主義在馬尼拉

這位新任都督不曾在菲律賓服務過，但卻是一名能幹的戰場老手，曾在古巴的十年戰爭中對抗過塞斯佩德斯。在小戰爭期間，他曾任哈瓦那都督，但沒有任滿就提前辭職，原因是他對殖民地民政官僚龐大而且根深蒂固的貪腐現象深感沮喪。[69]此外，他也富有政治遠見。在古巴期間，他曾公開主張：「永久遏阻古巴獨立將是一項徒勞之舉，與其不計成本永遠這麼做下去，不如為這個必然的後果做好因應的準備，在這座島上待到我們合理能待的時間為止，並且採取必要措施，善加保護我們的利益與榮譽，不要被武力驅逐，直到我們必須在和善中離開為止。」[70]他來到馬尼拉之前原是攝政女王的禁衛軍首領，而且似乎是因為他的誠實、忠貞以及在軍事上強硬等特質而獲選。西班牙方面認為他能夠毫不猶豫地執行卡諾瓦斯的命令。

我們無法確知黎剎在他的牢房裡是否曉得這些事件的意涵，但引人注意的是，在十二月十日，就在布蘭科下台的兩天前，他寫了一份請願書給這位都督，由正在為他的審判準備卷宗的調查法官轉交。根據審問者留下的記錄，這份請願書的核心內容如下：

他懇求閣下，如果他的處境可以獲准發表聲明的話，那麼請允許他發表某種聲明，譴責這種犯罪做法並且（聲明）他從未同意對方使用他的名字。（採取）這項步驟純粹是為了讓一些不幸被欺騙的人醒悟，也許從而救他們一命。署名人完全無意藉此影響自己的案件。[71]

布蘭科在次日核可了這項請願，是他在任期間核可的最後一件事情。同一天，調查官員正式決定「省略被告與證人對質的程序，認為這樣的對質對於證明罪行並無必要，因為他認為被告的罪行已受到充分證明」。[72]

我們無法確定黎剎在什麼時候得知布蘭科離任，有可能在他於十二月十五日寫下「宣言」之時仍然不曉得這件事。或者，也有可能是他被告知波拉維哈贊同布蘭科的准許。《對部分菲律賓人的宣言》（Manifesto á Algunos Filipinos）是他所寫的最後一份政治文章，由於這個原因以及這篇宣言的內容，因此值得完整引用於此：

> 同胞們：我從西班牙回來之後，得知我的名字被若干武裝舉事的人當成作戰口號。這項消息對我而言是一項痛苦的意外，但由於我以為一切都已結束，因此也就在我認為無可挽回的這項事實面前保持沉默。現在，我聽到傳言說動亂仍在持續；有些人仍然繼續使用我的名字——不論是出於惡意或善意——為了矯正這種濫用現象，向不知情的人士澄清真相，我匆匆寫下這篇文字，讓實情能夠廣為人知。從一開始，我聽說有這個謀畫，我就表達了反對。我奮力抗拒，也明確指出不可能成功。這是真的，有活生生的證人能證實我的話。我深信那個想法高度荒謬，更糟的是會帶來災難性

的後果。而且我還做了更多。後來，那場運動無視我的忠告而仍然爆發之後，我就主動獻上我的服務、我的生命，甚至是我的名字，讓他們以他們認為適當的方式自由運用，以便遏止反抗行動。因為我深信那場行動可能帶來嚴重的禍害，所以我如果能夠做出一些犧牲而避免這種無謂的不幸，那麼我會深感慶幸。我至今仍然這麼認為。

同胞們：我已經以不遜於任何人的方式證明了我有多麼渴望我們的國家獲得自由，我的這個渴望仍然不變。不過，我認為人民的教育是實現這個理想的必要前提，這樣他們才會藉由教導與努力保有自己的人格，從而配得上那樣的自由。在我的書寫當中，我推薦了學習與公民道德，如果沒有這些東西，就不可能得到救贖。此外，我也曾經寫道（而且有不少人重複了我的話），改革如果要獲得成果，就必須由上而下，因為由下而上的改革將會是不規律而且缺乏確定性的衝擊。在這些觀念的影響下，我不能不譴責這場荒謬而野蠻的起事，而且我也確實加以譴責。這場行動在我的背後策劃而成，不但有辱菲律賓人的榮譽，也敗壞了我們的擁護者的名聲。我痛恨這場行動的犯罪做法，也拒絕任何形式的參與，並且在心中充滿痛苦的情況下譴責那些缺乏警覺而讓自己受到欺騙的人。所以，你們趕快回家吧，但願上帝寬恕那些惡意行事的人。

黎剎如果認為這份宣言會被散播於菲律賓人民之間，那麼他就是在欺騙自己。軍法處長德拉佩尼亞（Nicolás de la Peña）在寫給波拉維哈的信件中冷淡地說：「他的宣言可以化約如下。同胞們，在面對了失敗的情況下，放下武器吧；日後我會領導你們前往應許之地。這份宣言對和平毫無助益，更可能在未來引發反抗精神。」他因此建議隱匿這份宣言，都督也同意了這項建議。[73]

十二月十九日，波拉維哈下令黎剎必須立刻以煽動叛亂與叛國等罪名接受軍事法庭審判。這場審判本身在二十六日開庭，經過僅僅一天的草率審理之後，軍事法官即建議對被告處以極刑。波拉維哈在二十八日批准決行。黎剎收到要求他簽名的死刑執行令之時，他瀏覽了內容，而注意到自己被稱為華人。他劃掉那個字眼，但不是改為菲律賓人，而是印第安人。[74]在行刑前的最後幾個小時裡，黎剎的妹妹崔妮妲前來探望他，他給了她一盞小燈，悄聲說裡面有個要給她的東西。她回家之後，發現那盞燈裡藏了一小張紙，上面以極小的文字寫了一首向國家告別的七十行詩。這首被稱為〈我的訣別〉（Mi último adiós）的詩寫得優美而感傷，很快就被翻譯成泰加洛語，反諷的是翻譯者竟是波尼費希歐。（在後續一百年間，這首詩陸續譯入六十五種外國語言與四十九種菲律賓語言。）[75]十二月三十日清晨，黎剎從牢房被帶到一片稱為巴貢巴延

十二月三十日清晨，黎剎被帶到巴貢巴延（現為盧內塔公園），而遭到行刑隊槍決。

（Bagumbayan）的空地，也就是當今的盧內塔公園（Luneta Park）。二十五年前，曾有三名在俗教士在那裡遭到絞喉處死。在那片空地上，黎剎被一支由西班牙軍官率領，但由本土人組成的行刑隊槍決，現場有數千名群眾旁觀。才三十六歲的他，以尊嚴而平靜的態度面對了自己的死亡。他的屍體沒有歸還給他的家人，而是被祕密掩埋，原因是當局擔心他的墳墓可能會成為民族主義者的朝聖地。

不過，這樣的刻薄算計實際上根本毫無意義。黎剎的公開處決所造成的效果正好與卡諾瓦斯的期望完全相反。為了以儆效尤而處死黎剎的做法，不但沒有平息起義行動，更沒有澆熄菲律賓人的獨立渴望，反而瞬間造就了一位民族主義烈士，從而進一步加深以及推廣了革命運動，並且間接導致卡諾瓦斯在次年被刺身亡，也為西班牙帝國的終結鋪下了道路。

三個省思

為了總結這一章，我們可以藉由省思本章內容而提出三項評論。

第一，黎剎在一八九二年帶著幾乎整批的《起義者》返回家鄉之時，究竟是在等待什麼？他待在達畢丹的那四年最引人注意的一點，就是這位才華洋溢的作家除了幾封因為顧慮受到檢查而綁手綁腳的信件之外，幾乎什麼都沒寫。然而，他無疑有可能寫了手稿而藏在當地，或是交給前來探望他的姐妹偷偷帶出。原本預期會是「優美」而且「藝術性」的第三部小說並未寫成，而且《彌撒之後》的零碎殘篇看起來也是回歸了《不許犯我》的老路，而不是比《起義者》再更進一步。也許他已無力再寫出另一部傑出的小說。另一方面，山打根與菲律賓聯盟的計畫都很快就遭到殖民政權打了回票。黎剎拒絕了雷希多以船救他出去的提議，也拒絕了布蘭科把他送回西班牙的提議。他認定在西班牙不可能做出任何有用的事情。至於古巴，他也是直到瓦倫蘇埃拉來訪之後才有意前往。等到他匆忙接受布蘭科的提議之後，重點已不在於追求什麼目標，而是要逃離危險。

我們可以說他在一八九六年夏季體驗了許多原創性作家都經歷過的情形：也就是他們的著作一旦印刷完成而進入公共領域之後，就不再受到作者的掌握或控制。黎剎誤把自己視為人民的政治教師，但他的力量不是來自於說教以及批判文章，否則就和其他具有才華的知識分子無甚差別。他的力量來自於他的小說：沒有別人嘗試過這種做法。他在《不許犯我》當中所做的，是藉由想像的方式創造了一個完整（而且合乎當代）的菲律賓「社會」，包括相互交織的殖民地高級官員、村莊賭徒、異議知識分子、挖墓人、修士、警方線民、趨炎附勢者、兒童侍祭、女演員、小鎮領袖、盜匪、改革者、木工、少女，以及革命人士。小說裡真正的英雄是革命人士伊利亞斯，最後為了改革者伊巴拉而犧牲自己的性命。黎剎在《起義者》裡所做的是想像這個社會的政治解體及其統治權力的近乎消滅。也許在那之前從來沒有菲律賓人想像過這樣的可能性，更遑論把這樣的夢想提到公共場域裡。這種情形就像是天才的精靈從瓶中跑了出來，於是伊利亞斯與伊巴拉這兩個互相對比的人物開始產生了不受他控制的獨立生命。黎剎並不認識波尼費希歐，而波尼費希歐可能也就只有在一天晚上聽過黎剎演說而已。可是後來卡蒂普南把黎剎列為名譽主席，並且在他們的討論結尾高呼「黎剎醫師萬歲」，無疑是因為伊利亞斯與西蒙以及小說中其他許多充滿行動力的人士現在都已屬於他們所有。[76]小說家與小說已然分道揚鑣。黎剎是一回事，黎剎醫師是另一回事。波尼費希歐收到瓦倫蘇埃拉的回報當時之所以會那麼氣憤，也許就是因為他發現了這兩者之間的差異。這無疑也是黎剎在人生最後幾個月對於自己的名字感到那麼憤怒焦慮的深層原因。可以這麼說：Simoun, ce n'est pas moi（西蒙，那不是我）。

稍微往前看，可以發現一項奇特的反諷現象。黎剎反覆向德爾皮拉爾陣營的人士指稱在西班牙不可能達到任何成果，同化只是幻想。但在殖民地，他卻發現自己也幾乎什麼都不能做。他對瓦倫蘇埃拉說，古巴的戰爭將會迫使馬德里對菲律賓讓步，沒有再提及西班牙語的危險，並且把自己和卡蒂普南的起義行動切割：這等於就是德爾皮拉爾陣營的立場。另一方面，古巴的戰爭摧毀了德爾皮拉爾運動的未來，當時這項運動早已因為《團結報》的財務崩潰而搖搖欲墜。德爾皮拉爾在他人生的最後幾個月裡原本打算搬回香港，那是一個與同化完全無關的地點。這位經驗豐富的務實政治人物如果活了下來，那麼他終究支持卡蒂普南並不是一件完全不可能的事情。不然還有什麼其他的選擇呢？

另一項省思與古巴有關。馬蒂在一八九五年發動的起義行動不僅對菲律賓民族主義者是個令人振奮的模範，對於復辟時期的政治體系以及整個西班牙帝國也是一記致命的打擊。卡諾瓦斯必須派往古巴的大量部隊，還有因此在人命、財務資源以及國際聲望方面遭遇的重大損失，都使得馬德里非常難以在菲律賓採取有效行動，這點我們在下一章將會看到。卡蒂普南自從一八九五年底以來的迅速成長，顯示了馬德里的衰弱如何透過印刷媒體傳播而廣為人知。身在達畢丹的黎剎無法接觸印刷媒體，但波尼費希歐與他的朋友卻都可輕易取得。由黎剎將卡蒂普南的起義行動稱為「荒謬」而且「絕不可能成功」，即可清楚看出他對一八九五—九六年間真正的事件組合有多麼缺乏理解。如果不是因為韋勒與戈麥斯的血腥鬥爭在當時達到巔峰，卡蒂普南就極不可能在一八九六年八月發起反抗行動。如果他們不是在這種狀況下而仍然舉事，必定會立刻遭到韋勒帶去古巴的那種強大軍力擊潰。不過，卡蒂普南一旦發動起義，沒有韋勒的韋勒主義降臨馬尼拉幾乎可以確定是無可避免的事情。黎剎就是在這樣的國家利益下遭到司法謀殺：殺他是為了以儆效尤，不是因為他是革命分子。布蘭科為了黎剎而寫的信件，目的是要向最高當局證明黎剎與起義行動完全無關；但字裡行間透露出來的卻是擔心馬德里終究一點都不會在乎。我們可以主張波拉維哈採取了愚蠢的做法，或是遵循了愚蠢的命令。如果保住黎剎的性命，而要求他到泰加洛地區四處宣揚他在牢裡所寫的宣言，難道不會是比較狡詐的做法嗎？這樣不會毀了黎剎的聲望嗎？答案也許是肯定的，但這樣的結果必定會來得太晚；當時群眾起義已經如火如荼地進行了三個月，而有了其本身的動力。無論如何，許多人一定都會認為那份宣言是在脅迫下寫的。除此之外，這些問題並沒有將古巴納入考量。馬德里處死黎剎的決定，也是為了要做給那座加勒比海島嶼以及世界其他地區的人民看。布蘭科之所以受到波拉維哈取代，不是因為波拉維哈是一位比較優秀的將軍，而是因為西班牙在奮力維繫其奄奄一息的跨洲帝國之際，認為他是第二個像韋勒一樣的鐵血人物。

最後，古巴獨立戰爭雖然對黎剎的命運具有關鍵重要性，卻只是日趨激烈的世界動亂當中的一部分而已。而此一動亂後來終於在一九一四年達到高峰。東亞在過去半個世紀以來一向由英國稱霸，現在卻隨著日本、美國與德國這些新興競爭對手的出現而變得極不穩定。在南非，波耳戰爭正即將展開。中歐與東歐的民族主義抗爭削弱了伊斯坦堡、維也納、聖彼得堡乃至柏林所控制的那些多種族陸上帝國。我們馬上就會看到，定義最廣泛的社會主義也在國家內與國際之間活躍了起來。戒嚴下的巴塞隆納不但是黎剎在歐洲的最後一夜所待的地方，也是這場日益擴散的運動的關鍵樞紐。

---

1 關於德斯普霍的政策與性格，詳見舒瑪克，《宣傳運動》，pp. 274-5。

2 這三人要在殖民地當局不知情的狀況下以班輪乘客的身分離開菲律賓，顯然是不太可能的事情。也許是官員睜隻眼閉隻眼，這要比正式撤銷韋勒的扣押令容易得多。

3 《黎剎與布魯門特里特教授之間的通信，一八九〇—一八九六》，pp. 783-4。這部抄本存在不少錯誤。「Ungara」應該是「Ungarn」。「Kider」原本必定是「Kreter」(克里特人)。信奉基督教的克里特人在一八六八年對於土耳其統治的反抗確實遭到血腥鎮壓。奇怪的是，在許多引述這封著名信件的黎剎傳記當中，總是列出不可解的「the Kider」或「los Kider」，而似乎沒有意識到任何怪異之處。更奇怪的是，菲律賓全國歷史協會的《黎剎—布魯門特里特通信集，一八九〇—一八九六》(Manila: 1992)，p. 430，更將之譯為「愛爾蘭人」。當初的情形想必是個糊塗的抄寫者把排版緊密的「et」看成了「d」，而抄寫成無可理解的「Krder」。於是，「K」與「r」之間必須安插一個母音才能發音，而只有「i」所占的橫向空間最小。

4 請注意前述引文中的「我求你不要捲入革命活動裡」這句話的措辭，其中暗示的不是領導，而是被捲入身陷其中。在先前引述過的於一八九二年七月四日寫給黎剎的信裡，布魯門特里特指出：「寫信向我指稱黎剎應該創辦革命性報紙或者發起革命運動的那些人都不是德爾皮拉爾陣營的成員，而是黎剎陣營的成員。我警告他們不得勸說你從事這類行動，而我也立刻寫信給你。」布魯門特里特的這些信件似乎沒有保存下來。

5 伊凡赫利斯塔與艾布魯（José Abreu）還有阿勒罕德里諾（José Alejandrino）都在黎剎的說服下離開「落後」的西班牙而到根特修讀工程學（這是布魯門特里特的建議）。後來在革命當中成為將軍的阿勒罕德里諾，在黎剎於布魯塞爾撰寫《起義者》的時候曾經和他住在一起，後來在根特幫他找到了一家出版商，也幫助他從事校對工作。伊凡赫利斯塔、阿勒罕德里諾與安東尼奧．盧納（Antonio Luna）都是黎剎的忠實支持者，強烈反對阿勒罕德里諾口中所謂德爾皮拉爾的「糟糕透頂的政策」。見舒瑪克，《宣傳運動》，pp. 236, 271-2。

6 《黎剎及其宣傳同僚的通信》，p. 800。馬蒂在那年一月於美國成立了古巴革命黨。信中提到的西班牙人士無疑是指索利亞（Manuel Ruiz Zorrilla）的激進共和主義追隨者。索利亞的政治生涯有一大半都是在流放於巴黎的期間策劃革命行動。黎剎有不少朋友都曾為《未來報》（El Porvenir）與《進步報》（El Progreso）這些支持索利亞的報紙供稿，而這些報紙也大體上都對菲律賓人的理想頗為友善。見舒瑪克，《宣傳運動》，pp. 46，55與202。

7 《黎剎及其宣傳同僚的通信》，pp. 771-2。這整封信都非常值得注意，因為盧納是個極為聰明的人物。他對黎剎說他要返回馬尼拉投入獨立事業。「但這點需要許多的研究，許多的手腕與謹慎，而且不能空言吹噓我們的實力。……我們將會像耶穌會士一樣堅忍而靜默，建立一棟我們擁有鑰匙的房屋。所以，就這個意義上而言，我向你提供我的協助，但必須附上一個條件，也就是我如果發現這項活動只不過是一場叛變，那麼我就可以抽身擺脫這項運動……我相信你明白我的意思，也就是他們如果獲勝，將會導致許多的傷亡。無論如何，我要返回馬尼拉了，而我身為分離主義者的所有行動與責任都會永遠擺在我面前。不需懷疑：情勢如果導致我在馬尼拉必須站在西班牙人那一邊，那絕對是他們的不幸。我會繼續賺取我的生計，繼續採集土地的資源而令他們付出代價，直到果實成熟為止。這麼一來（如果這也是你的想法），你就會擁有一個堅定努力的附庸組織。」

8 一八九二年一月三十一日，黎剎對布魯門特里特寫下這段動人的文字：「在我（擔任醫師）的職業工作空閒時間，我正在寫我的泰加洛語著作的第三部分。這本書將會單純探討泰加洛習俗，（也就是）純粹探討泰加洛人的習慣、美德與缺陷。我現在既然找到了一個美妙的主題，我就覺得我沒有辦法以西班牙文寫這本書。我想要寫一本現代的小說，一本藝術性與文學性的小說。這一次，我想要為藝術而犧牲政治以及其他的一切。我如果以西班牙文寫作，那麼可憐的泰加洛人雖是這部作品的題獻對象，也是最需要看這本書的人，卻會看不懂……這本書為我造成了很多問題，因為我的許多想法都必須藉著編造新詞才能表達。此外，我也缺乏以泰加洛語寫作的練習。」《黎剎—布魯門特里特通信集，一八九〇—一八九六》，p. 431之後沒有編碼的頁面。他並未完成這第三部小說。安伯斯．歐坎波在他的《找尋黎剎的第三部小說《彌撒之後》》(The Search for Rizal's Third Novel, Makamisa，Manila: Anvil, 1993）仔細拼湊了這部小說僅有的極少數內容。黎剎寫了二十頁的手稿之後即放棄使用泰加洛語寫作，而改回西班牙文。這部小說的書名「Makamisa」意為「彌撒之後」，內容聚焦於皮利（Pili）的鎮民以及他們來自伊比利半島的教區教士，並且回歸了《不許犯我》那種諷刺性的風俗主義風格。也許這就是他對這部小說半途而廢的原因，或者也許他認為自己無法超越《起義者》。無論如何，在一八九二年中以後，他似乎放棄了任何進一步寫作小說的想法。

9 必須記住的是，當初就是黎剎強力鼓吹卡蘭巴的佃農與鎮民上法庭對道明會提告，並且一路把這個案子推到馬德里的最高法院。如同先前提過的，後來凶暴的修道會贏得勝訴，而且韋勒不但燒毀居民的住宅，還禁止反抗者居住在卡蘭巴附近區域，黎剎因此感到身心交瘁，也對自己為家鄉帶來這樣的苦難深感內疚。

10 山打根與坦帕的比較在一個層面上其實不合理。英國對菲律賓並沒有圖謀，美國當中勢力龐大的團體則是覬覦古巴已有一段時間。不過，這項對比在一八九〇年代那時可能沒有現在看起來這麼明顯。如果山打根提供的只是種菜讀書的機會，安東尼奧．盧納與伊凡赫利斯塔應該不可能會承諾要從歐洲到那裡去追隨黎剎。

11 見古爾雷諾，《第一個菲律賓人》，pp. 315-16。古爾雷諾指稱雷塔納（W.E. Retana）出版於一九〇七年的《黎剎醫師的生平與著作》(Vida y escritos del Dr José Rizal）是他主要的參考資料，而雷塔納則是幾乎完全仰賴警方報告。一個非常重要的例外是陸雷彝的《回憶錄》，寫於馬尼拉的比利畢監獄（Bilibid prison），當時他因為被懷疑與波尼費希歐共謀了一八九六年八月的起義行動（實際上毫無根據）而被羈押在那裡。他訪問了許多因為參與起義而遭到監禁的囚友。這部著作很快就連同其他材料一起出版為《陸雷彝對一八九六—九七年菲律賓革命的聳動回憶錄》(La sensacional memoria de Isabelo de los Reyes sobre la Revolución Filipina de 1896-97，Madrid: Tip. Lit. de J. Corrales, 1899）。

12 古爾雷諾，《第一個菲律賓人》，p. 295，引用雷塔納的著作（pp. 236ff.），其中指稱資料來源是艾比法尼歐．桑多斯（Epifanio de los Santos）提供給作者的一份不知名文件。

13 古爾雷諾傾向於相信審問結果，但也只到一定的程度為止。在一個世代之前，帕爾瑪（Rafael Palma）在他的《黎剎傳》(Biografía de Rizal，Manila: Bureau of Printing, 1949）裡毫不懷疑地引用那些審問結果。這樣的改變相當值得注意。在一九四〇年代，黎剎仍是一位毫無爭議的革命英雄。但到了一九六〇年代，他卻被抨擊犯了資產階級猶豫不決的毛病，甚至還更糟；古爾雷諾的著作在某種程度上即是一項細膩的回應。

14 一八九六年十二月，黎剎向審問者表示他在抵達香港之時，巴薩這名活躍的共濟會員曾經要求他依據共濟會的行事方法草擬一份菲律賓聯盟的規章，但他不曉得巴薩怎麼運用那份規章。這個說法聽起來有點太過隨便，但從來沒有人發現他手上有這種規章。見荷瑞席歐・德拉科斯塔（Horacio de la Costa, SJ）編纂暨翻譯的《黎剎的試煉：雷塔納對西班牙官方文件的抄本》（The Trial of Rizal: W.E. Retana's Transcription of the Official Spanish Documents，Quezon City: Ateneo de Manila University Press, 1961），p. 6。「麥士蒂索人（*mestizo*）是在西班牙帝國統治下的菲律賓人種分類之一，指祖先有一方是外來民族，與本地民族混血的後裔。根據祖先的族群，又可區分為華裔麥士蒂索人，西班牙裔麥士蒂索人，等等。」應該指出的是，德爾皮拉爾在西班牙也考慮成立一個菲律賓聯盟，所以這種想法在當時已經頗為普及。

15 舒瑪克，《宣傳運動》，pp. 174-5。

16 陸雷彝在這一點上的回憶非常引人注意，儘管許多史學家都發現他是一名不可靠的證人。「不意外，黎剎被放逐到達畢丹的時候，留下了指示希望邀請我加入聯盟。傑出的作曲家納克皮爾負責帶一份聯盟的規章給我，對我說黎剎曾經親自到我的住處，但我剛好不在家。我在規章裡讀到『盲目服從以及洩漏聯盟祕密即須受到處死』的部分，（就提出了一些理由婉拒加入。）我的性格與意見都非常獨立，要是加入可能只會干擾那些對於任何聯盟都極為必要的紀律。」《聳動回憶錄》，p. 105。我們沒有明顯可見的理由要懷疑陸雷彝這段話的真實性，但實在難以相信黎剎寫出的規章會要求「盲目服從」，並以處死的方式懲罰洩漏聯盟祕密的行為。黎剎確實曾經前往陸雷彝的住處而發現對方正好外出，但他不太可能會派納克皮爾轉達這項邀請。陸雷彝是馬尼拉最重要的菲律賓記者，也經常為《團結報》供稿（以筆名發表）。納克皮爾在當時屬於馬尼拉工匠圈子裡的一員，和黎剎完全沒有交集。他的父親是銀匠，而他本身則是無師自通的鋼琴教師、演奏家暨維修師傅。（他在黎剎死後才成為愛國作曲家。）他在波尼費希歐的卡蒂普南當中相當活躍，並且在波尼費希歐遭到處決之後娶了他的遺孀。關於他的介紹條目，見《歷史上的菲律賓人》，第二冊，pp. 49-52。因此，我們有強烈的理由猜測他去找陸雷彝不是受到黎剎的差遣，而是波尼費希歐。

17 關於馬蒂的出身與生涯，我主要參考休・湯瑪斯，《古巴》，第二十五章。馬蒂的父親是瓦倫西亞人，母親則是來自特內里費島（Tenerife）。

18 在他的國內放逐（後續將提及這一點）的最後一段時期，他與一位名叫約瑟芬・布烈肯（Josephine Bracken）的女子過著滿足的生活。這名女子的背景有點模糊。黎剎死後，據說她在一八九七年二月寫了一篇短文簡述自己的人生，指稱自己的父母是貝爾法斯特的天主教徒，而她則是在一八七六年八月九日出生於香港的域多利軍營（Victoria Barracks），因為她的父親是那裡的一名下士。她的母親伊莉莎白・麥布萊德（Elizabeth MacBride）生下她的時候死於難產，於是她父親覺得自己別無選擇，只能把她交給自己認識的一對夫妻撫養。那對夫妻姓陶孚，沒有生育子女。陶孚先生先後遭遇了三名凶惡的妻子，後來才在近乎失明的情況下由約瑟芬陪同前往黎剎遭到放逐的民答那峨島向他求治——時間差不多是在一八九五年的一月或二月。經過一週的治療之後，他的狀況似乎有所好轉，於是父女倆返回了馬尼拉。不過，約瑟芬卻在馬尼拉拋下養父，而回到民答那峨島與黎剎一起生活。他們不可能結婚，因為教會堅持黎剎必須先宣布放棄他原本的信仰，而且殖民地又沒有世俗婚姻制度。負責看管他的軍事指揮官對於這麼一名標準的伊比利半島式情人的存在顯然睜一隻眼閉一隻眼。身高五英尺的約瑟芬比黎剎矮了四英寸。古爾雷諾，《第一個菲律賓人》，pp. 360-67。可惜的是，安伯斯・歐坎波由內部證據確切指出這是一份偽造的文件，儘管他沒有說明偽造者的身分以及動機。那篇文章裡關於陶孚夫婦以及前往達畢丹求醫的部分雖然合乎事實，但歐坎波也引述黎剎傳記作家寇提斯（Austin Coates）在香港不少檔案當中的研究，顯示約瑟芬的出生證明記載了「父不詳」，而且寇提斯推測她的母親可能是一名中國洗衣婦。耶穌會神父巴拉格（Vicente Balaguer）聲稱自己在黎剎遭到處決前的一個小時左右為他與約瑟芬證婚，但沒有人發現過他們的結婚證書，也沒有確切的證據顯示約瑟芬曾經到死囚牢房去探望過黎剎。見歐坎波，《黎剎的真實面貌》，pp. 160-6。關於較早的那個標準版本，見古爾雷諾，《第一個菲律賓人》，pp. 472-86。（約瑟芬和黎剎從達畢丹抵達馬尼拉之後，曾經住在黎剎一名姐妹的家裡。）

19 關於令人尊崇的馬奎茲，見帕爾瑪，《黎剎傳》，p. 220。我們可以猜測他之所以沒有把那兩封信託付給他的父母或姐妹，原因是家人總是不免會忍不住偷看。

20 《黎剎及其宣傳同僚的通信》，pp. 831-2。

21 《團結報》，一八九二年四月十五日，pp. 685-7。這篇文章有一份活潑但不完整也不盡然正確的英文翻譯，可見於古爾雷諾，《第一個菲律賓人》，pp. 289-92。這篇諷刺文章雖是用筆名發表，但作者明顯可見是列德，他在黎剎眼中是個欠缺原則的陰謀家。黎剎收到四月十五日的報紙之後，寫信要求德爾皮拉爾解釋，不只是為了對他個人的攻擊，也為了那篇文章公然暗示有人正在對西班牙人策劃一場（愚蠢的）武裝攻擊行動。德爾皮拉爾在七月二十日語氣平靜地回應說，那篇文章的諷刺對象根本不是黎剎，而是所有愚蠢的莽撞人士，那些人只想立刻發動反抗行動，卻沒有認真思考可能造成的毀滅性後果。我們幾乎可以確定黎剎並未收到這封回信，因為我們待會兒將會看到，他在七月七日就被流放至民答那峨島。這兩封信的內容可見於《黎剎及其宣傳同僚的通信》，pp. 809-11，841-3。

22 在《黎剎傳》，p. 199，帕爾瑪從阿勒罕德里諾出版於一九三三年的回憶錄《犧牲的道路》（La senda del sacrificio）當中引用了第二頁的一個段落：「他經常和我們討論的一個議題，就是我們在菲律賓發起革命所能夠採用的手段；而且他總是以下列這樣的話語表達他對這項議題的想法。『我絕不會領導一場糊里糊塗而且毫無成功機會的革命，因為我不想造成莽撞並且毫無成果的性命犧牲，從而造成我良心上的負擔。不過，要是有任何其他的人在菲律賓領導革命，我一定會支持。』」這段回憶雖然有可能是正確的，但畢竟是四十年後的回憶，而且講述者是革命中最著名的一位將領，曾經先後對抗西班牙與美國，講述的時間又正是民族主義菁英一致希望把黎剎紀念為革命志士暨烈士的時候。在一八九二年，出身於馬尼拉以北的邦板牙省（Pampanga）當中一個富裕地主家族的阿勒罕德里諾，絕對是令德爾皮拉爾感到氣憤又擔憂的黎剎陣營「莽撞人士」之一。

23 黎剎搭乘的船隻駛離香港的港口之後，當地的西班牙領事隨即以電報通知德斯普霍這項消息，並且指稱「老鼠已經踏進了陷阱」。寇提斯，《黎剎——菲律賓民族主義者暨愛國者》（Rizal—Philippine Nationalist and Patriot；Manila: Solidaridad 1992），p. 230。這段文字可以被視為證據，證明有一樁精心策劃的陰謀，但比較可能的是這僅是老掉牙的典型情報用語。如果真有這麼一個陷阱，德斯普霍應該不太可能會在接下來的一週裡花費心力和黎剎見六次面。（此外，陷阱也必須要有誘餌，但此處根本沒有誘餌。）我們待會兒就會看到，把黎剎放逐到達畢丹的決定從各種徵象來看都是臨時起意的結果。

24 同上，p. 217。這批小說大部分都立刻遭到焚毀。

25 值得注意的是，為黎剎的國內流放處分所提出的理由當中，並未提及菲律賓聯盟或是這個聯盟的成立宴會。由此可見德斯普霍要不是不把菲律賓聯盟當一回事，就是他無意對黎剎提出煽動叛亂的指控。無論如何，此一沉默進一步證實了這項結論：一八九六年針對菲律賓聯盟創立的供詞，其實是那一年西班牙人恐慌所造成的結果，而不屬於韋勒的繼任者在一八九二年促成的平靜狀態。

26 引述於古爾雷諾，《第一個菲律賓人》，p. 337。雷塔納是個異類。在一八八〇與九〇年代期間，他曾經熱切宣揚修士、殖民統治的好處，以及擁有西班牙人身分的優點，而且也竭力抨擊黎剎及其同志。不過，黎剎在一八九六年遭到處死的野蠻作為，以及西班牙帝國在一八九八年的瓦解，對他造成了一種古怪的轉變。他從此成為忠實的黎剎狂熱者，宣稱黎剎是西班牙文化裡一切最佳特質的模範。雷塔納長期居留於菲律賓，也是教會的盟友，因此非常明白修士的各種陰謀。不過，同樣的記述早在八年前就已出現於陸雷彝的《聳動回憶錄》，pp. 64-5。

27 安伯斯．歐坎波向我指出，黎剎獲得的那種異常有禮的對待，可能是共濟會成員情誼造成的結果。在德斯普霍那個後伊莎貝拉的世代，有許多高階西班牙將領都是共濟會員。

28 在上述的分析當中，我的解讀有一部分仰賴於古爾雷諾在《第一個菲律賓人》當中的討論，pp. 333-5，還有寇提斯，《黎剎》，pp. 236-7（可惜其中沒有提供資料來源）。黎剎待在達畢丹的期間，被迫與帕斯特爾斯進行了一場漫長的神學與政治通信討論，所幸這些信件受到了發表：博諾安（Raul K. Bonoan, SJ）編輯，《黎剎與帕斯特爾斯通信集》（The Rizal—Pastells Correspondence；Quezon City: Ateneo de Manila Press, 1994）。不消說，黎剎雖然總是極度有禮，卻輕易就擊敗了這個偏狹得可笑的主教長。結果帕斯特爾斯就在黎剎遭到司法謀殺的次年，於他的家鄉巴塞隆納出版了憤恨不已的《菲律賓人的共濟會化：黎剎及其著作》（La Masonización de Filipinas: Rizal y su obra）。

29 我們不得不佩服德斯普霍。這是十九世紀所有的菲律賓統治者唯一做過一項真正聰明、用意良善又深具權謀的決定。

30 讀者也許會認為波多黎各應該和巴西還有古巴並列。不過，在伊莎貝拉下台而且塞斯佩德斯展開反抗之時，波多黎各只有四萬一千七百三十八名奴隸，占人口比例僅有百分之七。（古巴的奴隸人數達十倍之多。）這就是為什麼那裡早在一八七三年就已廢除奴隸制度。可想而知，奴隸主受到了補償，但奴隸沒有。奧赫達，《來自巴黎的流亡者》，pp. 123與227。

31 休．湯瑪斯，《古巴》，p. 276。

32 見費勒文筆犀利的《反叛的古巴：種族、民族與革命，一八六八—一八九八》（Insurgent Cuba: Race, Nation and

Revolution, 1868-1898，Chapel Hill: University of North Carolina Press, 1999），p. 116。

33 休．湯瑪斯在他將近一千七百頁的著作中只以一段的篇幅（p. 291）談論羅伊格，費勒更是根本沒有提到他。

34 費勒那本迷人的著作，基本上是對於十九世紀古巴的種族／民族問題所進行的一項深具說服力的研究，並不避諱檢視其中經常無意間涉及的種族歧視與機會主義這兩種元素。休．湯瑪斯的龐大觀點則是完全漏掉了這項主題。

35 殖民政權愈來愈公開的敵意，促使剩下的莊園主認為他們在長期之下無法對馬德里懷有多少期待，並且思考自己如何能夠在脫離西班牙之後保持影響力：也許藉由適當的美國支持。

36 費南德茲，《聖塔阿圭達的鮮血》，p. 125，引述自瑟拉諾（Carlos Serrano），《帝國的終結。西班牙，一八九五—一八九八》（Final del imperio. España 1895-1898，Madrid: Siglo Veintiuno de España, Edit. SA, 1984），p. 19。費南德茲藉著這個機會指出這句名言經常錯歸於卡諾瓦斯。這是不是自由派人士的認知失調現象？

37 引述於休．湯瑪斯，《古巴》，pp. 320-21。字體強調為我所加。

38 韋勒從一八九三年十一月二十九日開始擔任加泰隆尼亞都督，晚了兩個月而來不及主持巴亞斯的處決，但趕上了處決薩爾瓦多。

39 休．湯瑪斯，《古巴》，p. 349。在馬德里於一八九八年六月（向美國）投降之時，這場戰爭已導致西班牙耗費了超過十五億比塞塔，加上四萬人以上的傷亡，其中大部分都是死於黃熱病以及其他疾病（p. 414）。

40 同上，pp. 328與423。湯瑪斯的比較論點至少在一個案例中不成立。在巴拉圭於一八六五年對巴西、阿根廷與烏拉圭宣戰前夕，人口原有一百三十三萬七千四百三十九人，其中大部分都是瓜拉尼人（Guaraní）。這場戰爭在五年後結束之時，這個數字已降低為成年男性兩萬八千七百四十六人，十五歲以上的女性十萬六千二百五十四人，以及兒童八萬六千零七十九人，合計二十二萬一千零七十九人。該國損失的人數多達一百一十一萬五千三百二十人，是原本人口的百分之八十三。巴拉圭的三個敵國也損失了一百萬人。見法維爾（Byron Farwell）編輯，《十九世紀陸戰百科》（Encyclopedia of Nineteenth Century Land Warfare，New York: Norton, 2001）。

41 奧赫達，《來自巴黎的流亡者》，p. 340，引述了古巴軍隊的道明會領導人所提出的辯解：「我把我的手放在勞動人民受盡苦難的心上，感覺到其中充滿了哀傷；我在那一切的豐饒以及驚人的財富周圍接觸到這樣的苦難與道德貧窮；我在佃農的家中看見這一切，並且發現他遭到種種欺騙的殘虐，他的妻兒衣衫襤褸，只能住在建造於別人土地上的簡陋小屋裡；我詢問他們的學校教育，卻聽到他們說他們從來沒有機會上學……我因此深感憤怒，並且對國內的上層階級深惡痛絕。面對這種徹底的悲哀與痛苦的不平等現象，我不禁一時氣憤而大喊：『上天保佑火把。』」這段引文摘自博什（Juan Bosch），《游擊戰的拿破崙》（El Napoleón de las guerrillas：Santo Domingo: Editorial Alfa y Omega, 1982），p. 13。

42 古爾雷諾，《第一個菲律賓人》，p. 342。

43 實際上，菲律賓聯盟在一八九三年四月以其原本的基礎成員重新成立。依照陸雷彝的說法，領導特洛索（Trozo）分部的波尼費希歐注意到聯盟的運作喪失了活力，原因是那些知識廣博的同志不斷進行無窮無盡的討論，討論中充斥的顯然是幼稚的自大心態而不是真正的愛國心。於是，他撇開他們，將自己主持的人民議會提升為卡蒂普南最高議會（筆誤，他指的是菲律賓聯盟）。」陸雷彝，《聳動回憶錄》，p. 87。那些知識廣博的同志驚恐之餘，宣告波尼費希歐叛變，而試圖解散特洛索分部，但波尼費希歐拒絕從命。這點導致菲律賓聯盟在十月自我解散，但解散前先提供了一些聯盟內部檔案給都督。由此可以明白看出，波尼費希歐在可能的情況下，一直試圖利用自己鄙視的菲律賓聯盟，掩護卡蒂普南的祕密運作。

44 關於這點的簡要記述，見阿貢西洛（Teodoro A. Agoncillo），《菲律賓簡史》（A Short History of the Philippines；New York: Mentor, 1969），pp. 77-81。一萬這個數字很可能有所誇大，但鑒於一場主要以彎刀為武器的起義行動在初期所獲得的驚人成功，此一誇大的幅度大概也有限。

45 在接下來關於日本的部分，我大量參考桑尼爾（Josefa M. Saniel）深具開創性的《日本與菲律賓，一八六八—一八九八》第三版（Japan and the Philippines, 1868-1898；Manila: De La Salle University Press, 1998）。這部著作對日文、西文與英文文獻進行了詳盡的研究。

46 在一八九〇至一八九八年間，馬尼拉對日本的貿易赤字增加了六十倍。同上，附錄九，p. 101。

47 明治時期的著名作家暨記者福本誠曾在一八八九與一八九一年兩度到菲律賓長期遊歷。在第二趟旅程後所寫的一系列文章當中，他描述了西班牙殖民軍的實力極弱，只由少數幾個西班牙軍官不太穩當地指揮本土士兵。他尤其指出，韋勒在一八九〇年派遣第二支遠征軍前往加羅林群島鎮壓那裡再度興起的叛亂，馬尼拉有一度甚至連一個士兵都沒有。同上，p. 68。

48 此一「日本威脅」出現在黎克特（González Liquete）彙編的《歷史、傳記與書目全集》（Repertorio histórico, biográfico y bibliográfico，Manila: Impr. Del Día Filipino, 1930）當中一個標題為「日本稻草人與一八九六年的革命」（El espantajo japonés y la revolución de 1896）的章節裡。引用於桑尼爾，《日本與菲律賓》，p. 186。

49 桑尼爾，《日本與菲律賓》，摘引莫雷特的〈日本與菲律賓群島〉（El Japón y las islas Filipinas），原本發表於《現代西班牙》（La España Moderna），第七十四卷（一八九五年二月）。

50 同上。請注意，「在……菲律賓作戰」指的是日本與西班牙的戰爭，而不是菲律賓的叛亂。

51 同上，pp. 180-82。

52 以下關於金剛丸事件的記述參考自桑尼爾對於此一事件仔細而審慎的重構。同上，pp. 192-4。

53 田川森太郎是出身於長崎的木匠，他是最早在菲律賓定居的日本人之一，在一八七〇年代初期就已抵達菲律賓。他後來成了一個事業小有成就的生意人。一八九五年七月，波尼費希歐似乎請求他成立一家出口大麻、糖、菸草及其他產品的貿易公司，由此賺得的收入將用於向日本購買村田步槍。卡蒂普南提議指出，田川森太郎如果願意前往日本安排購槍事宜，該組織就會為他支付一切開銷。不過，這項計畫似乎沒有獲致任何結果。同上，pp. 249-50。

54 德拉科斯塔，《黎剎的試煉》，p. 9。

55 同上，pp. 67與68。

56 黎剎受審的時候，有些卡蒂普南成員的證詞被用於對黎剎定罪，瓦倫蘇埃拉即是其中之一。革命爆發之後，瓦倫蘇埃拉隨即藏匿起來，而在布蘭科宣告赦免投降的反抗分子之後，他是最早自首的人士之一。他不但向審問者招供了自己所知的一切，甚至還不只如此，以致許多前同志都遭到牽連。他在許多年後出版的回憶錄，因為內容不可靠並且自我美化而惡名昭彰。

57 古爾雷諾，《第一個菲律賓人》，pp. 381-3。

58 德拉科斯塔，《黎剎的試煉》，p. 68。

59 德爾皮拉爾也是如此。他在六月四日因貧窮與疾病而死於巴塞隆納，享年僅有四十六歲。他雖與黎剎意見不合，菲律賓人卻向來都把他列為革命世代的主要英雄人物。

60 警方的線報指稱那場攻擊行動的目標是身在遊行隊伍前方的宗教與軍事要人，但因為出了差錯而導致炸死了隊伍尾端的人員。森帕烏在《行凶者》，p. 282，提出強烈懷疑這項理論的理由。我們後續將會看到，森帕烏自己後來也嘗試從事刺殺行為，目標是蒙特惠克山首要的警方刑求員，但沒有成功。

61 這個奇特名稱的起源沒有定論。比較可能的解釋是這個名稱是拉丁文「Mons Jovis」（宙斯山或宙斯丘）的變體。這座陡峭高聳的峭壁正適合為萬神之王獻祭。不過，有些加泰隆尼亞人認為這個名稱指的是該處一座老舊的猶太人公墓。最後有八十七名囚犯受到審判：第一位在十二月十五日（我們馬上就會看到，黎剎本身的軍事審判庭召開於二十六日）。其他大多數人都被直接流放到西屬非洲。通常謹慎而細心的埃森韋恩和其他學者都認為這場攻擊行動的真正首腦是逃到了阿根廷的法國人吉羅爾（Jean Girault）。見埃森韋恩，《無政府主義意識形態》，p. 192；以及努涅茲，《無政府主義恐怖行動》，pp. 96-7, 161-4。

62 阿什利的國籍對於政府當局是一大資產，因為他令大眾聯想到了拉瓦紹爾、瓦楊與埃米爾・亨利，並且將此一駭人行為的源頭推到了庇里牛斯山另一側。此外，身為一貧如洗的外國人，他在西班牙也難以獲得任何政治幫助。

63 關於這起事件的清晰記述，見科普茲（Onofre Corpuz），《菲律賓國家的根源》（The Roots of the Filipino Nation；Quezon City: Aklahi Foundation, 1989），第二冊，pp. 217-19。

64 在阿貢西洛的《人民抗暴》（The Revolt of the Masses；Quezon City: University of the Philippines Press, 1956）這部武斷但開創性的著作當中，第九章鮮明而詳細地記述了這場會議。他們的呼喊在民族主義史中被稱為「巴林塔瓦克怒吼」，儘管實際發生地點是在普加德拉溫。此一說法明顯仿自「亞拉怒吼」，也就是古巴人對於塞斯佩德斯在一八六八年十月十日的起義宣言所習於採用的稱呼。不過，這個稱呼也有可能是遠在一八九六年八月之後才出現。無論如何，菲律賓在這一刻仍然「落後古巴二十八年」。但我們後續將會看到，它們在兩年後就大大拉近了彼此的距離。

65 西屬菲律賓的人口資料以缺乏確定性而且充滿牴觸著稱，因為殖民政權從未充分舉行現代化的人口普查，而且其猜測也極少與教會彙整的統計數字相符。對於各種人口資料最完整也最詳細的研究可見於科普茲，《菲律賓國家的根源》，pp. 515-70。他對於菲律賓在革命前夕的人口所計算出來的七百萬這個粗略數字，包含了南方的穆斯林以及呂宋島高地山脈（High Cordillera）的異教人口，西班牙對這兩者的控制力都微乎其微。至於西班牙人，他為一八七六年的人口數提議了（p. 257）一萬五千三百二十七這個數字（包括半島人、克里奧人以及西班牙麥士蒂索人），其中有一千九百六十二人為神職人員（約占百分之十五）。這些人口大多數都住在馬尼拉市內或附近。席克羅夫斯基（《布魯門特里特》，p. 25）在沒有引用任何資料來源的情況下，為個別修道會在十九世紀末的成員人數提出了以下這些頗具可信度的數字：奧斯定會三百四十六人，重整奧斯定會三百二十七人，道明會兩百三十三人，方濟各會一百零七人，耶穌會四十二人，嘉布遣會十六人，本篤會六人；總計一千零七十七人。

66 革命爆發之時，布蘭科手上只有三千人左右的部隊，軍官為西班牙人，步兵則是本土傭兵。四艘船的西班牙徵召兵員在十月抵達，使他的兵力增加至將近八千人。科普茲，《菲律賓國家的根源》，第二冊，p. 233。比較古巴與菲律賓，可知前者的人口只有後者的四分之一左右，面對的帝國軍力卻是後者的將近二十五倍之多。

67 古爾雷諾，《第一個菲律賓人》，p. 409。

68 同上，p. 391。我稍微改動了古爾雷諾的翻譯以修正文法錯誤。

69 湯瑪斯，《古巴》，p. 299。

70 古爾雷諾，《第一個菲律賓人》，p. 411。

71 德拉科斯塔，《黎剎的試煉》，p. 32。

72 同上，p. 30。

73 同上，p. 173。這段話奇特地呼應了列德在一八九二年所寫的諷刺文章。

74 這項資訊由看過原始文件的安伯斯．歐坎波提供。

75 見菲律賓全國歷史協會，《黎剎醫師的〈我的訣別〉之外語及本土語言譯本》（Dr José Rizal's Mi Último adiós in Foreign and Local Translations，Manila: National Historical Institute, 1989-90），共兩冊。

76 我們在下一章將會看到，波尼費希歐只比黎剎多活了不到五個月。目前極少有能夠毫無疑問地歸屬於他的文件，而他的祕密生活也提供了無窮無盡的臆測空間。不過，早在黎剎返鄉之前，至少就有少數幾本《起義者》在馬尼拉暗中流傳。可以確定的是，這位卡蒂普南領袖在一八九二至一八九六年間必定設法閱讀了這部小說。

蒙特惠克山

塔利達的反抗運動

一八九六年六月七日的基督聖體節爆炸案之後，有超過三百人因此被關進蒙特惠克山堡壘。而後來黎剎於十月初的那一夜短暫加入他們的行列之時，其中大多數人仍然都還在那裡。一大例外是非凡的古巴克里奧人塔利達。我們上次見到與黎剎同年的他，是在一八九二年的赫雷斯暴動之時，他陪伴著馬拉泰斯塔進行那場徒勞無功的西班牙巡迴政治演說之旅。塔利達遲至七月二十一日才被捕，地點在他擔任工程所長暨特聘數學教授的巴塞隆納理工學院的階梯上，但在八月二十七日即獲得釋放。他頗為幸運，原因是一名年輕的副典獄長認出他是自己以前的老師，而鼓起勇氣以生病為由溜進巴塞隆納，發電報向國內媒體以及他想得到的所有具有影響力的人物告知塔利達遭到監禁的消息。同樣幸運的是，塔利達的表親蒙特羅伊格侯爵（Marquis of Mont-Roig）是保守派參議員，在得知消息之後即利用自己的影響力與人脈促使他獲得釋放。（塔利達對於這種來自右翼的幫助絲毫不覺尷尬，但可以確定的是這點驅使了他極力協助其他關係沒這麼好的囚友。）他獲釋之後，悄悄翻越庇里牛斯山前往巴黎，帶著他為囚友設法偷渡出來的信件以及其他文件。

塔利達的〈在西班牙獄中度過的一個月〉（Un mois dans les prisons d'Espagne），就在黎剎從巴塞隆納被押回馬尼拉的時候刊登於法國首要的智識雙週刊《純白評論》。這只是塔利達在接下來十五個月為這份刊物所寫的十四篇文章當中的第一篇而已。[1] 這些文章不僅詳細記述了蒙特惠克山堡壘當中令人髮指的暴行，也詳述了古巴獨立戰爭、菲律賓與波多黎各的民族主義運動、加勒比海的囚犯在休達遭到的虐待、美國大張旗鼓的帝國主義陰謀，以及也許頗為出人意料的一篇探討「空中航行」的文章，不但寫於萊特兄弟之前，而且文中滿是數學公式。他這一系列文章的第二篇發表於十二月十五日，在黎剎遭到處決的兩週之前，探討焦點就是「菲律賓問題」（黎剎本身在文中被簡短描述為一名遭到驅逐出境的政治犯）。也許可以說塔利達在這個時期是《純白評論》最頻繁的供稿人。他之所以能夠獲得如此不尋常的篇幅，一開始無疑是因為他對於自己在蒙特惠克山上的親身經歷所提出的證言。他的這項舉動掀起了大西洋兩岸對於卡諾瓦斯政權的抗議行動，而他也以他一貫的媒體天分，將這些抗議人士稱為「西班牙的審問者」。能夠得到塔利達，對於《純白評論》而言實在是極為幸運，因為他不僅是極少數思想開明又會說法語的加泰隆尼亞無政府主義知識分子，而且身為古巴愛國者，他又正適合把蒙特惠克山的暴行與古巴、波多黎各以及菲

無政府主義者在巴塞隆納遭到處決。

律賓的獨立抗爭系統性地連結起來。

這樣的聯合是怎麼出現的？塔利達本身過往的生涯具有決定性的重要性。[2] 我們先前已經提過，他在一八六一年出生於哈瓦那，並且在那裡住到伊莎貝拉女王在一八六八年於動盪之中下台為止。我們不曉得他那位後來在加泰隆尼亞成為富有的靴鞋製造商的父親為什麼會去古巴居住，但由他們一家返國的時間點，可見他們可能是伊莎貝拉政權在最後幾年的高壓期間所迫害的許多對象之一。[3] 然後，年輕的塔利達就被送往法國波城（Pau）的高中就讀，也就是數十年後令布赫迪厄（Pierre Bourdieu）深感痛苦的那所學校。在那裡，後來成為法國總理的同學巴爾都（Jean-Louis Barthou）影響了塔利達成為共和主義者。塔利達返回西班牙之後，又更加偏左，經常出現在勞動階級的會議與社團當中。到了一八八六年（在《不許犯我》出版的前一年），他已成為堅定的無政府主義者，也是充滿魅力的演說家，經常為《無政府報》與《生產者報》這兩份首要的無政府主義刊物供稿。一八八九年七月，他被巴塞隆納的勞工選為代表，出席在巴黎舉行的國際社會主義大會。[4] 在那年十一月的公開演說裡，他為一場彌縫左翼陣營派別之爭的長期運動提出一句獨特的口號：「不帶形容詞的無政府主義。」「在所有號稱能夠保證帶來完全社會解放的革命理論當中，最合乎自然、科學與正義，並且排斥一切政治、社會、經濟與宗教教條的一項理論，就稱為『不帶形容詞的無政府主義』。」此一理想是要終結馬克思主義者與巴枯寧主義者之間的激烈爭執：如同他說的，真正的無政府主義絕不會把一套預先設定的經濟計畫強加在任何人身上，因為這麼做即是違反了基本的選擇原則。不過，他反對的目標也包括整個「行動宣傳」的概念。

塔利達隨即遭到經常被人譴稱為無政府主義教宗的格拉佛在《反抗》當中予以譴責，指稱他代表了「集體主義」這種執迷不悟的西班牙無政府主義傳統，也就是緊抓著受到組織的勞動階級群眾不放。但接下來這位教宗也立刻發表了塔利達強硬的反駁，這點充分顯示他理智地看出自己並非絕不會犯錯。當時二十八歲的塔利達已是數學教授，他以充滿說服力的文筆指出，小群體如果在背後沒有集體組織支持的情況下採用行動宣傳的做法，面對資產階級的集中式權力絕對不可能獲勝。西班牙無政府主義者基於長久以來的經驗，認為協調是必要條件，因為勞動階級的組織性抗爭是反抗國家壓迫唯一有效的武器。因此，直接把勞工中心譴責為必然具有威權性的「階層體系」是完全錯誤的；相反的，那些勞工中心已證明自己對於西班牙革命運動的成長是不可或缺的元素。格拉佛要求廢止勞工協會是一種無知的主張。但另一方面，在西班牙區域勞工聯盟這個失敗案例當中，塔利達也願意承認官僚主義確實在其中變得根深蒂固，以致那個組織徹底失去了任何效用。

塔利達的論點本身有其重要性（而且很快就說服了馬拉泰斯塔、艾利．何可律〔Elie Reclus〕以及其他人），但在當下的情境裡，關鍵要點是這些論點發表於《反抗》當中：我們先前已經提過，巴黎許多首要的小說家、詩人與畫家都是這份刊物的忠實訂戶。因此，塔利達在蒙特惠克山獲釋之後抵達巴黎，已是一名廣為人知的（印刷媒體）人物。而在韋勒於古巴的高壓措施受到廣泛報導的那個時候，身為古巴人更是進一步確保了他能夠得到巴黎人的接納。

應該進一步指出的是，塔利達並不是以一個孤獨受害者的形象出現在巴黎。巴塞隆納的戒嚴政權雖然凶暴，精明的卡諾瓦斯卻懂得這種做法不能延伸到西班牙其他地區；不過，他在九月強迫國會通過當時在西歐對於恐怖行動與顛覆行為的懲罰最為嚴厲的法律。儘管如此，根據梅亞（Ricardo Mella，他是塔利達一名細心的戰友）在一八九七年為巴黎的《新人文》雜誌（L'Humanité nouvelle）所彙整的統計數據，真正的無政府主義運動人士與支持者在西班牙的分布如下：安達魯西亞有一萬兩千四百名無政府主義者（加上兩萬三千一百名支持者）；加泰隆尼亞六千一百人（加上一萬五千名支持者）；瓦倫西亞一千五百人（加上一萬名支持者）；以及新舊卡斯提爾一千五百人（加上兩千名支持者）。總計：兩萬五千八百名無政府主義者以及五萬四千三百名支持者。[5]卡洛斯戰爭揭露的社會分界線在此顯得再清楚也不過：北部與西北部由冰冷的反動與教會勢力支配，南部與東部則是受到風暴席捲，而且暴風眼是總理的故鄉安達魯西亞，而不是巴塞隆納。此外，卡諾瓦斯的敵人（包括他自己黨內的敵人，還有自由主義者、聯邦主義者、共和主義者以及馬克思主義者）也因為原則或投機的理由認為時機已然成熟，而在「文明的首都」以尖銳的方式曝光蒙特惠克山醜聞。被監禁在巴塞隆納的囚犯至少有一人是前政府部長，還有三人是議會代表，也對他們構成了助力。

不僅如此，巴黎對於西班牙帝國臣民而言也成了一個愈來愈重要的政治活動地點。激進的共和主義領袖索利亞在那裡住了很長一段時間，謀劃反抗復辟政權。他的私人秘書費勒爾（Francisco Ferrer Guardia），一位經驗豐富而且我們後續會再談到的左派分子，則是在巴黎著名的康多賽中學（Lycée Condorcet）教導西班牙文。馬拉美也受雇於那所學校，直到他在一八九八年英年早逝為止。馬蒂在一八九五年春季展開古巴的獨立戰爭之後，西班牙對於來自加勒比海的民族主義者以及激進人士而言已然太過危險，於是他們在波多黎各傳奇革命分子貝丹賽斯醫師充滿活力的領導下聚集於法國首都，散播反卡諾瓦斯與韋勒的訊息以及謀劃反對行動。最後，在基督聖體節的搜查行動之後，許多殖民母國的激進分子也都紛紛逃到庇里牛斯山另一側。只有菲律賓人在巴黎缺乏代表人物。黎剎與德爾皮拉爾都已死亡，彭西又已前往香港。畫家胡安・盧納仍是唯一廣為人知的資深民族主義人物。

巴黎的激進化

要理解一八九七年的巴黎為什麼會接受塔利達那場高度成功的運動，就必須往前回溯，檢視兩個不同世代的人物的早期生涯，而他們兩人在開創這種新的智識與政治氛圍當中都扮演了核心角色。

克里蒙梭出生於一八四一年，在拿破崙三世的高壓帝國主義政權之下長大。[6]到了一八六一年，就在黎剎出生之際，他已活躍於主張共和主義的激進左派圈子裡，而在那裡結識了羅什福爾（Henri Rochefort）：他在此之前原是羅什福爾拉賽侯爵（Marquis de Rochefort-Laçay），後來與克里蒙梭成為連襟，而且是一位以喜怒無常著稱的激進記者暨編輯。一八六二年，克里蒙梭因為自己所寫的批判文章而被拿破崙三世關進牢裡，獲釋之後進入聖佩拉幾（Sainte-Pélagie）的「政治犯」監獄旁的一家醫院工作，在那裡結識了布朗基（Louis Auguste Blanqui），並且對他深為著迷。他甚至為這名永久的陰謀家從比利時偷渡了一部印刷機進入法國。在色當戰役之後，他成為蒙馬特區長，也就是在次年春天爆發巴黎公社起義的行政區。克里蒙梭強烈反對後拿破崙三世政府對俾斯麥卑躬屈膝的態度，也奮力抵擋德國對巴黎的圍攻。他在區長任期間成立了一間武器工廠，生產了至少兩萬三千枚奧西尼炸彈對付入侵者。這時候，他與露易絲・米歇爾（Louise Michel）的關係相當親近。這名傑出的女子比他大了十一歲，是一名鄉下貴族與一名女僕的私生女，才十四歲就開始把自己寫的詩寄給雨果。她在一八六〇年代期間身在巴黎，政治思想愈來愈左傾，並且在一八七〇—七一年間因為全心全力照顧傷患與挨餓的群眾而知名。克里蒙梭在區長職務上待到最後一刻，最終在離開法國首都的時候對自己說（這是達拉斯的想像）：「他們即將會殺了我所有的區民，但儘管事情至此，我也不能讓我自己背負惡名。」

克里蒙梭是第三共和國的國會議員當中率先要求大赦巴黎公社社員的其中一人，也試圖把布朗基救出監獄，並且在露易絲・米歇爾於一八八〇年從新喀里多尼亞（New Caledonian）獲釋返回巴黎之後對她提供幫助。人稱紅色處女的米歇爾在一八八三年又因無政府主義的罪名遭到判刑入獄，克里蒙梭隨即帶頭發動媒體施壓，迫使第三共和政府釋放她。克里蒙梭強力支持勞工的組織權以及成立工會的權利，也堅定反對殖民主義與帝國主義，包括法國在中南半島、非洲與大洋洲的殘暴擴張。在法國的著名政治人物暨政論家當中，也沒有人比他更同情古巴獨立運動。他創辦的《正義報》（La Justice）直到一八九七年十月才倒閉，是後巴黎公社時期最強大也最受尊崇的反對媒體。克里蒙梭後來轉移到馮恩（Ernest Vaughan）的《黎明報》（L'Aurore），結果正好趕上德雷福斯事件爆發。

比克里蒙梭小了二十歲的費尼翁，在一八六一年出生於杜林，比出生於卡蘭巴的黎剎晚了十天。他是個聰明的鄉下學童，二十歲的時候搬到巴黎，進入戰爭部工作，然後展開了一段驚人的職業生涯，不但是藝術評論家、文學編輯，也是（到了一八八〇年代中期）活躍的無政府主義者。[7]他在二十三歲那年創辦前衛的《獨立評論》（Revue Indépendante；其最初版本存續了一年），以於斯曼的故事為主要內容，但也刊登了普魯東、布朗基、巴枯寧與克魯泡特金的文章。這本雜誌對法國在中南半島的帝國主義活動以及復仇式的法國民族主義都懷有高度的敵意。費尼翁曾以諷刺的文筆指出，戰爭部長「派遣了新的部隊前往遠東地區消滅和劫掠華人，我們要對華人致上最大的祝福」。[8]

在一八八〇年代後半期，也就是黎剎的《不許犯我》與陸雷彝的《菲律賓民俗》出版之時，費尼翁成了巴黎前衛圈的中心人物——就某方面而言是中心人物，但他偏好隱身幕後。他（在拉福格〔Jules Laforgue〕以及其他人的幫助下）同時編輯了原始的《時尚》雜誌（La Vogue；一八八五—八九）與復刊之後的《獨立評論》（一八八五—八九）：其中《時尚》特別為了對抗法國的偏狹民族主義而刊登濟慈、杜斯妥也夫斯基與惠特曼的作品，還有拉福格最如夢似幻的詩作。韓波留下的雜亂詩作，就是在費尼翁的精心編輯與整理之下，而成為一八八六年轟動不已的《彩畫集》。[9]同一年，獨立沙龍舉

廣受仰慕的法國無政府主義者、學校教師暨救援工作者露易絲·米歇爾

席涅克以費尼翁為主角所繪的前衛畫作。

行第二次展覽，秀拉（Georges Seurat，比費尼翁大兩歲）與席涅克（Paul Signac，比費尼翁小兩歲）的作品首度成為展場的主要焦點。費尼翁不但發明了「後印象派」一詞稱呼這些年輕的叛逆者，並且成了他們堅定而才華洋溢的擁護者。[10] 由於他的政治觀，他把自己對於那場畫展的開創性「高格調」評論寄給了比利時的前衛社會主義期刊《現代藝術》（L'Art Moderne），並且在激進小報《潘納老爹》另外發表了一篇完全以巴黎用語寫成的評論。如果說他做的這一切還不夠，那麼他又從好友於斯曼手上接下《現代藝術》劇院評論的工作，擁護那些受強烈易卜生影響的新生代劇作家。

一八九〇年代初期，也就是《起義者》出版的時候，費尼翁回歸了激進政治，卻也沒有捨棄他其他的工作。一八九一年八月，他認識了一個古怪的人物，自稱佐達薩（Zo d'Axa，原名佩魯斯〔Alphonse Gallaud de La Pérouse〕），在三個月前創辦了極度無政府主義又前衛的《圈外》雜誌（L'Endehors）。[11]這本雜誌只發行了不到兩年。在這本雜誌推出之後六個月，佐達薩就以「道德敗壞」的罪名遭到起訴，因為他的雜誌刊登了尖銳批評法國軍隊、司法體系以及國會的文章；他逃往英國，又因為擔憂妻子對他不忠而返回法國，因此遭到逮捕，有兩週的時間完全不得與外界接觸。後來他獲釋等待開庭，卻從此消失無蹤。[12]不過，他的許多同志都入獄服刑了許多年。費尼翁沒有受到逮捕，但警方在那一年（一八九三）開始登錄他的檔案。他就此接手那本雜誌，直到停刊為止，而在這段期間把一些人物帶進了馬拉美的圈子裡，包括傑出的激進比利時詩人維爾哈倫（Emile Verhaeren），還有米爾博（Octave Mirbeau）與保羅．亞當這兩個同情無政府主義者的法國年輕作家。[13]

他在佐達薩那個團體的聚會上結識了埃米爾．亨利，對他深感著迷。他在寫給席涅克的一封信裡指稱埃米爾．亨利是「所有人當中無政府主義思想最強烈的一個」，因為他的行動

盧斯（Maximilien Luce）的《在牢裡》（In the Cell），描繪費尼翁在一八九四年身在監獄裡的情景。

目標都是終究必須為第三共和負起責任的選民。（費尼翁也向席涅克指出：「無政府主義行動達成的宣傳效果，遠超過何可律或克魯泡特金二十年來發行的小冊子。」）[14]一八九四年四月四日，在亨利被捕之後（而且可以確定必然會立刻遭到處決），費尼翁在參議院對面的時髦餐廳富瓦約（Foyot）的窗台上放置一個炸彈，雖然沒有造成任何死亡，卻有一些人受了重傷。[15]如同我們先前已經提到的，他在不久之後即遭到逮捕。他展現了他典型的鎮靜，在等待死刑起訴開庭的期間，竟然著手翻譯他在監獄圖書館內意外發現的《諾桑覺寺》（Northanger Abbey）。[16]他以三十位煽動者之一的身分接受審判，結果因為他口才便給又引人發噱的答辯遠遠勝過法官，又有許多著名知識分子以及克里蒙梭為他作證，而被宣判無罪。[17]馬拉美在法官面前將費尼翁描述為一個可愛的人；後來被記者問到他對這名藝評家及其共同被告（一個古怪的群體，其中包括了知識分子、罪犯以及

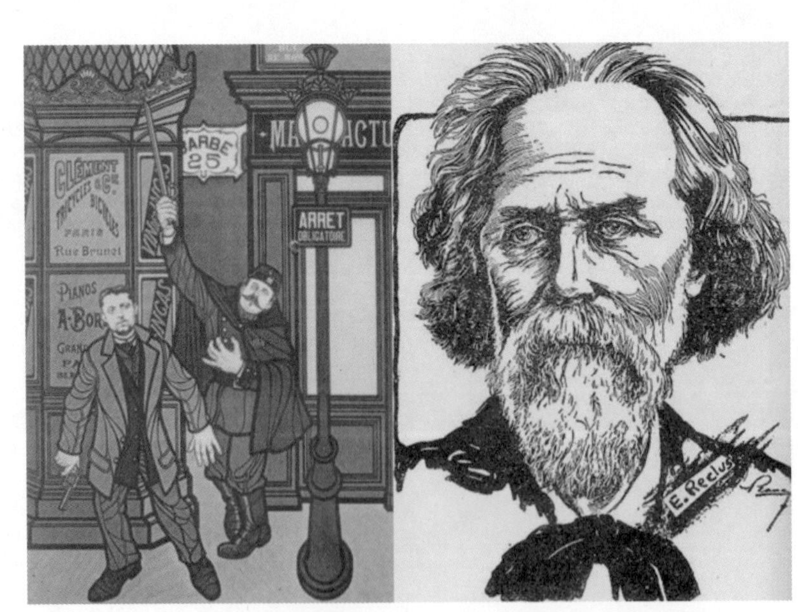

當代描繪埃米爾・亨利被捕情景的圖畫（左圖）；著名的無政府主義理論家埃利塞・何可律（右圖）。

無政府主義者）的整體印象為何，他則是平靜地回答說「他不想針對這些聖人發表任何意見」。[18]不過，梵樂希（Paul Valéry）在一八九五年所說的話比較接近事實，把費尼翁描述為「我見過最聰明的其中一人，他為人無情又親切」。[19]費尼翁獲釋之後，發現難以找到自己喜歡的公開工作，於是到《純白評論》擔任幕後兼職編輯。很快他就成了這本期刊的主要驅動力。[20]

克里蒙梭與費尼翁雖然分屬不同世代，各自擁有強烈而對比鮮明的性格，而且政治觀只有部分相同，卻在一八九〇年代晚期可望成為相互影響的盟友。除了他們都一樣痛恨第三共和在亞洲與非洲犯下的帝國主義暴行之外，另一個直接原因是他們對於政府在拉瓦紹爾、瓦楊與亨利的刺殺行為之後實施的「惡法」感到憤怒。這套法律禁止所有革命宣傳，而且只要是對「革命分子」提供協助，或甚至只是同情的人士，都可能遭受嚴懲。（被警方建了大量檔案的畢沙羅，很早就逃往比利時避難。）[21]不過，另外還有一場廣泛的政治變遷正在進行，可由兩件事情做為象徵，一件是比利時工黨在一八八五年的誕生，另一件是左拉在次年出版了《萌芽》（Germinal）這部小說。

比利時工黨與《萌芽》

在十九世紀的大半期間，比利時的工業化程度都僅次於英國。但在政治方面，這個國家整體上卻頗為落後，選舉權高度受限，國內權力也主要掌握在堅定主張自由貿易的自由派富豪手中。比利時的世紀末元首利奧波德二世（Léopold II）針對這種現象補償自己的方式，就是採取惡名昭彰的軍事干預行動，而在一八八五年成為剛果的絕對私人統治者。不過，卓然不群的王德威爾德（Emile Vandervelde）在同一年創立了比利時工黨，並且極力動員勞動階級，而在十年內大幅擴張了選舉權，該黨的國會席次也超越了一度大權在握的自由黨。王德威爾德認為自己是思想開明的馬克思主義者，尊重比利時勞工的普魯東傳統，也和許多和平行事的無政府主義者保持友好關係。也許更重要的是，他熱愛藝術，在國內的激進前衛人士當中結交了許多好友。於是，他在布魯塞爾開設了一間非常成功的民眾之家（Maison du Peuple），並且雇用維爾哈倫（Emile Verhaeren）主持其藝術部門。維爾哈倫於是將國內的前衛畫家匯集為所謂的「二十人」（Les Vingt）而帶進該黨的圈子裡，其中最著名的成員是無政府主義遠見家恩索爾（James Ensore）。在文學領域裡，維爾哈倫也一樣成功，贏得了許多人的跟隨，包括梅特林克（Maurice Maeterlinck）在內。王德威爾德後來充滿懷念地把梅特林克稱為「一個富有衝勁的革命分子」。[22]藝術雜誌《現代藝術》與文學期刊《紅色評論》（La Revue Rouge）不但培養了當地人才，也堅決秉持國際主義。如同先前提過的，於斯曼與費尼翁就是在維爾哈倫與王德威爾德的支持下獲邀擔任評論家，而法國印象派與後印象派畫家也都熱切提供自己的最新作品到布魯塞爾展出。（這就是黎剎在一八九〇年一月來到這裡寫作《起義者》的那個布魯塞爾，就在《純白評論》在列日誕生的一個月後。）法國與比利時作家互相在彼此的雜誌發表文章，威廉・莫里斯（William Morris）的想法與作品很受喜愛。比利時工黨的領導人與政策對法國造成重大影響。嚴苛而庸俗的蓋德（Jules Guesde）雖然幾乎完全迴避接觸巴黎知識階層，但到了一八九〇年代中期他已開始被饒勒斯（Jean Jaurès）取代，而饒勒斯努力效法比利時模式。[23]

左拉雖然普遍受到巴黎文學激進分子的鄙視，但他的《萌芽》，一部深入調查東北方昂贊（Anzin）煤礦發生的一場激烈又悲劇性的罷工而寫出的作品，卻在政治上大為轟動，而且每譯入一個歐洲語言就隨之造成更進一步的影響。（如同十九世紀常見的情形，「社會」小說造成的政治衝擊可能比基於事實的新聞報導更加深刻也更為持久。）左拉雖然是用帶著敵意的筆調描寫煤礦工人當中的「革命分子」，《萌芽》卻還是將礦工的貧窮、工業造成的疾病、安全措施的欠缺以及礦主的剝削，為讀者描繪出一幅可怕的景象。[24] 克里蒙梭親自走訪了罷工的礦工，目睹的情景讓他深感驚駭。值得注意的是，煤礦場也與亨利在一八九四年從事的一場更致命的攻擊行動有關（可能是透過左拉建立的關聯）。亨利喬裝成一名女子，在卡爾莫採礦公司（Société des Mines Carmaux）的辦公室放置炸彈以懲罰卡爾莫煤礦場的業主——因為礦場勞工發動罷工毀壞了機械，業主的反應是引進武裝警力。社會主義國會議員雖然承諾介入調停，卻經過數個月都毫無成果，勞工挨餓度日。亨利的炸彈被人發現而送往警局，結果在那裡爆炸，造成五名警員和一名男孩喪生。[25]

德雷福斯事件

「惡法」施行後不到三年，政治氛圍變化了，最明顯的證據就是《純白評論》在一八九七年初春出版了一期聲勢浩大的〈探究巴黎公社〉專刊（Enquête sur la Commune），供稿人包括埃利塞·何可律、露易絲·米歇爾與格拉佛，克里蒙梭的激進貴族連襟羅什福爾也寫了一篇文章。塔利達在這期專刊裡非常突出，此外還有馬拉美、拉福格、雅里（Alfred Jarry）、哈雷維（Daniel Halévy）、尼采、已故的戴克爾、保羅・亞當，以及於斯曼的同性戀朋友羅杭等人所寫的文章。許多年後，出生於一八七二年的布魯姆（Léon Blum）寫道：「我所屬的那整個文學世代……都浸淫於無政府主義思想當中。」[26]

在卡諾[*]的年輕刺客被送上斷頭台，以及三十人審判過後才三個月，一八九四年秋季，德雷福斯上尉（Alfred Dreyfus）被用德國間諜的罪名起訴，經軍事法庭草草審判後，被流放到了魔鬼島（Devil's Island）。這起事件並未引起多少注意，只有費尼翁在次年於《純白評論》裡抨擊了這項判決。不過，到了一八九六年，猶太人德雷福斯被反猶太的貴族高階陸軍軍官陷害的證據開始流出，終於掀起一場激烈的輿論風暴，迫使國家在一八九七年十月逮捕真正的罪魁禍首艾斯特黑吉少校（Marie-Charles Esterhazy），並且在次年一月對他開庭審判。他在審判第二天就被明目張膽地判決無罪，促使左拉在克里蒙梭的《黎明報》發表那封著名的〈我控訴〉（J'accuse）公開信。焦頭爛額的法國政權別無出路，只能在一八九八年二月把左拉送上法庭。本來被左翼知識分子批評為「資產階級小說家」的左拉在被判罰款與有期徒刑之後，突然成了左派的英雄人物。[27]這一切引發了右派與左派的一場大規模政治衝突，許多前衛知識分子都因此在人生中首度活躍於政治上，結果其中比較火爆的人物，例如米爾博（Octave Mirbeau），差點遭到反猶太暴民殺害。[28]

另一方面，巴黎的古巴流亡人士在馬蒂起義後愈來愈活躍，而努力遊說像克里蒙梭這樣的首要記者為他們國家的抗爭提供反帝國主義的支持（遊說的成效也越來越好）。[29]

如同先前提過的，塔利達並未在巴黎久留。西班牙的外交施壓導致他被驅逐到比利時去。[30]於是，他從那裡橫渡了多佛海峽。這就是為什麼他後來為《純白評論》所寫的文章都寄自倫敦，那裡在政治上仍是當時全世界最重要的首都，也是逃離政府壓迫的無政府主義者們所喜愛的避難處。在那裡，蒙特惠克山與德雷福斯這兩件交疊的醜聞引發了廣泛的憤慨，於是熱烈歡迎這名年輕的古巴無政府主義者去進行一場漫長的宣傳之旅，由哈迪（Keir Hardie）、麥克唐納（Ramsay MacDonald）等人籌辦。[31]英國這個國家長久以來對西班牙懷有敵意，聽眾很想聽「新宗教裁判所」的種種暴行。塔利達善用自己在海外各國之間的人脈，促成了一個由自由主義者、共濟會員、社會主義者、無政府主義者、反帝國主義者以及反教權人士組成的反西班牙總理的廣泛媒體聯盟。請看看以下這份參與了這項運動的報刊名單（僅是非常局部的名單）：[32]

法國：克里蒙梭的《正義報》，羅什福爾的《果敢報》（L’Intransigeant），《今日報》（Le Jour），《巴黎回聲報》（L’Écho de Paris），格拉佛的《新時代》（Les Temps Nouveaux），《自由意志主義者》（Le Libertaire），《小共和國報》（La Petite République），《潘納老爹》。

英國：《泰晤士報》，《每日紀事報》，《自由》（Freedom）。

西班牙：《國家報》（El País），《大公報》，《自治》（La autonomía），《公正報》（El Imparcial），

* 編按：法國總理薩迪．卡諾。見本書第一五五頁。

以及馬格爾的《新政權》（El Nuevo Régimen）。

德國：《法蘭克福報》，《前進報》（Vorwärts），以及《社會主義者》（Der Sozialist）。

義大利：羅馬的《論壇報》（La Tribuna）以及美西納（Messina）的《未來報》（L'Avvenire）。

葡萄牙：《敬自由》（A Libertade），《道路》（O Caminho）以及《勞動者》（O Trabalhador）。

羅馬尼亞：《社會運動》（Miscarea Sociala）。

阿根廷：《被迫害者》（El Oprimido），《革命報》（La Revolución），以及義大利文的《未來報》。

美國：波士頓的《自由報》（Liberty），紐約的古巴刊物《覺醒》（El Despertar），以及坦帕的古巴刊物《奴隸》（El Esclavo）。

卡諾瓦斯發現自己缺乏有效的外部支持，即便在信奉天主教的歐洲也是如此。奧匈帝國忙著處理自己的激進民族主義以及巴爾幹半島，法國忙著處理德雷福斯事件，義大利則是忙著因應一八九六年三月於阿達瓦（Adawa）大敗於衣索比亞統治者孟尼利克二世手下造成的後果。不過，卡諾瓦斯並未因此洩氣。如同我們見過的，蒙特惠克山堡壘當中幾個比較知名的囚犯被流放國外，其餘大多數囚犯沒有受到軍事法庭審判，就和從哈瓦那送來的部分古巴「麻煩製造者」一起被送到西屬非洲嚴酷的勞改營。一八九七年五月五日，因基督聖體節的「駭人暴行」而被判死刑的阿什利與四名西班牙人被處死，但他們的信件已由少數幾名獲釋的囚犯偷偷帶了出去，信中不但描述他們經歷的酷刑，也宣稱了他們的無辜。三個月後，卡諾瓦斯本身也在聖塔阿圭達的巴斯克溫泉浴場遭遇了血腥的政治死刑。

安地列斯群島的愛國者：貝丹賽斯醫師

貝丹賽斯在一八二七年四月八日出生於波多黎各卡沃羅霍（Cabo Rojo），比托爾斯泰早生了一年半。我們不清楚他怎麼會有非洲血統，尤其是他似乎是個私生子。無論如何，他的父親擁有足夠的財富與現代思想將這個早熟的聰明兒子送到土魯斯大學習醫，在那裡他學會了流利的法語。後來，他又到索邦大學繼續接受醫學教育，而在一八五三年畢業。返回波多黎各之後，他在一八五五年的霍亂流行中打出了名號。思想上承繼狄德羅與拜倫的他，不但捲入一八四八年的革命*（這場革命也廢止了法屬加勒比海的奴隸制度），甚至也可能在法國首都的路障之間作戰過。[33]在他接下來五十年的人生裡，他全心投入行醫（他與黎剎一樣專精眼科），也投入激進共和主義與反殖民政治。他從一開始就是廢奴主義者，因此深受玻利瓦爾的願景吸引，亦即推動一場龐大的洲際解放運動，對抗西班牙老朽而殘暴的殖民主義，以及他所謂的「美國牛頭怪」那種飢渴的帝國主義。[34]他雖是波多黎各的愛國者，卻認為加勒比海群島因為地理位置分散、受到多國殖民，又缺乏軍事重要性，所以如

* 編按：一八四八年在歐洲爆發了一系列武裝革命，通稱為「民族之春」或「人民之春」革命，在法國則是爆發了「二月革命」。

果要生存並且進步，就必須結合成為一個「玻利瓦爾式」的安地列斯聯盟，包含海地、丹麥殖民地聖托馬斯以及其他不受英美控制的區域。[35]他認為實現此一夢想的一項條件，就是他所謂的對於古巴、波多黎各與聖多明哥（Santo Domingo）的徹底去西裔化；因此他完全反對殖民地居民當中的「同化」意識形態，也絲毫不相信西班牙或美國的善意。[36]

一八六〇年代期間，他在加勒比海積極支持一八六三—六五年間恢復多明尼加獨立的武裝抗爭（見第三章），並且在波多黎各境內散播激進宣傳訊息，直到他被迫逃亡為止。在他於一八七二年返回巴黎之前，他經常到處遷移（聖托馬斯、海地、多明尼加共和國、委內瑞拉，甚至紐約），因為他不但被西班牙間諜追逐，被獨立後的腐敗獨裁政權威脅，也被非西班牙的殖民統治當局因為受到馬德里的壓力而把他趕走。[37]他把時間投注於為窮人治病、撰寫強而有力的論辯文章，並且嘗試購買並安全藏匿他找得到的武器，

貝丹賽斯（左圖）；他在巴黎沙托丹街（Rue Chateaudun）的住家（右圖）。

以供起義時機成熟時使用。波多黎各本身的首次武裝起義在相當程度上即是受到他的激發，這場起義在一八六八年九月九日發生於山城拉雷斯（Lares），只比塞斯佩德斯宣告古巴獨立早了四個星期，但僅勉強持續了二十四個小時。[38]貝丹賽斯這段期間做的事沒有太多效果，不只因為他一心追求武裝起義，也因為他的地下組織方式帶有共濟會、布朗基主義以及一八四八年革命的色彩。[39]不過，他在過程中成了一名傳奇人物。

一八七一年底，巴黎公社崩解後八個月，貝丹賽斯回到了巴黎，在那裡度過了他大半的餘生。[40]他的醫學研究最終令他獲得法國榮譽軍團勳章，但他從未停止撰寫論辯文章（我們先前已經見過一個絕佳的例子，也就是他針對馬尼拉的公主所寫的文章），以及在巴黎與西歐其他地區結交政治盟友。在一八七九至一八八七年間，他甚至在法國首都的多明尼加公使館當中擔任了高階職務，負責區域包括倫敦與伯恩。[41]隨著時間過去，他成了巴黎「拉丁社群」的老前輩（其次也是鄰近國家拉丁社群的老前輩）。以貝丹賽斯的觀點與性情而言，這並不是一項容易扮演的角色。在一八九〇年代中期，在巴黎這座「光之城市」中有三百名左右的古巴人與波多黎各人，另外還有幾百名其他拉丁美洲地區的人士。他們幾乎全都非常富有：莊園地主、銀行家、醫生、工業家與紈褲子弟，他們的政治立場如果不是完全保守派，頂多也只是自由派的同化主義者。奧赫達以諷刺的語氣指出：「（「拉丁」社群裡）一個黑人都沒有，工匠的缺席也非常刺眼」。[42]這種情形與坦帕、骨島還有紐約那些貧窮的勞動階級古巴社群完全不同，而馬蒂就是在那些地方獲得了他的支持者。不過，貝丹賽斯還是多多少少凝聚了這個社群，憑藉的力量是他的性格、醫療服務，還有每週的社交聚會（tertulias），在他位在沙托丹街六A的寬敞辦公室裡舉行。引人注意的是，他的辦公室隔壁不遠處即是黎剎的富裕友人凡杜拉的住處（沙托丹街四A），也就是資助《起義者》出版的那一位。[43]

年老的貝丹賽斯以他特有的方式務實處事，對任何可得的盟友都歡迎。也許令他這麼一個根本稱不上是無政府主義者的人感到意外的是，他最活力充沛的盟友竟然都是無政府主義者，或者傾向於無政府主義。馬蒂經常尖銳抨擊無政府主義，因為他認為無政府主義鄙夷尋常意義的政治，並且否定祖國的概念。另一方面，有許多無政府主義者看到民族主義領袖對國家權力的飢渴以及選舉的崇拜，認為獨立根本無助於改善當前勞工的真實生活。[44]在巴黎，貝丹賽斯的政治盟友是前巴黎公社成員以及無政府主義知識分子。埃利塞．何可律（出生於一八三〇年）與露易絲．米歇爾（出生於一八三〇年）都和他屬於同一個世代，還有亨利．鮑爾（Henri Bauer）也是。亨利．鮑爾是大仲馬的私生子，也是巴黎公社成員，還是新喀里多尼亞流放地的囚犯。羅什福爾也在那裡，還有法國無政府主義者馬拉托，他受到貝丹賽斯的說服而前往巴塞隆納，試圖發動一場勞工起義，以削弱韋勒在古巴的鎮壓行動。[45]（當然，馬拉托沒有獲致任何成果。）這些人都沒有到過古巴或者菲律賓，對於這兩個地方的民族主義也沒有投入感情。不過，他們吃過法國政府的許多苦頭，包括在國內和在殖民地（新喀里多尼亞以及魔鬼島）。卡諾瓦斯與韋勒可以被視為伊比利半島的梯也爾與加利埃尼（這兩人分別是擊潰巴黎公社的法國總統，與征服了法屬非洲大部分地區的將軍）。除了自由古巴與自由菲律賓的美夢之外，他們之所以會與貝丹賽斯走在一起，是因為他們都對發生在蒙特惠克山、古巴與菲律賓的野蠻暴行感到憎恨。

在法國以外，貝丹賽斯關係最密切的對象是承繼加里波底傳統的義大利無政府主義者。他們對於總理克里斯皮（Francesco Crispi）採行卡諾瓦斯主義，以及衣索比亞那場令人作嘔的災難深感憤怒。一八四八年的精神也有所影響，因為那一年是「民族之春」。貝丹賽斯本身就是懷有一八四八年精神的人物，因此支持不少這些同志前往古巴以加里波底式的方法為革命而戰，但他卻一再受到馬蒂的革命組織在紐約總部的政策所阻，這個總部由埃斯特拉達・帕爾馬（Tomás Estrada Palma）主持，政策方向是防止「外國人」干涉古巴的抗爭。[46]奇特的是，貝丹賽斯最活躍的一個次團體位於比利時，由年輕的古巴工程師艾雷拉（Pedro Herrera Sotolongo）主持，而他是黎剎的門徒阿勒罕德里諾與伊凡赫利斯塔的同學暨好友。[47]不消說，這個古巴社群既然全無黑人與工匠，也連一個無政府主義者都沒有，貝丹賽斯想要把他們和他的非古巴裔無政府主義友人聯合起來自然就像是西西弗斯推石頭上山一樣艱鉅徒勞，但他卻還是在最低程度上做到了這一點。

在馬蒂於一八九五年發動獨立戰爭之後，屬於貝丹賽斯的時刻終於來臨。這兩人似乎從沒見過面，他們的通信也沒有留下多少內容。不過，雖然貝丹賽斯比馬蒂年長了一倍，人生經歷也完全不同，他們卻互相敬重。[48]馬蒂在紐約的革命總部向來都有波多黎各人擔任高階職務，而且波多黎各人在十年戰爭當中也扮演了一定的角色。於是，貝丹賽斯在一八九六年四月二日獲得正式指派為古巴革命駐巴黎的外交總代表，不只是藉以表彰他的年齡與名望，也是因為他對西歐的理解無人能比，並且在西歐擁有廣泛的政治結盟。

接下來唯一需要補充的，就是貝丹賽斯一直積極關注菲律賓革命，部分原因是這場革命幫助古巴牽制了西班牙部隊，但也是因為這場革命本身的民族主義色彩。早在一八九六年九月二十九日，在波尼費希歐展開起義行動的一個月後，貝丹賽斯就寫信向身在紐約的埃斯特拉達指稱這場起義比西班牙民眾以為的還要嚴重很多，有一萬五千名士兵正在前往鎮壓的路上。[49]在同一個月，貝丹賽斯的雜誌《古巴共和國》刊登了兩篇探討菲律賓的文章，標題分別為〈自由菲律賓萬歲！〉（¡Viva Filipinas Libre!）以及〈菲律賓人要的是什麼？〉（¿Qué quieres Filipinas?），對於起義表達了強烈支持。[50]他從艾雷拉那裡得知菲律賓人迫切需要武器，於是把這項訊息傳遞給紐約的艾斯特拉達，敦促他盡力幫忙。[51]他也把黎剎的訣別詩寄到佛羅里達，而在一八九七年十月七日刊登於《骨島評論》，標題為〈我最後的思緒〉（Mi último pensamiento）。[52]

安焦利洛：從福賈到聖塔阿圭達

安焦利洛出生於一八七一年六月五日，就在巴黎公社的血腥結局之後，地點在義大利南部的福賈鎮（Foggia），位於馬拉泰斯塔的那不勒斯東北方一百一十二公里處。[53]安焦利洛比貝丹賽斯小了四十四歲。他在技術學院就讀時開始產生政治意識，成了一名激進共和主義好戰分子，對君主政體敵意很深。他在一八九二年受到徵召入伍，被人發現他參加了一場紀念一七九九年帕德嫩比亞共和國（Parthenopean Republic）的活動，因此遭到軍中長官的殘暴懲罰。[54]他恢復平民身分後，成了堅定的無政府主義者。在一八九五年的選舉上，他發表一份宣言反對克里斯皮總理的惡法，被以煽動階級仇恨的罪名逮捕。他在短暫獲釋等待審判的期間，寫了一封激烈埋怨檢察官的信件給司法部長，結果因此被判有期徒刑十八個月，加上三年的國內流放。他在這時拜訪了一個曾經和他同學的朋友德安吉歐（Roberto d'Angiò），這個朋友已經是格拉佛的《新時代》的通訊記者（《新時代》是《反抗》在三十人審判後的新名稱）。德安吉歐帶他去見費拉拉（Oreste Ferrara）。費拉拉在當時還是個沒沒無聞的法學生，但不久之後即聲名遠播，因為他加入了古巴革命，成為馬克西莫・戈麥斯將軍信任的助理，最後在馬查多將軍（Gerardo Machado）殘暴的總統任期間（一九二五—三三）擔任古巴的外交部長。[55]安焦利洛聽從費拉拉的建議逃離義大利，在一八九六年初用假名途經馬賽抵達巴塞隆納。巴塞隆納不但有一大群義大利勞工與工匠，也以無政府主義運動活躍而著名。安焦利洛才剛安頓下來做他自由印刷工的工作（並且學習西班牙語），就爆發了基督聖體節的炸彈攻擊案，巴塞隆納實施了戒嚴。他有幾個朋友被關進蒙特惠克山堡壘，包括曾與他在塔利達與森帕烏的雜誌《社會科學》（La Ciencia Social）共事過的歐耶爾（Cayetano Oller）。囚犯在那裡被酷刑虐待的恐怖傳言促使安焦利洛逃離西班牙前往法國。他在馬賽因偽造文件被捕，坐了一個月的牢後，被放逐到

安焦利洛（左圖）；深具影響力的塔利達（右圖）。

比利時，在王德威爾德的比利時工黨一名高階成員所擁有的印刷廠內找到了一份暫時的工作，接著在一八九七年三月搬到倫敦：時間就在黎剎遭到處決的三個月後，也正是塔利達對於卡諾瓦斯政權的反對運動臻於高峰之際。

如同先前提過的，對於在逃的歐陸無政府主義者而言，倫敦是最安全的避難所。到了這個時候，西班牙的無政府主義群體已受到「烏拉雷斯」（Federico Urales）與歐耶爾這類人物所壯大：歐耶爾被酷刑刑求後，因為缺乏證據而獲釋，然後被逐出了他的國家。安焦利洛因為加入一個鮮為人知的組織而得以重拾印刷工的工作。那個組織名為印刷組織（Typographia），是英國印刷工會專為外國人成立的一個特殊分會。他無疑參加了五月三十日在特拉法加廣場（Trafalgar Square）舉行的萬人示威活動，由以英國無政府主義者喬瑟夫．佩里（Joseph Perry）為首的西班牙暴行委員會（Spanish Atrocities Committee）所發起。許多政治名人到現場對群眾發表演說，包括聞名全歐的塔利達，他不是以無政府主義的名義發言，而是以《純白評論》代表的身分，也代表貝丹賽斯在巴黎的古巴革命代表團發言。[56] 馬拉托發表了一場慷慨激昂的演說，詢問有誰願意為黎剎和其他許許多多被卡諾瓦斯政權謀害的人士復仇。不過，最觸動人心的時刻是在蒙特惠克山堡壘遭到酷刑致殘的受害者上台講述自己的故事，並且掀開衣服露出身上的傷口。不久之後，安焦利洛在一名和善的西班牙無政府主義流亡者家中見到了歐耶爾與另一位遭到酷刑而致嚴重傷殘的受害者，名叫賈納（Francisco Gana）。當時在場的德國無政府主義者洛克爾（Rudolf Rocker）對這場會面描述如下：

那天晚上，賈納讓我們看了他殘缺的肢體以及酷刑在他全身上下留下的疤痕，我們才意識到閱讀到有關這類酷刑的報導是一回事，但從受害者本身的口中聽到這樣的遭遇又是全然另一回事……我們全都呆坐在當地，好幾分鐘過後才說得出憤慨的話。只有安焦利洛一句話也沒說。一會兒之後，他突然站起來，短短說了聲再見，就走出門外……這是我最後一次見到他。[57]

這起事件過後不久，安焦利洛不曉得怎麼去了巴黎，懷著復仇的心思，口袋裡藏著一把在倫敦取得的手槍。這時候，他已讀過塔利達匆匆寫成的《西班牙宗教裁判官》（Les Inquisiteurs d'Espagne），這本書以超出當時其他著作的細節，將馬尼拉、蒙特惠克山與哈瓦那連結起來。[58]他據說出席了羅什福爾與貝丹賽斯針對西班牙政府犯下的洲際罪行所發表的講座。他就是在這時候到沙托丹街定期舉行的一場社交聚會求見貝丹賽斯。貝丹賽斯原本懷疑他是警方的間諜，但曾在倫敦與安焦利洛談過話的塔利達與馬拉托平撫了他的疑慮。貝丹賽斯與安焦利洛終於見面之後，究竟發生了什麼事，至今仍然模糊不清。貝丹賽斯後來說，安焦利洛透露說，他打算到西班牙刺殺攝政女王與襁褓中的阿方索十三世。貝丹賽斯回答說這麼做會是個錯誤：殺害一名女子和一個嬰兒將會造成「極糟的宣傳」；此外，西班牙政權的暴行也不是他們兩人的責任。真正的壞蛋是卡諾瓦斯。[59]表面上看來，這段記述有點缺乏可信度。安焦利洛並不無知，他在實施了戒嚴令的巴塞隆納待過，與遭到刑求的前同志談過話，也參加過特拉法加廣場的示威活動。他非常清楚卡諾瓦斯是西班牙帝國的主掌者。貝丹賽斯也許是想讓後世認為，他救了一名女子及其孩子的性命，並且引導安焦利洛把刺殺目標對準西班牙總理有功。[60]將近三十年前，他曾寫信給他的好友多明尼加愛國志士盧伯龍（Gregorio Luperón），指稱貪腐的獨裁者巴埃斯（Buenaventura Báez）必須被逮捕並以叛國罪受審：

> 我不認為扳倒巴埃斯是不可能的事情，因為多明尼加共和國需要激進改革，我同意狄德羅的話，他似乎預見了路易十六之死，他說：「國王所受的懲罰會永久改變國家的精神。」[61]

無論如何，安焦利洛接著經由波爾多前往馬德里，在那裡短暫受到安蒂尼亞克（Antoine Antignac）這名承繼普魯東傳統的年輕無政府主義者照顧。[62]他在西班牙首都得知卡諾瓦斯帶著他新一任的年輕妻子在聖塔阿圭達的溫泉浴場。安焦利洛住進同一家旅館，花了一兩天時間觀察目標對象的活動，然後在八月八日用他從倫敦帶來的手槍射殺了卡諾瓦斯。安焦利洛沒有逃。他在接下來的那一週接受了為期三天的祕密軍事法庭審判。他在答辯裡主要談到蒙特惠克山堡壘，也隱約提及古巴與菲律賓的戰爭。[63]他還指稱卡諾瓦斯「以最令人厭惡的型態體現了宗教凶暴、軍事殘酷、司法無情、權力濫用，以及有產階級的貪婪。我為西班牙、歐洲乃至全世界除掉了他。這就是為什麼我不是刺客，而是劊子手」。[64]法庭接著判決他死刑，然後他在八月二十日遭到絞喉處死。在人生的最後一刻，據說他張口大喊：「萌芽！」[65]巴羅哈對他的想像如下：

> 他體型瘦長，非常高，非常機敏，舉止非常謙和有禮，說起話來帶有外國口音。我得知他所做

的事情之後，不禁大感震驚。誰能相信一個這麼溫柔羞怯的人能夠做出那樣的事情？[66]

卡諾瓦斯的死不只是為西班牙復辟時期的「酋長式民主」敲了喪鐘。他的死也促成韋勒在哈瓦那垮台，正如韋勒自己立刻就意識到的一樣。[67]一個由戰爭部長阿斯卡拉賈率領的臨時政府只維持到十月四日，就換成由老面孔薩加斯塔領導的政府，而他也再次任命莫雷特為僑務部長。他們兩人都曾經公開強烈反對卡諾瓦斯在古巴與巴塞隆納採行的政策（不過，在馬蒂發動起義時在位的薩加斯塔，當時對起義的發言至少也是一樣強硬）。十月三十一日，韋勒交出古巴指揮權，對象不是別人，正是布蘭科：就是曾經試圖挽救黎剎的性命，後來在修道會對卡諾瓦斯內閣與攝政女王的遊說下被迫離開馬尼拉的那一位。[68]布蘭科獲得授權採行寬鬆、妥協與改革的措施，但已經太遲了。頑強的殖民地農民六十年後用摩勒（Guy Mollet）在阿爾及爾將會面對的那種組織性群眾暴力迎接他；革命人士無意簽訂另一個桑洪和約，而且美國帝國主義也開始行動了。八個月後，美國成了古巴的主人。也許確實只有韋勒有足夠的能力與決心，能對麥金利、赫斯特（William Randolph Hearst）與老羅斯福造成強大的競爭壓力。

情勢紊亂

從黎剎遭處決到他的政治行刑者卡諾瓦斯被刺殺，這七個月之間菲律賓有什麼樣的發展？

波拉維哈只在菲律賓待了四個月，但他的短暫當政卻留下了深遠的影響。黎剎死後十二天，以百萬富翁弗蘭西斯哥．羅哈斯（Francisco Roxas）「為首」的十二位菲律賓著名人士也在黎剎被處死的地點遭到槍決。韋勒主義已然降臨馬尼拉。[69]

不過，波拉維哈的主要任務是鎮壓叛軍，而他也確實做到了這一點，唯一的例外是在甲米地這個丘陵省分。在那裡，他的部隊被一套複雜的壕溝與防禦工事阻礙。下令規劃構築這套防禦系統的是黎剎的前門徒伊凡赫利斯塔，他從根特拿了個土木工程學位回來。[70]波拉維哈的攻擊行動造成的政治後果，就是迫使波尼費希歐從他的權威不會被質疑的馬尼拉地區逃往甲米地省，他對這個省分不熟悉，而且當地以氏族派系著稱。[71]在那裡，他得罪了一個有野心的甲米地人派系，領導人為阿奎納多（Emilio Aguinaldo），他是卡維特（Kawit）這座小鎮的二十七歲鎮長。阿奎納多不屬於以黎剎為代表的那種受過高等教育的知識菁英，也不屬於通常無師自學的馬尼拉工匠，例如波尼費希歐。他的西班牙語能力平平，但他是商品性農業的中等地主鄉紳中的一員，他的家族在甲米地區域也擁有廣泛的人脈。他在一八九五年三月以初級身分加入卡蒂普南，但戰鬥開始之後，他就證明了自己是個有能力的士兵。

卡蒂普南革命組織創辦人波尼費希歐。

三月，他們在特赫羅斯鎮（Tejeros）舉行選舉，選出革命運動的總統以及政府成員。波尼費希歐可以名正言順地主張自己創立了卡蒂普南，發起了起義行動，阿奎納多自己也是卡蒂普南的成員。不過，阿奎納多的支持者認為波尼費希歐在馬尼拉的行動是一場災難，而且也已經過去；當前的工作是要運行一場有效的戰爭。而甲米地省已展現了什麼才是當務之急。最後，阿奎納多贏得選舉，挑選的內閣成員也幾乎全是甲米地人。此外，波尼費希歐因為欠缺教育，和他下層階級的出身遭到公開譏諷。波尼費希歐對這樣的詆毀沒有忍氣吞聲，開始召集他自己的支持者。阿奎納多陣營於是逮捕了他，在四月舉行審判，並以背叛他自己發起的這場革命的罪名判處死刑。他與他的一名兄弟在五月十日遭到處決。

我們不清楚波拉維哈知不知道這些發展，就算知道，我們也不曉得他在不在乎。他對於馬德里不願或無力派遣他認為鎮壓叛亂所需的援兵深感惱火，因而在四月辭職（就像他先前在古巴一樣）。到了一八九六年底，他的部隊人數已增加至一萬六千人，在一八九七年一月又獲得一萬三千三百人的增援，因此兵員總數為兩萬九千三百人。之後沒有再增加。[72]叛亂活動如果蔓延到菲律賓群島其他地區，他就不會有足夠的人力完成他的任務。卡諾瓦斯似乎意識到在菲律賓實施韋勒主義的時機已經過去了。高階將領都心知肚明能幹的波拉維哈辭職的原因，因此沒有人願意在政策不變的情況下接任都督。四月，費爾南多．普里莫（Fernando Primo de Rivera）抵達菲律賓接任波拉維哈的職務。在平靜的一八八〇年代初期，也就是黎剎出發前往歐洲的時候，普里莫曾是一名還算受歡迎的都督。以他對這座殖民地的瞭解、他的軍事經驗以及政治彈性，他可望一方面吸引當地菁英，另一方面又繼續進行戰爭，不過現在對戰爭會考慮得比較多。我們也許可以稱之為一種復興的布蘭科主義。實際上，這名新任都督確實收復了甲米地省，但阿奎納多及其將領逃過被捕的命運，並且繞過馬尼拉而在首都以北一座滿布岩石的要塞安頓了下來。後續的軍事行動都無法攻下他們。[73]

五月十七日，在波尼費希歐被處決的一個星期後，普里莫做出一項他認為是重大退讓的舉動，赦免了六百三十六名被布蘭科或波拉維哈監禁的囚犯。他接著又邀請這群人當中的一批代表到他的宮殿與他見面，預期他們會表達感激並且宣示效忠殖民政權。然而，結果卻令他大感意外，而且極不愉快。代表團裡極為顯著的一人不是別人，正是陸雷彝，他在波尼費希歐的起義行動後就隨即遭到逮捕。這位忙碌的民俗學者暨記者對於起義行動深感震驚，監獄也為他帶來了可怕的震撼。彭西在幾個月後寫信向布魯門特里特指出：

> 可憐的陸雷彝，那麼溫和平靜的一個人，卻遭遇了一連串的災難打擊，其中最沉重的就是他的妻子去世。他在道德與物質層面上才剛遭受苦難，又受到神經過敏所影響，以致他會在公共場合中大聲譴責他認為不公正和野蠻的事物，並且將宗教修道會指責為這類巨大不平等的根本肇因。[74]

他病弱的妻子確實在他入獄期間去世，而且波拉維哈也不准他參加她的葬禮或是以任何方式安撫他的許多子女。

無論如何，陸雷彝帶著一份言詞尖銳的筆記參加那場會面，而且事前也已將這些筆記寄給他在西班牙的朋友，內容概述了他認為達成和議所需的開明條件。最重要的是，他要求立刻驅逐修道會，並且詳盡列出了修道會的濫權劣跡。接著，他又堅持要求普里莫說明政府打算怎麼回應這個殖民地的渴望，或者至少是他所屬的同化「黨」（指的是這個字眼在十九世紀時的意義）所企望的目標。都督的反應「彷彿被蛇咬到一樣」。[75]他對陸雷彝的無禮深感氣憤（「他厚顏無恥又熱愛炒作名氣」），於是在三天後下令再度逮捕這名民俗學者，將他關進馬尼拉的比利畢監獄。[76]不久之後，陸雷彝被暗中送到實施戒嚴令的巴塞隆納，那艘船的船長奉命禁止這名年輕人與任何菲律賓人接觸，原因是「他對他們具有極大的影響力」。[77]陸雷彝在一個月後抵達巴塞隆納（當時卡諾瓦斯還未遭到刺殺），關進市立監獄。在市立監獄，經過一些金錢流通打通關節後，有另一名囚犯來和他接觸，那就是資深的加泰隆尼亞無政府主義暨共和主義記者辛格拉（Ignacio Bó y Singla）。這位令人欽佩的人物因為公開主張古巴獨立及抗議派遣西班牙部隊前往韋勒治下的哈瓦那，被判六年有期徒刑。他對滿懷困惑的陸雷彝表示「先進共和黨」支持菲律賓的獨立。[78]不過，這只是開始而已。

一個星期後，陸雷彝移監到蒙特惠克山堡壘，那裡的指揮官以平靜的謊言向他保證只有面臨死刑的人才會被關進那裡的牢房。他不是繼黎剎之後第一個被關進那裡的菲律賓人，遠遠不是。在基督聖體節爆炸案之後勇敢收養巴亞斯的女兒、為兒童開設一所廣受喜愛的世俗學校，並且出版一本著作抨擊在巴塞隆納舉行的軍事審判，因此被捕的無政府主義者「烏拉雷斯」，在他的回憶錄裡寫下了這段動人的記述。他說：

殖民地遊說團成功促使政府認為布蘭科將軍太過寬鬆而將他撤換，換上波拉維哈這名基督徒將軍，也就是謀殺了菲律賓詩人暨醫師黎剎的凶手。波拉維哈抵達菲律賓之後，隨即展開處決以及將人犯遣送至西班牙。一艘滿載叛亂分子的船隻抵達巴塞隆納之後，人犯就被關進和我們相同的監獄裡。這件事情發生在冬天，但那些可憐的菲律賓人犯（仍然）穿著他們的本土服裝，也就是像襯褲般的褲子以及薄如蜘蛛絲的上衣。看見那些可憐的菲律賓人在巴塞隆納監獄的庭院裡繞著圓圈步行，冷得不停發抖，並且踢著地面為腳丫取暖，實在令人感到慚愧又傷心。那些可憐的菲律賓人犯來自一個不知寒冷為何物的國家，而看到其他囚犯從樓上把鞋子、繩編拖鞋、長褲、背心、夾克、帽子與襪子丟進庭院裡讓他們保暖，則是一幅高尚而美麗的景象。[79]

陸雷彝在九月獲得一名新囚友：森帕烏。森帕烏在那個月四日行刺波塔斯中尉（Narciso Portas）未遂。波塔斯是蒙特惠克山堡壘的主要刑求者，人稱「西班牙德里波夫*」。塔利達在歐洲媒體上把他的姓名與新宗教裁判所畫上了等號。（這名中尉被調派至哈瓦那之前，曾在韋勒擔任加泰隆尼亞都督期間被他任命擔任一個特別政治情報小組的組長。）森帕烏基本上是個波希米亞式的文人，是個具有無政府主義傾向的記者暨詩人。[80]烏拉雷斯的回憶錄如果可信，那麼刺殺波塔斯的計畫原本策劃於巴黎；森帕烏被捕之後，法國無政府主義者馬拉托曾到巴塞隆納試圖協助他逃亡，但沒有成功。[81]無論如何，陸雷彝對這名犯案失手的刺客深感著迷。他在老年寫道，這名加泰隆尼亞人

> 教育程度非常好；他熟知菲律賓各種植物的學名，後來還把黎剎的《不許犯我》譯入法文。在他與上百名警方探員的對抗當中，他展現了全然無畏的勇氣。單是他的名字，就足以在歐洲引起恐懼。但在現實中，他卻像是個誠實而善良的孩子——沒錯，他在性情上甚至是一位貨真價實的基督……我以自己的名譽再次重申，那些所謂的無政府主義者、虛無主義者，或是現在一般人所說的布爾什維克黨人，都是真正的救星以及正義與普世友愛精神的無私捍衛者。當前這個走到途窮末路的帝國主義時代的種種偏見一旦消失之後，他們就會理所當然地成為我們崇仰的對象。[82]

也許就是在森帕烏的幫助下，陸雷彝進一步獲得一名和善的警衛為他偷偷帶進書籍與報紙，他後來回憶說那些讀物「徹底打開了我的視野」。他得知無政府主義「主張廢止界線，也就是完全沒有界線的愛，不論是地理上還是階級上的界線……我們所有人都能夠互相交流，而不需要有任何欺騙性的課稅或法規，那些措施只會困住不幸的人士，影響不到真正的罪犯」。[83]

卡諾瓦斯死後，薩加斯塔的在野聯盟上台掌權，塔利達的運動又推行得如火如荼，[84] 蒙特惠克山上那些囚犯的處境因此開始改變。軍方與警方要求森帕烏必須在軍事法庭受審，這麼一來他一定被判死刑，但新政府否決這樣的要求。波塔斯受人厭惡是如此之深，以致文職法官都不願或不敢判

---

* 編按：德里波夫（Dmitri Feodorovich Trepov, 1850-1906）曾任莫斯科警察總長、聖彼得堡總督助理內政部長，以鐵腕鎮壓異議者聞名。

決行刺未遂的森帕烏有罪。一八九八年一月八日，陸雷彝獲得釋放。多虧了馬格爾、勒魯斯（Alejandro Lerroux，巴塞隆納奉行民粹主義的激進共和黨領袖）與烏拉雷斯的推薦信，他很快就在莫雷特的僑務部當中的宣傳部門獲得了一份閒職。陸雷彝關於菲律賓的文章，尤其是他對修道會的抨擊，都發表於勒魯斯那個政黨的喉舌媒體上，由共濟會大教授莫拉伊塔幫他修飾文字。最棒的是，陸雷彝帶著一把左輪槍防身，開開心心地投入當時的激進示威活動。他沒有對任何人開槍，但倒是不免偶爾與人鬥毆而被打得鼻子鮮血長流。[85]

東進吧，年輕人

比黎剎小兩歲但比陸雷彝大一歲的彭西出身自東北方鄰接於馬尼拉的布拉干省（Bulacan；阿奎納多的游擊隊藏身處邊那巴多就在這個省分裡）。他就讀聖托瑪斯宗座大學期間，在德爾皮拉爾的教導下成為一位民族主義運動者，後來到馬德里，在黎剎與烏納穆諾就讀的中央大學習醫，也還是繼續活躍於社會運動。彭西與他的導師是《團結報》在一八八九年二月於巴塞隆納成立，並且於九個月後遷移到西班牙首都的推手。他雖以不同假名撰文，卻發現自己真正的才華在於擔任執行編輯、會計以及檔案保管員。德爾皮拉爾愈來愈把期刊事務交給他主掌。在黎剎與德爾皮拉爾的關係最緊張的時候，彭西仍是深受他們兩人信任的好友，由此即可充分看出他冷靜、真誠而樸實的性格。

在黎剎被捕並且流放到達畢丹之後，《團結報》就開始慢慢走下坡，最後一期出版於一八九五年十月。一項困難是這份報紙在財務上仰賴馬尼拉的富裕支持者捐款，而這些捐款已愈來愈難以取得。不過，主要的問題是，經過六年的密集努力之後，德爾皮拉爾的策略性同化主義對於西班牙政府仍然幾無影響，因此菲律賓殖民地裡也有愈來愈多人覺得這種做法是一條死路。於是，在一八九六年春，彭西與德爾皮拉爾決定搬到香港，因為在那裡能夠安然免於迫害，但又鄰近於祖國。不過，德爾皮拉爾的健康狀況在當時已經很差，結果就像先前提過的，在七月四日他悲慘地死在正實施戒嚴令的巴塞隆納。彭西忠實地照顧他，並且在他死後留下來處理剩下的事務。波尼費希歐的起義行動在次月爆發之後，警方突襲了他的住處以及西班牙菲律賓協會（Hispano-Philippine Association）的會所，取走了許多文件。彭西本身遭到監禁，但只有一夜而已，因為警方並未找到任何真正能夠對他定罪的事物。等到情勢平靜下來之後，他偷偷穿越法國邊境到馬賽，然後在十月十一日出海航向遠東地區。

一八九七年春，三十四歲的他在那裡開始了他接下來四年忙碌的工作：為阿奎納多的革命政府募款，試

彭西（圖左）與孫文醫師（圖右）在彭西位於橫濱的家中會面。

圖採購槍枝與彈藥準備偷渡進菲律賓，並且為國家的獨立從事無止盡的宣傳運動。（一八九八年六月，阿奎納多派遣彭西擔任菲律賓代表前往日本。）彭西在頭兩項工作上沒有達到多少成果。他的《革命相關信件》當中收錄了幾封寫給住在國外的富裕菲律賓人士的信件，懇求他們捐獻大筆資金展現愛國心；還有一些寫給好友的信件，則是抱怨那些人大多數都極為自私又欠缺愛國心。他在找尋武器方面更是缺乏成效。不過，那些信件以引人入勝的細節記述了彭西如何進行他的宣傳運動，以及試圖適應一八九七—一九〇〇年間的眾多事件。分析這些信件內容之前，我們必須先扼要重述那些事件。

敵人是誰？

在陸雷彝仍被監禁於蒙特惠克山之時，菲律賓也持續處於軍事僵局當中。普里莫無法消滅阿奎納多，而這名甲米地人在邊那巴多的藏身處也無法真正有所突破。該是採取政治措施的時候了。阿奎納多的民間友人建議，若是制定一部民主憲法來成立一個合法的革命政府，與殖民政權對抗，他的地位會更加鞏固。這項任務被指派給了菲利克斯・費勒（Félix Ferrer）與阿塔瓊（Isabelo Artacho）。阿貢西洛語帶譏諷地將此一過程描述如下：

> 費勒與阿塔瓊剽竊了古巴在一八九五年制定的希馬瓜尤（Jimaguayú）憲法，當作是他們自己想

出來的……當代學者祖魯埃塔（Clemente José Zulueta）聽到一名友人表達對於邊那巴多憲法的唯一一部抄本可能已經佚失的擔憂，他平靜地對那人說：「別擔心，我們有一部希馬瓜尤憲法。」[86]

唯一屬於菲律賓特有的添加內容，是一個在當時引起意見分歧的條款，規定以泰加洛語為國語。西班牙語能力低落而且對菲律賓以外的世界幾乎一無所知的阿奎納多，在十一月一日傲然宣告實施這部「菲律賓」憲法。第二天，他就宣誓就任總統。

麥金利總統遭刺之後由老羅斯福接掌大權。他對美國外交政策提出的基本原理「溫言在口，大棒在手」廣受當代漫畫的諷刺。

不過，在做出這個高調姿態之前，與普里莫的協商就已經展開。在卡諾瓦斯遭刺、韋勒下台，薩加斯塔又再度掌權之後，普里莫似乎頂多只希望能達成一種東方版本的桑洪和約。到了年底，他們已同意反抗分子將放下武器獲得全面赦免；阿奎納多與他的官員將收下四十萬比塞塔，前往香港，並且在完成繳械後再獲得另外四十萬。政府必須再撥出九十萬比塞塔補償在過去十五個月以來被戰鬥波及的無辜菲律賓受害者。普里莫明白菲律賓人對西班牙人的狡詐懷有強烈的懷疑，因此把兩名將領送到邊那巴多當做人質，並且由他二十七歲的姪兒米格爾·普里莫上校（Miguel Primo de Rivera；後來在一九二〇年代期間成為西班牙獨裁者，聰明程度遠低於他的伯父）護送阿奎納多橫越中國海。不意外，雙方都沒有完全履行承諾——許多反抗分子把武器埋藏起來，沒有交出去，阿奎納多也沒有收到第二筆款項。[87]

另一方面，華府已展開行動，尤其是老羅斯福本身。他早在一八九七年十一月就寫道，美國如果為了古巴與西班牙開戰，就應該把駐紮在日本的美國亞洲艦隊派到馬尼拉灣去；同時，他也安排想法相同的海軍准將杜威（George Dewey）接任該艦隊的指揮官。一八九八年二月底，老羅斯福下令杜威把作戰基地移到香港。美國派遣緬因號戰艦前往哈瓦那威嚇西班牙，結果這艘戰艦在哈瓦那港內離奇爆炸，雙方終於在四月二十五日宣戰，杜威也在收到正式電報後一個小時內啟航前往菲律賓。五月一日，他摧毀了馬尼拉沿岸老舊的西班牙艦隊。（到了這個時候，仍然沒有對古巴本身發動攻擊！）在杜威的邀請下，阿奎納多與他的手下在十九日也跟著從香港出發前往菲律賓。不過，華府真正的目標很快就浮現了。阿奎納多被擋在馬尼拉門外，杜威的部下開始以友好的姿態對待戰敗的西班牙人，與菲律賓人的關係則不斷惡化。六月十二日，阿奎納多被迫在他位於卡維特的宏偉住宅的陽台上宣讀菲律賓獨立宣言，而不是在首都。不久之後，他任命馬比尼（Apolinario Mabini）為他的首席政治顧問。

馬比尼是個非凡人物。[88]他比黎剎晚了三年出生，父母是八打雁省（Batangas）的貧窮農民，而且他在短暫的一生中也從不曾真正擁有過財產。他是聖托瑪斯宗座大學一名傑出的法學生，也是黎剎夭折的菲律賓聯盟的成員。他的西班牙語雖然相當流利，卻沒有財力到海外留學，而且可能也無意這麼做。他唯一一次離開他的國家，是被美國人遣送到關島的一所政治監獄。他在一八九六年遭遇腰部以下癱瘓的不幸命運，可能是風溼熱造成的結果，也有可能是小兒麻痺，疾病讓他躲過波拉維哈的怒火。一八九八年上半年，在阿奎納多移居香港之時，馬比尼寫了慷慨激昂的革命宣言為革命運動辯護，因此成為知名人物。後來阿奎納多召喚他到甲米地省，有好幾百人輪流幫忙把他的物品從洛斯巴尼奧斯（Los Baños）的浴場搬到那位革命領袖的總部。阿奎納多政府的政令幾乎全都是由馬比尼設計和撰寫，在他為阿奎納多擔任總理的那關鍵的一年裡，實際上也主導了那些政令的執行。馬比尼不但意志堅定，也是全心全意的愛國者，並且是後黎剎時期極少數體認到人民運動對於革命的存續具有絕對必要性的高階領袖。此外，他很早就預言革命將會遭到大多數的知識分子與富人的背叛。

不過，馬比尼崛起的時候，正是大批美國部隊登陸古巴之際。六週之後，西班牙與美國在那裡的衝突結束，華府實際有效掌控了那座島嶼。接下來必然是輪到菲律賓。美國與西班牙在年底簽訂巴黎條約，馬德里把菲律賓這個殖民地以兩千萬美元「賣」給華府。（德國以低了許多的價錢買下加羅林群島與馬里亞納群島的大部分地區。）在此同時，菲律賓國民議會召開於阿奎納多的臨時首都馬洛洛斯（Malolos；位於布拉干省），制定了一部新憲法，成立菲律賓共和國，並且任命馬比尼為總理。他們全力號召呂宋島以外的其他各島嶼支持，獲致了不錯的成效，唯一的例外是南端的穆斯林。

美菲戰爭在一八九九年二月爆發。菲律賓士兵勇猛作戰，但由於武裝簡陋，在傳統戰事中根本不敵這個新敵人。接下來的發展更糟。馬比尼在五月遭到一群熱切想要與美國合作的狡詐知識分子驅逐下台。參謀長安東尼奧・盧納是唯一一個對如何以游擊戰對抗這個新殖民者有清晰策略眼光的菲律賓將領，卻在六月遭到阿奎納多及其黨羽刺殺，原因是他們擔心大權將會落入這名伊洛卡諾人的手裡。戰爭在一九〇一年三月正式結束，阿奎納多在呂宋山脈（Luzon Cordillera）被抓，立刻宣誓效忠華府。不過，其他將領繼續抗戰了一年，民間的武裝抵抗更是直到一九〇〇年代結尾才完全被撲滅。這一切都已經有充分詳盡的研究，不需要在此多談。為了此處的討論，只有兩件事情需要強調。

第一，在黎剎遭到處決的兩週年前夕，阿奎納多發布聲明，宣告此後全民都必須在他每年的殉難紀念日哀悼這位民族英雄。最早為黎剎設置的紀念碑：兩根小小的共濟會立柱，上頭刻著黎剎的小說書名，至今仍然矗立在達特（Dáet）這座屢受颶風侵襲的小鎮裡，位於呂宋島東南端的比科爾半島（Bicol）。第二，美國雖然猛烈譴責韋勒在古巴的「集中人口」做法，結果卻在菲律賓採取了同樣的政策，而且還尤有過之。大量的菲律賓人在這些集中區因為營養不良與疾病而喪生，也有許多人死於一場殘暴無情的反叛亂戰爭，其中囚犯遭到酷刑虐待的情形極為普遍。[89]

一名紳士的全球化

瞭解了這樣的背景，即可回頭檢視彭西以菲律賓政權最重要的海外使者身分撰寫的信件，而從中得到豐富的收穫。在我們這麼做之前，必須先強調一點：在他死後許久才出版的《革命相關信件》只收錄了彭西自己寫的信。原始信件以及他的通信對象所寫的信都早已佚失，我們完全無法確知這本書裡收錄的信件內容有沒有受到刪改，或是有多少信件被排除在外。（這本書的編者卡勞是一名傳統主流的後革命民族主義者暨政治人物，可能並不希望把革命運動的醜陋面公開在大眾面前。這部付印的書信集頗為引人注意的一點，就是其中沒有彭西寫給親人的信件，沒有任何批評阿奎納多的信件，也沒有提到缺乏原則的「領導人物」的陰謀以及財務操弄——主要在香港，但其他地方也有——儘管這些現象可由其他文獻清楚得知。）

書中收錄的信件共有兩百四十三封，起自一八九七年五月，終於一九〇〇年三月。兩份表格（見次頁）可為彭西的通信性質提供一項統計概觀。必須注意的是，其中有些信件為防西班牙、英國與美國的間諜監看而使用了假名（彭西自己也是如此）。這些假名背後的真實人物還沒有全部被確定地辨識出來。

有五個人是他最常通信的對象，占了書中將近百分之五十的信件：寫給阿帕西布雷（Galicano Apacible；他在彭西前往日本之後取代了彭西在香港的工作）的信件有四十三封；布魯門特里特三十九封；德迪歐斯（Vergel de Dios；彭西在巴黎的古巴人口當中的主要聯絡人）十五封；「伊佛泰

表一　通信對象的國籍（就已知部分而言）：

菲律賓人	28	荷蘭人	1
日本人	17	葡萄牙人	1
西班牙人	5	英國人	1
古巴人	4	美國人	1
未知	3	加拿大人	1
奧匈帝國人	2	中國人	1

表二　通信對象的住址依國家或州分類：

日本	18	（至少有一半在東京）	奧匈帝國	2	（德勒斯登與利托梅日采）
西班牙	9	（平均分布於巴塞隆納與馬德里）	澳門	12	
菲律賓	6	（各地）	新加坡	1	
未知	6		荷蘭	1	
香港	5		墨西哥	1	
法國	5	（全都在巴黎）	加拿大	1	（蒙特婁）
美國	5	（紐奧良，紐約，以及「賓州」）	德國	1	（柏林）
			中國	1	（上海）

爾」（有可能是德潘〔Rafael de Pan〕，住址不明）十二封；阿貢西洛（阿奎納多在美國屢遭挫敗的代表）十一封。

他寫信使用的語言也揭露了不少資訊。一般而言，彭西會使用西班牙文寫信給西班牙人、古巴人、波多黎各人與菲律賓人，此外還有三個值得注意的人物。他寫給布魯門特里特的長篇信件都是用西班牙文，他與自己的日文翻譯「藤田」（Foujita）以及與日本外交官三浦荒次郎的通信也是西班牙文。他和三浦荒次郎的通信分別寫於他前往馬尼拉執行偵察任務以及後來身在墨西哥的期間。另一方面，彭西使用自己在香港辛苦學會的英文寫信給除了這兩人以外的其他日本通信對象，一名英國人、一名荷蘭人、一名美國人、一名加拿大人、一名德國人與一名奧匈帝國人。最引人注意的是，唯一完全以泰加洛語撰寫的信件是他寄給阿奎納多的兩封信（儘管有些西班牙文信件裡也夾雜了少數幾句泰加洛語）。他顯然很清楚這位革命領袖使用帝國語言的能力非常有限。

以上這兩份表格的比較還明白揭露了其他事情。第一是菲律賓與古巴的僑民分布有多麼廣：彭西通信對象的菲律賓人散居於紐奧良、巴黎、香港、巴塞隆納、上海、馬德里、橫濱與澳門；他通信對象的古巴人則是在紐約與巴黎，而沒有人住在哈瓦那或是西班牙境內。另外還有一件特別引人注意的事情。彭西以西班牙文書寫的時候，通常會使用十九世紀西班牙最有禮貌的稱謂詞。但對貝丹賽斯與巴黎的何塞・伊斯基耶多（José Izquierdo）這兩名他覺得關係最親近的安地列斯人，他則是在信中稱呼對方為「mi distinguidísimo correligionario」（我最傑出的教友）以及「mi querido correligionario」（我親愛的教友），而且就只有對他們兩人會這麼寫。其中那帶有逗趣意味的「教友」

一詞無疑是意為「（非菲律賓的）民族主義同志」。

我們如果後退一步，綜觀《革命相關信件》的周遭環境，就可以從欠缺信件的地方看出它們「全球化」程度的限制。彭西在新大陸的首都裡沒有聯絡人，包括哈瓦那與華府。在歐洲，最醒目的欠缺地點是倫敦，接著是維也納、羅馬、布魯塞爾、里斯本與貝爾格勒。在亞洲，他最重要的中國聯絡人是在日本，而不是在中國本土，而印度與鄰近的東南亞也幾乎完全沒有出現在他的通信裡，儘管彭西提到了一個名叫馬蒂亞斯．鞏薩勒斯（Matias González）的人物在爪哇為革命運動奮鬥。就政治上而言，明白可見他與左翼人士幾無交流。他從來沒有提及克里蒙梭、德雷福斯、塔利達、王德威爾德、哈迪、馬拉泰斯塔，以及加泰隆尼亞與安達魯西亞的無政府主義者，而且這些人似乎也都不在他的關注範圍內。他的通信對象絕大多數都是西方的自由主義學者以及報業人員，還有古巴與中國僑民當中的民族主義者。只有在日本人方面，他的通信對象才顯得比較多樣化。

布魯門特里特

一八九六年十二月十六日，布魯門特里特寫了一封信給巴黎的帕爾多。信件內容一反常態，顯得愚鈍又情緒激動：

> 我很高興你喜歡我發表於《西班牙政治》的那篇文章，譴責目前在菲律賓發動叛亂的那些人士。

我在西班牙文中找不到適切的詞語能夠充分表達這場災難性的叛亂在我內心引起的憤慨。其煽動者不僅應當受到法律懲罰，也應該受到菲律賓人的痛恨與鄙夷，因為這些人的反叛導致這個國家陷入了流血、不幸與毀敗當中。整個歐洲都同情西班牙的立場，欽佩西班牙在西方與東方捍衛其光榮旗幟的英勇行為。我相信在你收到這封信的時候，這場瘋狂的叛亂將已經被擊潰。[90]

布魯門特里特無疑對他的心腹之交黎剎在聖地牙哥堡可能遭遇的下場深感焦慮。他也有可能向西班牙的友人與同事寄了其他類似的信件，盼望能夠獲得他們的協助而救黎剎一命。但在一八九七年一月間，他收到了黎剎所寫的訣別信，指稱他在信寄達之時將已不在人世。這場處決遠比其他事物更有效改變了這名奧地利學者的想法。從此以後，他就成了菲律賓革命一位聰穎而孜孜不倦的支持者。

彭西與布魯門特里特雖然從來不曾見過面，卻互相通信了許多年，因為布魯門特里特經常為《團結報》供稿，也總是會把他關於菲律賓的最新學術文章寄給該報的編輯。現在，他們兩人的關係已發展得極為親近。對於布魯門特里特而言，在菲律賓本身遭到戒嚴令箝制，歐洲媒體整體上又無知且冷漠的情況下，身在香港的彭西大致上來說對於革命的起起落落乃是個消息靈通又可靠的資訊來源。布魯門特里特的回報似乎是針對世界政治情勢向彭西提供良好的建議，尤其是警告他不要對美國的意圖與野心懷有任何天真的想像。[91] 布魯門特里特不但利用彭西提供的消息持續為媒體撰稿，也察覺到彭西對國際學術界並不熟悉，而透過自己的學術人脈（在賓州、柏林、德勒斯登與荷蘭）幫助他直接接觸同情菲律賓而且又活躍的教授。[92]

安地列斯人

彭西的《革命相關信件》收錄了十一封寫給安地列斯僑民的信件，標注日期介於一八九七年五月至一八九八年十一月之間，大多數都在美國於一八九八年八月征服安地列斯群島之前寄出。因此，在他寫下這些信件的時候，古巴被視為菲律賓民族主義者的模範，西班牙是敵人，美國則是個可能懷有善意的盟友。這些信件大部分都是寫給古巴人何塞・伊斯基耶多，他顯然是彭西的好友：彭西提及他們在馬德里同為雅典耀俱樂部（Ateneo club）會員時的相處時光。伊斯基耶多是一名年輕的律師，也是貝丹賽斯在巴黎的民族主義者圈子外緣的同化派自由主義者。[93] 第一封信在一八九七年五月十一日寄出，其中顯示了在後續信件中重複的模式：彭西向他的朋友報告菲律賓革命的最新進展，請對方為他提供古巴人的出版品，尤其是馬蒂的宣言以及馬克西莫・戈麥斯寫（游擊）戰爭法則的文章。他接著請求伊斯基耶多幫他與紐約的古巴代表團搭上線，以便獲取對方的建議，瞭解是否能從那裡組織一支派往菲律賓的武裝遠征軍。以下這句話充分顯示了彭西當時對美國的看法：「我們還沒採取任何步驟尋求美國的保護」。他接著指出：

> 我們沒有忘記你們是我們的大哥，而且我們在這些巨大事務當中仍然生澀又缺乏經驗。這正是為什麼我們需要只有從你們那裡才能獲得的援助、忠告與指示。古巴與菲律賓共同走過了悲慘而可恥的奴役道路，我們也應該一同粉碎我們的鎖鏈。[94]

伊斯基耶多對於美國的前景所提出的說法必然令人洩氣，因為在九月八日的第二封信裡，彭西提問指出，既然如此，那麼墨西哥是不是有可能願意准許「遠征軍」由其太平洋港口出發。[95] 雖然至今沒有證據顯示彭西與伊斯基耶多的通信是以下這件事情的肇因，但引人注意的是，在一八九八年六月間，就在美國攻打古巴之前不久，古巴綜合資訊局寄出一封信到紐約新街（New Street）八十一號第四十五室給馬比尼——寄信者曉得他剛掌權——提議向菲律賓販售「最新」(de nueva invención)的武器，並且附上使用手冊。雖是殺人工具，但這項提議的細節也有其值得注意之處：輕型迫擊砲連同載具，一百二十五美元；一箱十枚裝的炸彈與火藥，四十美元，並有百分之十至二十的折扣。「箱子裡另外還有供炸彈使用的十二個彈殼與十二條引信。蓋子上有扣環與鉸鏈，因此能夠扛在肩上輕易搬運。」[96] 彭西後續的信件主要是為阿貢西洛向紐約的古巴代表團（蓋薩達〔Gonzalo de Quezada〕）以及身在巴黎的伊斯基耶多尋求幫助。阿貢西洛奉阿奎納多的命令到美國遊說媒體與國會議員，接著又前往巴黎，希望在簽訂巴黎條約*前的協商中發聲。不過，這兩項任務都沒有獲得豐碩的成果。奇怪的是，最動人的一封信源自一件政治上毫不重要的事。一八九八年九月十三日，彭西在橫濱寫了一封信給身在香港的阿帕西布雷，標示的收信對象為「Kanoy」。（今天，「kanoy」

* 編按：一八九八年十二月十日美國與西班牙在巴黎簽訂合約，西班牙完全放棄古巴，並將菲律賓以兩千萬美元的代價賣給美國。

是泰加洛語當中稱呼「美國人」的貶義詞，由「amerikano」一詞衍生而來；不過此處的這個字眼只是阿帕西布雷的名字「Galicano」的菲律賓化拼寫方式而已。）他向阿帕西布雷表示自己收到了貝丹賽斯的一封信（貝丹賽斯在幾天後去世），向他提出兩項請求。第一項是打聽一個名叫羅維拉（Manuel Rovira y Muñoz）的年輕波多黎各律師：他在內湖省（Laguna）擔任土地持有登記官，但長時間音訊全無，令他身在波多黎各的父母擔憂。[97] 貝丹賽斯的第二項請求比較複雜，同時也充分顯示了「全球化」在十九世紀末的運作方式。他對彭西說，他從一名古巴囚犯那裡聽聞了包含那人在內的五名古巴人與七名菲律賓人被關押在瓦雅多利德的悲慘處境，而深感擔憂。貝丹賽斯說他自己能夠幫助那些古巴人，但他在倫敦與巴黎都找不到菲律賓人的代表，因此請彭西盡力幫忙。貝丹賽斯的信裡含有一份那名「古巴」囚犯的信件抄本，而這本身即是一件絕佳的文獻。這封信以西班牙文寫成，但採用了一種奇特的拼字法：「Valladolid」（瓦雅多利德）拼寫為「Balladolid」，「Capablanca」（卡帕布蘭卡）寫為「Kapablanca」，「aquí」（這裡）寫為「akí」，「cómo」（如何）寫為「komo」。泰加洛語沒有「v」的音，標準西班牙文字母也沒有「k」。說西班牙語的古巴人不可能使用這種拼字法，就算是識字能力低落的人也不可能。不過，這種拼寫方式倒是頗為接近黎剎在《起義者》出版之時致力推廣的拼字法（如同先前所提）。[98] 實際上寫了那封信給貝丹賽斯的人必定是菲律賓人，也許是根據一名不識字的古巴人口述的內容聽寫而成。這項軼事證據在相當程度上證實了舒瑪克的說法，亦即菲律賓在一九〇〇年的識字率與西班牙一樣高，在那之前更是遠高於古巴。

日本人

日本一開始為彭西帶來了極大的衝擊，儘管這衝擊隨著時間漸漸沖淡，最後他還娶了日本妻子過著美滿的生活。一八九八年七月八日，他寫信向布魯門特里特指出：

> 你說得對。（身在這裡）打破了我們在歐洲獲得的所有認知，因為這裡的一切揭露了一個未知的世界，（相較於）自己親眼目睹之前所能想像的一切，是全然地奇異和陌生。[99]

彭西不懂日語（他對自己的日本通信對象幾乎全都用英文寫信），也完全沒有經歷過明治晚期的菁英階層當中那種錯綜複雜的衝突與機詐，因此他一開始乃是投機分子眼中的肥羊。他過了一段時間才理解到在野陣營（不論由哪些成員組成）都習於指責執政聯盟對「白人」強權「軟弱」，而且不願幫助遭到剝削的「亞洲兄弟」，直到政治風水輪流轉，在野陣營上台掌權為止。彭西培養了各種人脈，包括高階政府官員（他們的同情態度經常極為謹慎小心）、在野政治人物（他們比較沒有那麼謹慎）、媒體人士、大學教授，以及行事方式可議的冒險分子，包括軍方與平民人士，但成果都頗為有限，儘管他確實說服了不少刊物刊登阿奎納多政權的關鍵文件。（日本小心謹慎的原因已敘述於第四章。）

接著，在一八九九年四月五日，就在美菲戰爭臻於高峰之際，彭西寫信到香港給阿帕西布雷，指稱他已找到自己需要的長期發聲管道。他稱為《Keikora Nippo》的刊物以「菲律賓問題」為專題刊登了他一系列的文章。奇蹟不只在於他與那份刊物簽訂的合約本身，更在於那本刊物當中有一個他稱為「藤田曾根高（Foujita Sonetaka）」的員工，西班牙語竟然頗為流利。[100]彭西在二十五日再度寫信給阿帕西布雷，提到自己很高興能夠受到他所稱的「東方青年協會」邀請發表演講。他說那個協會由「印第安人、朝鮮人、中國人與日本人」組成，事後他也獲邀成為榮譽會員。[101]不久之後，彭西想出了一個明智的點子，把他那一系列的文章集結成書，修正錯誤，刪除重複的內容等等。「藤田」受到託付翻譯以及出版這本書，回報則是由他取得日文版的版權。可能那些文章或是即將出版這本書的消息給「藤田」惹上了麻煩，因為彭西在十一月三日寫信向他表示，對於他「因為我們的運動」遭受日本警方騷擾深感過意不去。[102]彭西在一個星期前寫了一封語氣冰冷的信件給布恩卡密諾（Felipe Buencamino），布恩卡密諾是陰謀陷害馬比尼的集團的領袖，這時成了阿奎納多的左右手。彭西在信中很不客氣地指出，由於時間限制，因此他無法將自己的手稿提交「我們的政府審查」。[103]這本書直到一九〇一年才面世，遠在《革命相關信件》結束之後。[104]（但這本書造成了一些後果，將在本章後續加以探討。）

彭西要求譯者納入黎剎最後一首詩的原始西班牙文版本（此處的標題為〈我最後的思緒〉），當時他也許認為自己是首度向日本民眾介紹這位為國殉身的小說家。如果他這樣想，那麼他就錯了。一八八八年初，在黎剎從馬尼拉前往倫敦的途中，他在日本待了六個星期（二月二十八日－四月十三日）。他對這個國家深感著迷，不但立刻開始學習日文，也學習日本繪畫與書法。[105]他在前往舊金山的郵輪上結識了末廣鐵腸這個不懂外語而在船上落單的日本人。他們兩人共同橫越美國，再經由利物浦前往倫敦，然後才各奔西東。

末廣鐵腸是個引人注目的人物。比黎剎大了十二歲的他出生於四國西南岸的傳奇海盜城鎮宇和島，出身低層武士階級。一八七五年，二十六歲的他進入自由主義的大都會報紙東京曙新聞社工作，後來一路當上總編輯。他因為抨擊政府壓迫民主運動與言論自由而入獄。因健康情形不佳，他住進醫院，卻在病床上寫出了政治小說《雪中梅》，深受年輕人的喜愛。這本小說賺進的版稅讓他得以在一八八八年前往美國與歐洲進行「政治學習」之旅。黎剎的為人、在語言學方面的非凡知識以及高遠的政治理想，都令他深感欽佩。在他的遊記裡（書名相當有趣，《啞之旅行》），這位菲律賓小說家占有中心地位，而且這部遊記深受歡迎，在一八八九至一八九四年間印行了六版。此外，在《起義者》出版的那一年，末廣鐵腸也出版了兩本小說：《南洋之大波瀾》與《風暴後》（あらしのなこり）。[106] 三年後，他把這兩本小說合併為一本，書名取為《大海原》。[107]

末廣鐵腸

這部小說的年輕主角是一位菲律賓人，名叫高山，住在馬尼拉附近的山田村裡，他有一位未婚妻名叫興代，父親是高山慈愛的資助人瀧川。不過，一位社會地位較占優勢的監獄官員丈自也愛上了興代，他認為興代與高山訂婚是瀧川主導的結果，於是教唆津山這個在他牢裡惡名昭彰的罪犯殺害瀧川，把血腥的犯案現場布置成一般的竊盜案。這就是為什麼瀧川擁有的兩把精美神秘的劍有一把在謀殺案中遭竊。主角對於此一事件的回應是在殖民地首都發起一場起義行動，但沒有成功，而他也因此入獄。所幸，一場強烈地震震垮了監獄，使他得以逃脫。他與興代在殖民地警方的追捕下計畫逃往海外。他們在沿海一座滿是鱷魚的沼澤裡找到了一艘小划艇。警方在這時追上他們，但卻紛紛遭到鱷魚咬死，只有一人活了下來。在狂風暴雨的海上，高山與興代搭乘的小船翻覆，兩人失散。高山被一艘英國船隻救起，在一名善心商人的照顧下抵達倫敦，他以為興代已死在海中。不過實際上她被菲律賓同胞救起，悄悄搭乘一艘船前往香港，避居在一座修道院裡。

在倫敦，高山因為寫了一本批判性的馬尼拉學術史著作而成名。另一方面，丈自則是發現了興代的藏身處，而安排她先前的僕人久藏（他是丈自手下的間諜）帶著一封假造為高山所寫的信件去找她，信中指稱高山被關在馬德里的監獄裡，已經陷入了絕境。主僕兩人於是出發前往帝國首都，結果丈自就在那裡等著他們，隨即把興代關進一棟與外界隔絕的郊區住宅裡。她偶然看見一篇報紙文章，介紹了《馬尼拉殖民政府史》的作者，而隨即意識到高山仍然活著，並且身在倫敦。她寫了一封信，由久藏帶給她的愛人，但久藏卻謊稱興代在巴約訥重病不起。高山注意到巴約訥鄰近於西班牙邊界，不禁有些猶豫，但終究還是從查令十字路跟著久藏出發。他們在巴黎搭上一列火車之後，久藏在一天晚上暗中對主角下藥，以致他一直睡到火車距離西班牙邊境只有幾英里處才醒來，從而意識到自己被騙了。所幸，火車發生一場嚴重的意外，於是他又再度得以逃脫。幾天後，興代在一份馬德里的報紙上讀到那場意外，報導中也提到警方原本埋伏於聖塞巴斯提安準備捕捉高山。高山的屍體沒有被尋獲，但他必定已經死亡，因為與他同車廂的乘客無一倖免。在一名同情她的僕人幫助下，輿代逃出她的監禁處，設法抵達了巴黎，在那裡偶然遇到已經完全康復的高山。他們立刻出發前往倫敦。

在大英博物館的日本展區，他們看見了瀧川失竊的那把劍，而在得知是誰將那把劍賣給博物館員後，設法促使殺害瀧川的凶手被捕。他們也找到一名專家，解譯了高山繼承的一份古老家族文件上的神秘（漢文）文字。原來那份文件的書寫者是著名的「基督徒大名」高山右近，在一六一四年被德川幕府的開創者德川家康放逐到馬尼拉。那份文件並且提到高山右近將兩把寶劍送給一個忠實的家臣……名叫瀧川！

獲得這項振奮人心的發現之後不久，這位年輕的菲律賓愛國者得知家鄉爆發了一場龐大的起義行動。他決定在好友松木（菲律賓人）的陪伴下返回菲律賓，而且松木還募集了四十名「真正」

末廣鐵腸的政治小說《大海原》當中的菲律賓主角高山在他租住的學生宿舍裡酣睡。他的故事有一部分改編自黎剎的人生與經歷。

的日本壯士（soshi）為反抗運動奮戰。[108]高山成功驅逐了西班牙人，當選為總督。他就任之後，向菲律賓人民提議讓他們的國家成為日本的保護國。在全民一致支持下，他寫信給明治天皇，請求他說服國會接受這項計畫。在小說結尾，馬德里承認菲律賓為日本保護國。

在這部小說的序言裡，末廣鐵腸指稱，小說內容發想自他幾年前在西方認識的一名菲律賓紳士對他述說的故事。他在序言裡沒有指出對方的姓名，但在兩篇講述他遊歷美國與歐洲之旅的文章裡，他提到這位「紳士」的名字為黎剎。的確，就算沒有其他徵象，也可看到摩爾加與高山右近這位大名幾乎是同時代的人物，而且年輕的高山發現自己的家系也和黎剎探究自身民族起源的地點相同：都在大英博物館！

值得一提的是，合併為《大海原》的兩部小說都寫於甲午戰爭這場打開日本帝國主義擴張時代的戰爭之前，也是在馬蒂與波尼費希歐的起義行動之前。黎剎頗有可能向末廣鐵腸提及自己近期的個人計畫，以及他的同胞想要擺脫西班牙桎梏的熱切渴望。曾經做過政治犯的末廣鐵腸明顯對此相當同情。他如果希望向讀者展現，菲律賓愛國者與日本早期的被迫害者有血緣關係，菲律賓愛國者們希望得到日本志願者的無私幫助以及日本國家的保護，那麼他是在試著要把自己個人的同情推廣給大眾。[109]我們也許可以說，這就是布魯門特里特在奧匈帝國做的事情。

無論如何，末廣鐵腸忠於自己的原則，他在旅程歸國後就進入了政治領域。他以（貨真價實的）自民黨人身分當選國會議員，甚至短暫擔任議長。可惜，他在他的菲律賓朋友黎剎遭到處決前幾個月因癌症去世。[110]

中國的人脈

彭西在他於一八九九年六月八日寫給阿奎納多的第二封信裡寫道：

中國的改革人士幫了我許多忙，他們的領導人孫文醫師更是我在一切事物上的同伴與幫手。[111]

孫文比彭西小兩歲，過著充滿冒險但截至當時為止還不太成功的生活。他在一八九四年離開中國，在夏威夷成立了興中會；接著，他又在一八九五年把興中會的總部遷移到香港。那年十月，他與當地若干祕密社團合作，在廣州發起了一場下場淒慘的起義行動。這時香港對他而言已經太不安全，於是他到了歐洲去。次年，由於清朝的密探試圖在倫敦綁架他，而鬧得他因此名聞國際。此後，他大部分的時間都待在日本，在當地為數龐大的中國學生、政治流亡分子與商人之間進行宣傳以及組織工作。

彭西在一八九九年三月初首度結識孫文，當時美菲戰爭才剛開始，菲律賓還守得住陣線。孫文由平田兵衛（Hirata Hyobei）帶領來到彭西位於橫濱的住處，平田是東京的一名律師暨政治調停者，先前曾經幫助拉莫斯歸化為日本公民。[112]這兩名年輕的民族主義者（分別為三十五與三十三歲）以英語交談，一談之下就深為投契，後來更成了終生的好友。[113]值得一提的是，彭西可能帶有部分華人血統，而且不管是或不是，他在馬尼拉就學期間就頗為熟悉中文，他對自己新結交的這位同志也絲毫不覺得有任何古怪或奇異之處。差不多才四個月之後，孫文就促成了唯一一次差點成功的大批軍火運送案。他談成一項交易，由他一位有錢的朋友萬奇（音譯，Wan Chi）與中村彌六這名支持革命運動的日本民族主義者合作購買一艘船，再租給菲律賓革命人士。這艘名為「布引丸」的船隻在長崎裝載了六百萬枚子彈、一萬把村田步槍、一門加農炮、十門野戰炮、七副雙筒望遠鏡、一部火藥壓製機，還有一部彈藥壓製機。[114]船上的乘客包括精通重炮射擊、工程與軍火製造的日本軍人。[115]這艘船從長崎出發之後，先朝著中國的方向航行以避免引起懷疑，但卻遭遇颱風，而在七月十九日於距離上海一百英里的馬鞍列島外海沉沒。[116]

孫文為什麼會為菲律賓花費這麼多心力？除了他們兩人真誠的友誼之外，中國知識分子的思想也在當時出現一場革命，蕾貝嘉・卡爾（Rebecca Karl）對此提出了精彩的描寫。這些知識分子原本認為中國遠遠「落後」於西歐、美國與日本。但自從一八九五年左右開始，電報為當地報紙帶來了古巴起義（一八九五－九八）、菲律賓革命及對抗美國帝國主義的戰爭（一八九六－一九〇二），還有波耳人對於大英帝國侵略的武裝抗爭（一八九九－一九〇二）的新聞。也就是說，在三座大陸上，受過教育的中國人原本忽略或鄙視的小民族都藉由團結與勇氣，證明自己大大「領先」了中國。卡爾頗具說服力地指出，藉著關注鄰近的菲律賓起義行動，中國知識階層中的部分人士開始把反抗滿清的奮鬥視為反殖民抗爭，並且首度開始認為「革命」是有可能的事情。[117]謙遜的彭西看見自己的著作在出版日文譯本後，隨即就出現了中文譯本，而且在短時間內印了好幾刷，也許會覺得頗為意外。不過，他其實不用訝異。

寶華：戰爭的國際化

彭西在一八九八年二月十九日於香港寫給「伊佛泰爾」的一封信裡，提到阿奎納多的隨行人員當中有三名對於武裝革命做出了卓越貢獻的人物。其中兩人是著名的知識分子民族主義者：馬爾瓦（Miguel Malvar）與德爾皮拉爾的姪子葛雷戈利歐・德爾皮拉爾（Gregorio Del Pilar）。但第三位卻是完全不同類型的人物。彭西以充滿讚賞的語氣將他描述為「寶華上校，一位沒有留辮子的華人，比熙德（The Cid）*更勇敢，而且非常狂熱」。[118] 寶華（José Ignacio Pawa）在一八七二年出生於福建的一座貧窮村莊裡，原名為劉亨賻。[119] 他在十八歲那年隨著叔父移民至馬尼拉，成了技巧精熟的鐵匠，閒暇時間也習練中國武功。他很早就加入菲律賓革命，對革命充滿熱情，深受阿奎納多的喜愛。阿奎納多還在甲米地省作戰的時候，這位二十四歲的外來移民招募了不少華裔鐵匠朋友，為武裝不足的菲律賓部隊成立了一座武器工廠。洪玉華對他的舉動描述如下：

> 在他出色的督導下，從敵軍處擄獲的老舊大

* 編按：西班牙中古時代的一位軍事領袖。

寶華：「一名帥氣的軍官，身穿上校制服，但綁著一條辮子。」

炮與損壞的毛瑟步槍都獲得修復，而且還生產了用鐵絲捆紮的竹製大炮，製作了許多的「paltik」（粗陋的火器），數以千計的彈殼裡也裝填了自製的火藥。

寶華還訓練菲律賓人熔化金屬物品，尤其是教堂的鐘（！），用於製作武器，並且證明了自己是個足智多謀又英勇的戰場指揮官。洪玉華引用菲律賓律師提奧多洛・鞏薩勒斯（Teodoro Gonzalez）沒有出版的回憶錄當中的內容指出：「在軍營裡看見他，是一幅頗為奇特的景象：一名帥氣的軍官，身穿上校制服，但綁著一條辮子。他的部下是泰加洛人，全都是沙場老兵，但他們對他忠心耿耿，並以身在他的部隊裡為傲，絲毫不介意他是華人。」[120] 最後，他被阿奎納多派往比科爾向當地的中國人與華裔麥士蒂索人募款支持革命，募到三十八萬六千披索銀幣的鉅款。

寶華個人雖然相當了不起，但他只是許多因各種不同原因加入或支持革命的非菲律賓人之一而已。菲律賓的華裔移民必須集中居住，又受到殖民政權的鄙視與虐待，因此有充分理由希望趕走西班牙人。美國征服古巴之後，大量的年輕西班牙軍官決定加入阿奎納多的部隊「繼續作戰」。身為參謀長的安東尼奧・盧納樂於利用他們的專業訓練，指派他們擔任個人助理、教練，以及防禦工事建造者。美菲戰爭爆發時，不少西班牙軍官扮演了稱職的戰場指揮官。西班牙軍隊裡也有少數幾個古巴人加入革命運動，連同法國人、義大利人（包括一名後來在波耳戰爭中加入波耳人陣營的上尉）、幾名英國人、不少日本人，甚至還有美國軍隊的逃兵，主要都是黑人。[121]

馬拉泰斯塔來到馬尼拉

另一方面，陸雷彝在馬德里籌募了款項，開始出版一本他命名為《菲律賓人反歐洲》（Filipinas ante Europa）的雙週刊，其編輯要旨無懈可擊：「反北美洲，非也；反帝國主義，沒錯，至死方休。」[122]他那一度被德爾皮拉爾惡意地稱為「可悲的多產」的特質正好派上用場，因為這份刊物大多數的內容都必須由他撰寫。[123]帝國的消失以及華府的羞辱引發西班牙輿論的大轉變。對於美國的憤怒促使他們轉而支持菲律賓人追求的目標。這樣的改變正合陸雷彝的心意，因為他有許多西班牙朋友，也剛娶了一名西班牙記者，並且他向來都把殖民統治的壞處歸咎於修道會的邪惡力量。他出版雙週刊的目標就是強化這股趨同現象，做法是猛烈抨擊美國帝國主義及其背後的「la codicia」（貪婪）——這是他迷人的措辭。麥金利是陸雷彝最喜歡抨擊的對象，因為他的偽君子言論聲稱美國征服菲律賓是為了把自由帶給菲律賓人民。[124]陸雷彝經常抨擊美國的種族歧視與私刑法，正確指出了這種現象將會影響身為非白人的菲律賓人所受到的待遇。[125]然而，他也特地刊登充滿興奮語氣的文章，報導美國反帝國主義者的運動。陸雷彝的另一個主要攻擊對象，則是那些富裕知識分子在他眼中的背叛行為，因為他們取代了馬比尼在革命當中的領導地位之後，卻是最早跳船而對新的殖民主子卑躬屈膝的一群人。[126]他一再把馬比尼標舉為以堅定的愛國精神拒絕向美國佬屈服的最佳模範。這位民俗學者也沒有忘了強調古巴的「獨立」已淪為一場徹底的騙局。在這一切當中，他還是有時間撰寫一篇文章探討波耳人從菲律賓的游擊戰士身上學到了多少，而現在菲律賓人又能夠從波耳人的嚴格紀律當中獲得多少學習。[127]

不過，到了一九〇一年夏季，隨著阿奎納多被抓而立刻效忠華府，革命結束了。拒絕效忠美國的知名人士，包括殘障的馬比尼在內，都被流放到新的熱帶西伯利亞：關島。[128] 陸雷彝認為自己已沒有理由繼續待在西班牙。他已有四年沒見過自己與第一任妻子所生的六個子女。如同一八九二年的黎剎，他也打算返鄉面對殖民者，以有禮的態度向他們告知自己的動向，然後看看自己在法律範圍內能夠達到多少政治成果。[129]

陸雷彝在一九〇一年十月初啟航前往馬尼拉。[130] 他在行李當中打包了一批品味獨特的書籍：阿奎那與伏爾泰、普魯東與聖經、達爾文與馬克思、克魯泡特金與馬拉泰斯塔。我們有充分理由相信這批書籍是馬克思與各個首要無政府主義思想家的著作第一次進入菲律賓，甚至可能連達爾文也是。早在陸雷彝抵達之前，他身為美國帝國主義堅定反對者的名聲就已經傳到了菲律賓。《馬尼拉時報》（Manila Times）作為日益增加的美國商業禿鷹人口的傳聲筒，立刻譴責他是一個危險的煽動者以及血腥的無政府主義者。這樣的說法並非意外：在一個月前，麥金利總統才剛在水牛城遭到二十八歲的波蘭裔美籍無政府主義鐵匠佐克茲（Leon Czolgosz）開槍射殺。新殖民政權隨即禁止了陸雷彝計畫出版的報紙《菲律賓捍衛者》，也禁止了他提議成立的民族主義黨（Partido Nacionalista）。

不過，他不是一個輕易放棄的人。他在老年回憶了自己「善加利用那個機會，採行了我被關在惡名昭彰的蒙特惠克山堡壘之時，從巴塞隆納無政府主義者的囚友身上學習到的好思想」。於是，他在那些新教征服者的眼皮之下，致力組織馬尼拉勞動階級並向他們灌輸激進思想。在這件工作上，他擁有一些可能沒有人猜測到的優勢。對於知識廣博的民族主義知識階層而言，他向來是個部分程度上的局外人，而那個階層絕大多數都是泰加洛人：這些人不盡然是貴族，因為菲律賓從來沒有過本土性的封建狀態，只是懷有那個方向的野心（地主尤其如此），特別是在西班牙帝國主義的面前，因為西班牙帝國主義不但擁有深厚的封建根源，而且持續認為自己帶有光鮮亮麗的封建色彩，儘管真實情形是公然貪污、不可告人的地方腐敗政治，以及修道會的土地壟斷。陸雷彝正與他們相反：他是個老實的商人、出版商、印刷商以及記者，擁有的是員工而不是僕人，並且以民主精神對待他們。更棒的是，如同我們先前看過的，他來自呂宋島北部的內陸地區，那裡是伊洛卡諾人的家鄉，這個族群以節儉、勤奮、說話坦率，氏族團結知名。（直到今天，除了黎剎故鄉卡蘭巴以南的山坡外，菲律賓國內仍然只有在伊羅戈斯才會看見：每個貧窮農民的住家周圍都環繞著一小片整理美觀的花園，種滿花卉與開花灌木。）他不是民族

波耳人：陸雷彝一篇文章的主題，他強調了菲律賓游擊戰士與波耳人藉由研究彼此的作戰方法而相互從中獲益。

主義菁英當中唯一的伊洛卡諾人，卻是唯一的鄉下人。盧納兄弟也是伊洛卡諾人：胡安是畫家，因為一時嫉妒攻心而殺害了自己的妻子與岳母，在特別關懷體諒激情犯罪的巴黎（尤其犯案者是藝術家的情況下）逃過重罰，後來在香港悲慘潦倒而亡；安東尼奧則是接受化學家的訓練，在對抗美國的戰爭中成為最出色的將領，卻因此遭到阿奎納多的黨羽刺殺。不過，這對兄弟都生長於馬尼拉，並且融入了菁英階層的西班牙—泰加洛文化。

關鍵在於：如同黎剎曾經語帶鄙夷地向布魯門特里特指出的，十九世紀末馬尼拉的工作人口絕大多數都是來自貧困的伊羅戈斯大區的勤奮移民。早期的勞動階級也是如此，但我們在閱讀《不許犯我》以及《起義者》時絕對猜想不到這一點。陸雷彝能夠用這些人自己的語言和他們交談，而這種語言在當時幾乎所有受過教育的泰加洛人都不懂。（黎剎有沒有遇過菲律賓都市地區的工人，和對方交談？他的小說裡完全沒有工人。）此外，陸雷彝對他們強悍的街頭與街坊文化也非常熟悉。

陸雷彝以典型做法率先組織了印刷工。不過，他在組織性罷工上獲致的成果鼓舞了其他區塊跟進，於是工會很快就成了巴塞隆納式的自由發展中心：一個想必可讓提出「不帶形容詞的無政府主義」一語的塔利達引以為傲的民主工會。美國統治者以不敢置信與驚恐的眼光看著馬尼拉及其周圍地區掀起一波巨大的罷工潮，其中許多活動都相當成功，原因是資本家與行政長官都沒有預期到這些活動的發生。[131]美國人也對陸雷彝使用的方法感到困惑不解。雖然他在勒魯斯的巴塞隆納揮舞著左輪槍的那段時日學到了街頭示威，但他藉著舉行一系列結合講座的流行舞會來為罷工和他的組織募款，以及舉行以批評美國人和菁英菲律賓通敵分子為主題的查瑞拉小歌劇和其他戲劇表演，則是精明地善用了菲律賓人對於節慶、舞蹈、戲劇和音樂的熱愛。[132]統治者終究找到各種方法阻擋陸雷彝接觸勞工。一九〇二年六月底，他因為「勞工陰謀」的罪名而被捕並且接受審判，但後來只判了四個月的有期徒刑，因為連法官都清楚看出檢方的許多證人是收買來的。入獄之前，他在湯都區（Tondo）這個勞動階級鄰里新成立的勞工社團舉辦了一場盛大的派對，辭去了自己的領導職務。他的第一個接任者是同樣從西班牙回來的多明納多・戈麥斯（Dominador Gómez），戈麥斯不但活躍於《團結報》的圈子，也在《菲律賓人反歐洲》刊物上和陸雷彝合作，但不久後他就展現出與他的威權姓氏相符的性格；[133]後來則是由陸雷彝的秘書克魯茲（Hermenegildo Cruz）繼任。克魯茲原本是一名到十二歲還不識字的貧民窟男孩，藉著閱讀陸雷彝的藏書他成為一名令人欽佩的覺醒勞工。克魯茲除了組織活動之外，也針對埃利塞・何可律的無政府主義著作《人與地》（L'Homme et la terre）的西班牙文譯本出版詳細注釋，還把《勞工的啟蒙》（La Ilustración Obrera，西班牙馬克思社會主義黨的年老創始人伊格萊夏斯的著作）部分內容出版了泰加洛語譯本。另一方面，陸雷彝開始擔心美國人可能會把革命運動沒收的莊園歸還給修道會。於是，他轉而鼓動民眾反對天主教遊說團，並且忙於組織「分立派」的民族主義菲律賓獨立教會（Aglipayan Church），這是由一位伊洛卡諾同胞、革命教士阿格里帕（Gregorio Aglipay）在菲律賓第一共和國期間創辦的教會。[134]民主工會在一九〇三年解散，但從它的灰燼中誕生出其他許多勞工組織，包括一個社會主義黨與一個共產黨，這兩黨後來在一九三八年合併，率領抗日人民軍（Hukbalahap）游擊運動對抗日本的軍事侵略，最後更對美國扶植的第二共和國（成立的日期不是別的，就是一九四六年的七月四日）發起一場革命戰爭。

一九一二年，也許是為了轉移第二任妻子去世帶來的哀傷，陸雷彝把注意力轉向選舉領域，順利當選成為馬尼拉市議員，進入這個由指派的美國人掌控的議會。[135]他在這項職務上一再為馬尼拉的窮人發聲。一九二二年，他返回伊羅戈斯，以獨立候選人身分競選參議員。他和自己那些無政府主義老友一樣，以一貫的作風堅稱自己同時是個人主義者也是集體主義者，結果在自己也沒有料想到的情況下勝選，擊敗了奎松（Manuel Quezon）領導下的那個財力雄厚、占有支配地位並且充斥地方顯貴的國民黨（Nacionalista Party）。他搭著二輪小馬車赴參議院開會，震驚了其他參議員，但他說他寧願把錢拿給馬車夫賺，也不要浪費在汽車與汽油上，因為這樣只會讓美國企業獲益。另一方面，他也堅持餘生住在勞動階級聚居的湯都區，並且蓋了一棟公寓大樓租給窮人，房客從來不曾因為欠繳租金而被趕走。他在一九二九年中風而局部癱瘓後，就只做和菲律賓獨立教會有關的工作。他在一九三八年十月十日去世。

西方餘暉：陸雷彝

陸雷彝曾經不時遭到黎剎的鄙夷，黎剎不喜歡他的伊洛卡諾愛國精神，而且認為他寫得太多太快，沒有深度。不過，陸雷彝不是會把別人的輕視放在心上的人，而他大體上也極為仰慕黎剎的成就。《菲律賓人反歐洲》經常刊登文章介紹黎剎這位典範的愛國者，儘管很少提及他的小說。不過，表象總是不免騙人。早在一八九九年，《不許犯我》就已經出版了第一部非西班牙文譯本：在巴黎（黎剎如果地下有知，必定會相當開心）。[136] 陸雷彝不太可能和這件事完全無關，因為合譯這部譯本的兩名譯者當中有一人就是他在蒙特惠克山的長期囚友森帕烏，另一人則是一個名叫盧卡斯（Henri Lucas）的法國人，可能也是個無政府主義者。這部譯本取了《在僧侶的國度裡》（Au Pays des Moines）這個略顯沮喪的書名，作為史托克（Pierre-Victor Stock）社會學叢書的第二十五冊，在《純白評論》上刊登了廣告。史托克繼承一家歷史可以追溯到一七〇八年的出版公司，在一八九二至一九二一年之間，它以社會學叢書的題名出版了一系列的無政府主義著作。這套叢書的書目非常引人入勝。第一冊（一八九二）是克魯泡特金的《麵包與自由》（La Conquête du pain）；接著是格拉佛的《瀕死的社會與無政府主義》（La Société mourante et l’anarchie；一八九四），法國無政府主義者馬拉托的《從巴黎公社到無政府主義》（De la Commune á l’anarchie；一八九五），巴枯寧的《作品集》第一冊（一八九五），格拉佛的《未來的社會》（La Société future；一八九五），克魯泡特金的《無政府主義：其哲學及其理想》（L’Anarchie: sa philosophie, son idéal；一八九六），達利恩（Georges Darien）的《懲訓連：非洲軍隊》（Biribi: armée d’Afrique；一八九八），荷蘭人紐文胡斯（Ferdinand Domela Nieuwenhuis）的《瀕危的社會主義》（Le Socialisme en Danger；一八九七），塔利達的《西班牙宗教裁判官：蒙特惠克、古巴、菲律賓》（Les Inquisiteurs d’Espagne: Montjuich, Cuba, Philippines；一八九七），埃利塞·何可律的《演化、革命以及無政府主義理想》（L’évolution, la révolution et l’idéal anarchique；一八九七），以及露易絲·米歇爾的《巴黎公社》（La Commune；出版日期不詳）。然後，黎剎那部完全沒有涉及無政府主義的小說就夾在費雷羅（Guglielmo Ferrero）的《激進主義與現代社會》（Le militerisme et la société modern；一八九九）與艾伯特（Charles Albert）的《自由之愛》（L'Amour libre；一八九八）之間出版。

對於至少帶有無政府主義色彩的《起義者》沒有接著也出現在這套叢書裡，我們應該感到意外嗎？也許不該。如同霍薇塔・卡斯楚（Jovita Castro）指出的，盧卡斯與森帕烏合譯的《不許犯我》絕非一部忠實的譯本。書中敘事者對讀者充滿挑逗嘲諷意味的旁白全都遭到刪除，對於菲律賓民間故事與傳說的指涉以及一切絲毫帶有情色氣息的內容也都是如此。對於修道會的尖銳攻擊也因為不明原因受到了淡化。[137]結果就是把這本小說變成對於「一個」殖民社會的平淡社會學描述。如果《不許犯我》都必須遭受這種無疑是用意良善的刪改，那麼我們自然猜想得到，在無政府主義（連同工團主義）已然揮別了行動宣傳時代的這個時候（至少在法國是如此），《起義者》這部充滿煽動性的續集必然很難獲得接受。

東方餘暉：彭西

菲律賓有數以百計的黎剎雕像妝點著城鎮的廣場，而其中最引人注目的是一座建造於美國統治時期的宏偉紀念碑（但不是由美國主導設置），矗立在他遭到處決的地點。在西班牙與西班牙美洲殖民地，經常可以看見以他為名的街道。但在美國，只有幾座小雕像分布於舊金山與西雅圖的偏僻地點，還有一座比較大的雕像位於芝加哥。這種無知與淡漠的態度，也許可以視為這個世界霸權的一種下意識反應，回應這位小說家本身對於美國這個神的國度同樣的淡漠與無知。[138]

不過，廈門卻在不久之前興建了一座大型的黎剎主題公園，資助者主要是富有的福建華裔菲律賓人，他們的祖先即是由那座海港航向馬尼拉。除了商業動機之外，這件事情還有一項引人注意之處，甚至也頗為動人，尤其是我們如果意識到黎剎的訣別詩共有將近四十個中文譯本，其中大部分都是出自福建人的手筆。

第一份譯本的譯者很可能是梁啟超，而且時間很早，在一九〇一年。得知梁啟超比黎剎小了十二歲，而且在黎剎遭到處決之時才二十三歲，不禁讓人覺得有些驚訝。他和黎剎一樣是個傑出的年輕人，對中國的狀態寫下包羅廣泛的批評文章（後來中國在甲午戰爭慘敗，就明確揭露了中國實際上的狀態）而成為一八九八年「百日維新」這場著名運動中的關鍵人物。不過，隨著慈禧太后展開反擊，他也就和其他許多自由派與進步派人士一樣不得不逃亡，而去了日本。他怎麼會翻譯黎剎的那首詩，是一個至今仍然沒有確切答案的問題。不過，有幾件事情是可以確定的。梁啟超是廣東人，而且在將近二十歲之後就一直住在北京。因此，廈門極不可能會在他的寫作當中扮演任何角色。他從報紙上想必會得知黎剎遭到處死的消息（蕾貝嘉・卡爾在她的著作中對於當時的報紙提出了豐富的訊息），但報紙通常不會刊登長詩，更何況黎剎的訣別詩是用很少讀者看得懂的語言寫成。

從間接證據看來，應該是這樣的：彭西是黎剎的好友，而且深深懷念他。一八九八年十月十三日，他寫信到柏林給索勒博士（應該是精通西班牙語和德語），感謝他把黎剎的訣別詩譯入德文，並且發表於黎剎曾是成員的人類學社（Anthropologische Gesellschaft）的會刊上。[139] 一八九九年二月二十八日，彭西寫信向阿帕西布雷談起在日本重印黎剎著作的計畫，提到要價最低的印刷商是集英社，並且指出此一計畫如果採用手稿，而不是既有的版本，就需要額外的工作與成本。[140]我們也知道，早在一八九八年十一月，在彭西結識孫文之前，他就已開始與中國「改革人士」接觸。在一八九八年十一月十九日的一封信裡，他向阿帕西布雷指出自己在前一天晚上結識了倫大觀（音譯，Lung Tai-kwang）。那人自稱是中國改革派領袖康有為的私人秘書，而康有為已在五月二十五日抵達日本，正在籌備一場革命，希望恢復光緒皇帝的權位。[141]「倫大觀」必定是福建人，因為彭西提到他認識寶華。最後，為了證明彭西具有整體而言在西班牙知識分子當中相當罕見的文學傾向，我們可以看看他寫給德迪歐斯的三封愈來愈顯惱火的信件，一次又一次請求對方寄給他左拉最新的小說《巴黎》（Paris）。[142]此外，彭西也堅持在他的菲律賓問題著作的日文譯本當中納入黎剎訣別詩的原始西班牙文版本。這部譯本有一項不尋常的特徵，就是主文雖然如常混合了漢字與平假名，但引言卻完全由古典中文寫成。由此可見，既然兩名譯者的其中一人或兩人精通古典中文，那麼幾乎同時出版的中文譯本很可能也是出自他們兩人的手筆。這項猜測如果沒錯，那麼梁啟超的譯本要不是直接抄襲宮本平九郎與藤田季莊，就是把他們的「中文」翻譯改寫得更為優雅，後者的可能較高。一個揮之不去的小問題，則是梁啟超與彭西雖然無疑同在日本，彭西卻似乎完全不知道，在通信裡從來不曾提及梁啟超的姓名。

一九〇一年十一月與十二月間，也許是受到梁啟超的敦促，但更有可能是在報紙的激勵下，馬君武在《杭州白話報》發表了五篇系列文章，標題為〈菲律賓民黨起義記〉，接著又在一九〇三年於梁啟超在日本發行的《新民叢報》這本深具影響力的雜誌裡發表了黎剎的傳記。這些文章也許可以解釋魯迅後來為什麼會提及〈我的訣別〉與《不許犯我》，並且把黎剎與裴多菲（Sándor Petőfi）還有密茨凱維奇（Adam Mickiewicz）同稱為偉大的愛國詩人，以及魯迅的學生李霽野為什麼會在一九二〇年代對黎剎的訣別詩翻譯了一個新版本。[143] 一個世代之後，在一九四〇年代期間，寶華的化身曹傳美在華僑游擊部隊中作戰，這支部隊與菲律賓本土的抗日人民軍結盟，共同反抗日本占領軍。他年老後返回中國，以筆名杜埃把他的戰時經驗寫成一部三冊的小說。在這部書名為《風雨太平洋》的小說裡，黎剎的訣別詩被引用至少四次，有些是全文照錄，有些則是引用了一大部分。除此之外，書中也一再提及黎剎以及約瑟芬·布烈肯（將她視為一名女戰士）。[144] 這一切都顯得有些反諷，因為黎剎雖然有部分福建血統，對於華人卻偶爾不免流露出些微的種族歧視態度。（但遠遠不及裴多菲對「匈牙利」的少數族裔所表現出的深惡痛絕。）

陸雷彝與彭西：這兩位傑出的人士，如今即便在菲律賓也已經大致被人遺忘了，但在「早期全球化時代」特有的那種無比繁複的洲際網絡當中，他們曾經扮演了關鍵節點的角色。

1 編按：見《純白評論》，11: 81（一八九六年十月十五日），pp. 337-41。這本刊物原本是兩對兄弟發想的結果，其中一對兄弟是比利時人，另一對兄弟是法國人（當時弟弟才十六歲），他們結識於一八八九年夏季，地點不在別的地方，就在斯帕（Spa）。他們四人取得納塔松兄弟（Natanson）這三位富裕風雅、並且在一八八〇年搬到巴黎的猶太裔波蘭藝術品商人資助。這群男生在一八八九年十二月於列日出版了第一期，不過，一八九一年這份刊物移到巴黎，由納塔松兄弟排行第二的塔迪（Thadée Natanson）直接負責，然後在十月這份雙週刊就開始以較為豪華高雅的型態出現。一八九五年一月，在惡名昭彰的三十人審判（Trial of the Thirty）當中，剛被宣判其恐怖行動與煽動叛亂罪名都不成立的費尼翁接下了總編輯的工作。我們後續將會看到，他是堅定的世界無政府主義者暨反帝國主義者，為這份刊物帶來了更鮮明的左翼色彩。《純白評論》的最後一期（第三一二期）出版於一九〇三年四月十五日。這份刊物一直處於虧損狀態，而這時塔迪因為在東歐從事了一項不明智的投資損失了一大筆錢，他美麗的波蘭妻子米希雅・戈德布斯卡（Misia Godebska）也為了一名報紙大亨而離開了他。他的哥哥亞歷山德烈（Alexandre Natanson）雖是一流的金融家暨股票經紀人，卻也覺得自己無法單獨撐起這份刊物的財務負擔。見哈佩琳，《費尼翁》，pp. 300-14。

2 關於這一點以及後續的段落，我都參考自埃森韋恩的《無政府主義意識形態》當中極為詳盡的第八章（〈不帶形容詞的無政府主義〉〔Anarquismo sin adjetivos〕）。

3 費南德茲暗示了另一種可能性。塔利達的母親很可能是克里奧人，她有一個表親名叫馬爾莫（Donato Mármol），出身於東方省，並且是最早支持塞斯佩德斯的人士之一。在十年戰爭期間，他一路攀升至將軍的階級。塔利達一家人既然在起義行動展開後立刻前往歐洲，就表示他的父親對這個危險的親戚關係心懷擔憂。《聖塔阿圭達的鮮血》，p. 25。

4 這件事發生在那年的大博覽會期間，艾菲爾鐵塔就是在那場活動上揭幕——於斯曼稱之為「張腿妓女」，但秀拉頗為喜歡這座建築。哈佩琳，《費尼翁》，p. 204。

5 引用並且討論於埃森韋恩，《無政府主義意識形態》，p. 202。

6 以下對於克里蒙梭的政治生涯（截至一九〇〇年為止）所提出的陳述，主要參考自達拉斯（Gregor Dallas），《老虎之心：克里蒙梭與他的世界，一八四一－一九二九》(At the Heart of a Tiger: Clémenceau and his World, 1841-1929；New York: Carroll & Graf, 1993），尤其是pp. 30-38，97-120，185-7，212-340。

7 費尼翁的父親是個法國旅行業務員，母親是年輕的瑞士人。哈佩琳，《費尼翁》，p. 21。

8 同上，p. 56。

9 同上，pp. 62-7。

10 T.J. 克拉克（T.J. Clark）稱他為「繼波特萊爾之後最傑出的藝評」，這是極高的讚譽。《向一個觀念告別》（Farewell to an Idea，New Haven: Yale University Press, 1999），p. 62。

11 哈佩琳，《費尼翁》，pp. 245-6。

12 同上，p. 252。

13 梅特隆，《法國的無政府主義運動》，p. 137。

14 尤吉妮亞．賀柏特（Eugenia Herbert），《藝術家與社會改革：法國與比利時，一八八五—一八九八》（The Artist and Social Reform: France and Belgium, 1885-1898，New Haven: Yale University Press, 1961），p. 113。她的第二段引文摘自芮華德（John Rewald），〈席涅克未出版的日記節錄〉（Extraits du journal inédit de Paul Signac），發表於《美術雜誌》（Gazette des Beaux-Arts），6: 36（一九四九），p. 113。

15 關於此一事件的鮮明敘述，見哈佩琳，《費尼翁》，pp. 3-4。過了許多年後，他才向無政府主義者寇恩（Alexander Cohen）坦承自己犯了這起案件。寇恩是個富有教養的荷蘭猶太人，率先把戴克爾的《馬格斯．哈弗拉爾》譯入法文。

16 斯威特曼（David Sweetman），《爆炸性行動：羅特列克、王爾德、費尼翁以及世紀末的藝術與無政府狀態》（Explosive Acts: Toulouse-Lautrec, Oscar Wilde, Félix Fénéon and the Art and Anarchy of the Fin-de-Siècle，London: Simon and Schuster, 1999），p. 375。這部譯作後來刊登於《純白評論》。

17 哈佩琳在《費尼翁》第十四章對於這場審判的詳細記述極為精彩，也充滿了令人捧腹之處。警方雖在費尼翁的戰爭部辦公室裡發現引爆器，卻無法提出任何直接證據證明他與富瓦約爆炸案有關。

18 約爾，《無政府主義者》，pp. 149-51。

19 哈佩琳，《費尼翁》，p. 6。

20 《純白評論》停刊之後，費尼翁逐漸退出政治活動，但在一九〇六年開始為《晨報》（Le Matin）撰寫經常頗為動人的諷刺性極短文，標題為〈三行新聞〉（Nouvelles en trois lignes）。同上，第十七章。他成為歐洲一家極為成功的藝術買賣公司當中的關鍵人物，後來於一九二四年退休。在人生的最後二十年間，他過著完全獨居的生活，以致許多人都以為他已經死了。他雖然長達數十年來都對馬克思主義興趣缺缺，卻在第一次世界大戰結束後以將近六十歲的年紀加入了法國共產黨。他在一九四四年去世，如果不是因為德軍占領巴黎，就會把他那大量的藝術收藏捐給蘇聯。斯威特曼，《爆炸性行動》，pp. 493-5。

21 畢沙羅（以及他的兒子路西安）是貨真價實的激進分子。畢沙羅是猶太人，出生於丹麥屬安地列斯群島，因此對於加勒比海一場奴隸反抗的殘暴鎮壓，以及法國學校裡的反猶太主義有過不好的經驗。竇加與雷諾瓦經常稱他為「猶太人畢沙羅」。同上，p. 220。

22 我們想到梅特林克，主要可能只會記得他是《佩利亞斯與梅麗桑德》（Pelléas et Mélisande）這部賺人熱淚的中世紀風格戲劇的作者，但他在一八八九年是布魯塞爾的學生暨前社會主義學生集團（Cercle des Étudiants et Anciens Étudiants Socialistes）最早的成員之一。遲至一九一三年，他在那年的大罷工期間仍在為工黨的《五月一日文集》（Album du premier mai）撰稿。賀柏特，《藝術家》，p. 99。

23 以上這一段主要參考自同上，pp. 9，27-34，67-71。

24 同上，p. 162。賀柏特甚至指稱《萌芽》是第一部以勞動階級為目標讀者的重要小說。左拉已經開始改變。

25 哈佩琳，《費尼翁》，pp. 272-3。

26 引用於賀柏特，《藝術家》，p. 12。

27 以前將左拉鄙夷為「資產階級」而且庸俗的許多作家都趕來為他作證。他的判決在四月受到最高法院撤銷。接著又舉行了第二場審判，但左拉因為已經達成了他的政治目標，於是逃到英國，在那裡待到法國宣告赦免他為止。

28 賀柏特，《藝術家》，p. 203。米爾博當時在《黎明報》工作。

29 右翼的寇敏（Eduardo Comín Colomer）指出，塔利達結識了當時在康多賽中學教導西班牙語的無政府主義者費勒爾（後續還會進一步談到這個人），還有一群堅定的古巴支持者，包括克里蒙梭、白里安（Aristide Briand）、馬拉托（Charles Malato）與羅什福爾，以及由貝丹賽斯為首的加勒比海激進分子。見他的《西班牙無政府主義史》（Historia del anarquismo español，Barcelona: Editorial AHR, 1956），第一冊，pp. 180-81。

30 費南德茲，《聖塔阿圭達的鮮血》，p. 27。

31 塔利達發現自己相當喜歡英國，最後他在那裡定居下來，並且也許有些令人意外地成了費邊社員。他在第一次世界大戰期間英年早逝。

32 寇敏的《西班牙無政府主義史》，第一冊，pp. 173-5；以及埃森韋恩，《無政府主義意識形態》，p. 194。費南德茲，《聖塔阿圭達的鮮血》，p. 31，引用了亞弗里奇（Paul Avrich）的《一名美國無政府主義者：克蕾的生平》（An American Anarchist: The Life of Voltairine de Cleyre；Princeton: Princeton University Press, 1978），pp. 112-13，指稱《宗教裁判官》（Les Inquisiteurs）的英文譯本單是在費城就發行了五萬本。

33 「他積極參與一八四八年的法國革命……那場革命猶如一項神秘的啟示降臨在他身上」。奧赫達，〈貝丹賽斯，安地列斯群島的大家長〉（Ramón Emeterio Betances, Patriarca de la Antillanía），收錄於奧赫達與艾斯特拉德（Paul Estrade）編輯的《嚮往自由》（Pasión por la libertad；San Juan, P.R.: Editorial de la Universidad de Puerto Rico, 2000），p. 32。

34 提出於一封寫給波多黎各同胞巴索拉（Francisco Basora）的信裡，在一八七〇年四月八日寫於太子港，引用於艾斯特拉德，〈「絕對獨立」的先兆〉（El heraldo de la 'independencia absoluta'），收錄於奧赫達與艾斯特拉德編輯的《嚮往自由》，p. 5。

35 貝丹賽斯在一八七〇年二月至一八七一年初秋住在海地，協助對抗一場霍亂疫情，同時也撰寫一部傑出的論著，探討海地愛國志士佩蒂翁（Alexandre Pétion）：他在玻利瓦爾必須逃往委內瑞拉之際為他提供了藏身處，並且在他後來捲土重來之時為他提供了關鍵性的軍事支持。貝丹賽斯的這部著作在一八七一年出版於紐約，一部現代版本可見於他的重要著作選集裡，由拉瑪（Carlos A. Rama）所編，書名為《安地列斯人的安地列斯群島》（Las Antillas para los Antillanos；San Juan: Instituto de Cultura Puertorriqueña, 1975）。讚揚佩蒂翁使得他對杜桑（Toussaint）提出了一些過於嚴厲的批評。

36 「枷鎖都是一樣的。」艾斯特拉德，〈「絕對獨立」的先兆〉，p. 5。

37 貝丹賽斯在一八六七年七月十六日於紐約協助成立了波多黎各革命委員會（Comité Revolucionario de Puerto Rico），其宣言譴責殖民地的奴隸制度、伊比利半島的商業壟斷、飢荒、欠缺學校以及毫無進步。一個月後，他在法院裡態度冷淡地宣誓自己有意成為美國公民（算計著這麼做將可讓他擺脫西班牙的掌握），結果第二天就出發前往丹麥屬的聖托馬斯！奧赫達，《來自巴黎的流亡者》，pp. 98-9。

38 貝丹賽斯當時在荷蘭殖民地古拉索（Curaçao）尋求槍枝，以致錯過了這項歷史性的事件。

39 奧赫達，《來自巴黎的流亡者》，pp. 349-51，針對貝丹賽斯與布朗基的相似之處提出了有趣的觀點。

40 同上，p. 221。

41 艾斯特拉德，〈「絕對獨立」的先兆〉，p. 10。

42 奧赫達，《來自巴黎的流亡者》，p. 338。

43 見凡杜拉在一八九〇年二月五日與五月十九日寫給黎剎的信件，其中第一封提及他簽了兩年的租約，第二封提到他正準備搬進去。黎剎在一八九一年十月曾經借住於那裡，就在他前往馬賽與香港之前。《黎剎及其宣傳同僚的通信》，pp. 493-4與531。

44 這項重要的觀點充分呈現於塔布里尼（Francesco Tamburini），〈安焦利洛與卡諾瓦斯的刺殺案〉（Michele Angiolillo e l'assassinio di Cánovas del Castillo），《當代西班牙》（Spagna contemporanea）（皮埃蒙特區亞歷山德里亞）IV:9（一九九六），pp. 101-30，在p. 117。理論上也許是如此，但古巴民族主義促使許多當地的無政府主義者支持馬蒂，而西班牙民族主義暗中強化了西班牙無政府主義對古巴（資產階級）民族主義的分離主義烏托邦思想所懷有的不信任。

45 奧赫達，《來自巴黎的流亡者》，pp 339與348；艾斯特拉德，〈「絕對獨立」的先兆〉，p. 9。

46 見塔布里尼，〈貝丹賽斯，義大利的獨立戰爭士兵，以及安焦利洛〉（Betances, los mambises italianos, y Michele Angiolillo），收錄於奧赫達與艾斯特拉德編輯的《嚮往自由》，pp. 75-82；以及奧赫達，《來自巴黎的流亡者》，pp. 362-71。

47 這個委員會的成員為兩名古巴人、兩名比利時人，以及一個名叫費迪南・布魯克（Ferdinand Brook）的年輕英國人，其兄弟到了古巴去對抗西班牙人。艾斯特拉德，《與自由古巴團結一致，一八九五—一八九八。貝丹賽斯醫師在巴黎從事的非凡工作》（Solidaridad con Cuba Libre, 1895-1898. La impresionante labor del Dr Betances en París；San Juan: Editorial de la Universidad de Puerto Rico, 2001），p. 143。艾雷拉在阿勒罕德里諾搬到香港之後仍與他保持密切聯繫，並且將他收到的關於菲律賓革命進展的資訊傳遞給貝丹賽斯。一八九七年，貝丹賽斯的雜誌《古巴共和國》（La República Cubana）刊登了阿勒罕德里諾寄自香港的兩封信，一封在七月，另一封在九月。這位黎剎的門徒也透過自己與艾雷拉的關係敦促紐約的古巴人協助提供武器。我們不清楚阿勒罕德里諾是獨自行動，還是奉行他名義上的上司彭西的指示。

48 關於他們兩人的關係，見奧赫達與艾斯特拉德編輯的《來自巴黎的流亡者》，pp. 329-33。

49 同上，p. 372。根據艾斯特拉德在《與自由古巴團結一致》，p. 147的說法，貝丹賽斯向艾斯特拉達表示自己有個間諜潛伏在西班牙大使館內為他提供許多機密資訊。

50 艾斯特拉德，《與自由古巴團結一致》，p. 147。

51 奧赫達，《來自巴黎的流亡者》，p. 373。

52 同上，p. 374。

53 以下對於安焦利洛的短暫人生所提出的陳述，我大量參考了塔布里尼的〈安焦利洛〉（Michele Angiolillo）。這篇文章是詳盡研究了與這名福賈人以及他刺殺西班牙總理的行為有關的義大利國家檔案，這些檔案在此之前大體都沒有受到過檢視。

54 義大利在一七九六至九九年間於拿破崙軍隊的保護下陸續成立了四個共和國，帕德嫩比亞共和國是最後一個，首都在那不勒斯。

55 關於費拉拉的職業生涯，見塔布里尼，〈貝丹賽斯〉，pp. 76-7。

56 艾斯特拉德，《與自由古巴團結一致》，p. 146；塔布里尼指出，塔利達在《宗教裁判官》裡頗不老實地將自己描述為「一名古巴人，但不是軍事冒險家，是聯邦主義者而不是無政府主義者，是自由思想者而不是共濟會員」。〈安焦利洛〉，p. 114，提及塔利達那本聞名著作的p. 36。

57 費南德茲，《聖塔阿圭達的鮮血》，p. 40，引自西班牙文版的洛克爾回憶錄《身在風暴中（流亡的日子）》（En La Borrasca (Años de destierro)，Puebla, Mexico: Edit. Cajica, 1967），pp. 118-20。他還引用了克蕾親眼見到賈納之後寫給她母親的信件內容，指稱賈納的雙手曾經遭到燒紅的熨斗燙傷、指甲被拔出、頭被夾在金屬壓輾機之間，而且睪丸也被扯掉。這段記述來自先前提過的亞弗里奇，《一名美國無政府主義者》，p. 114。

58 耐特勞（Max Nettlau）指稱這本書出版於六月中上旬，格拉佛的《新時代》在一八九七年六月十九日引述道。此處指涉的是他尚未出版的《無政府主義者與工團主義者》（Anarchisten und Syndikalisten）第二冊手稿的p. 116。感謝阿姆斯特丹國際社會史研究所（Internationaal Instituut voor Sociale Geschiedenis）的伊澤曼斯（Mieke Ijzermans）為我提供這份手稿。

59 見費南德茲，《聖塔阿圭達的鮮血》，p. 45，其中摘錄了一大篇貝丹賽斯的記述。

60 應該補充的是，塔布里尼的研究著作中有一項關鍵要素，即是以強有力的論點推翻了一項經常受到引述的說法，指稱貝丹賽斯（或羅什福爾）給了安焦利洛一大筆錢（金額分別有人指稱是一千或五百法郎）。

61 奧赫達，《來自巴黎的流亡者》，p. 121，引自歐布希歐（Manuel Rodríguez Objio）的《盧伯龍與復辟時期的歷史》（Gregorio Luperón e Historia de la Restauración，Santiago, Dominican Republic: Editorial El Diario, 1939），pp. 167-8。

62 塔布里尼從安蒂尼亞克的回憶錄裡引用了這段憂傷的文字：「他讀了又讀的那本書是塔利達的《蒙特惠克山》，他的行李箱裡別無他物……在他離開之前幾個小時，我們對他說：『同志，來日再會。』『不會，我們不會再見面了。就此別過。』這時候，他眼鏡後方的眼裡燃著熊熊的火焰。我們都驚愕不已。」〈安焦利洛〉，p. 118。

63 一件奇特的事情是，在倫敦，《泰晤士報》與《每日電訊報》都在八月十日刊登了一則路透社的報導，指稱一個名叫戈利（Michele Angino Golli）的男子「坦承自己射殺了卡諾瓦斯先生，藉此為巴塞隆納的無政府主義者以及在菲律賓遭到處死的叛亂領袖黎剎醫師復仇。」第二天，《每日電訊報》又刊登了另一則路透社的報導，指稱「戈利據說對於自己沒有殺死波拉維哈將軍感到懊悔，因為他是導致起義領袖黎剎遭到槍決的罪魁禍首」。其中完全沒有提到韋勒或者古巴。感謝霍克斯路易斯（Benjamin Hawkes-Lewis）為我提供這項資訊。

64 塔布里尼，〈安焦利洛〉，pp. 123與129。引號內的文字是我由塔布里尼摘自〈安焦利洛的答辯〉（La difesa de Angiolillo）這篇文章的義大利原文翻譯而來。該文在一八九七年九月二日（經過克里斯皮政權的審查之後）刊登於安科納（Ancona）的《煽動報》（L'Agitazione）。

65 「萌芽」是無政府主義運動當中相當流行的一句口號，也許是因為左拉那部小說大獲成功的關係。塔布里尼，〈安焦利洛〉，p. 124。不過，此一象徵可追溯到法國大革命時期的曆法，當時春季的第一個月就稱為萌芽。也就是說：「冬天來了，春天還會遠嗎？」

66 巴羅哈，《紅色黎明》（p. 160），引用於努涅茲，《無政府主義恐怖行動》，p. 131。

67 貝丹賽斯喜歡稱之為迷你阿提拉（pequeño Atila）的韋勒，甚至可能在部分程度上鬆了一口氣。費南德茲指出，韋勒在前一年的四月僥倖逃過一死，沒有被炸得粉碎。一個名叫安德烈（Armando André）的年輕古巴民族主義者在兩名阿斯圖里亞斯無政府主義者的幫忙下，在都督宮殿一樓廁所的天花板上藏了一枚炸彈。那枚炸彈原本應當在韋勒在馬桶上坐下之時爆炸，使整個二樓崩垮於他身上。不過，他們卻不曉得韋勒深受痔瘡所苦，幾乎從不使用那間廁所，寧可使用陶製便盆。那枚炸彈後來爆炸，但沒有造成任何傷亡，結果韋勒決定向馬德里回報說爆炸是管道堵塞，導致茅坑的沼氣無法正常發散所致。

68 韋勒在十一月十九日返回西班牙受到群眾的熱烈歡迎，使得新上任的自由派政府恐慌不已，害怕他會領導政變。不過，這位將軍並不笨，他堅持遵循憲法，沒有採取任何行為鼓勵他的支持者，於是那些人便轉而支持具有強烈天主教色彩的波拉維哈。見馬丁，《韋勒》，第十三章。

69 我們沒有理由相信這些人遭受的指控是真的。其中有些人涉入了黎剎在一八九二年成立但不久即告夭折的菲律賓聯盟，也曾與德爾皮拉爾以及《團結報》圈子裡的人士通信，而且都是有家小顧慮的民族主義者。歐坎波指出，波尼費希歐請求羅哈斯提供資金協助卡蒂普南，但遭到拒絕。波尼費希歐氣憤之餘，要求他的心腹助理艾米里奧．哈辛托在卡蒂普南的會員名單上偽造包括羅哈斯等人在內的簽名，並且遺留在西班牙警方找得到的地方。他似乎認為他們會因此遭到逮捕與刑求，從而有助於反抗運動的宣傳。歐坎波，《黎剎的真實面貌》，p. 246；另見阿貢西洛，《菲律賓簡史》，p. 86，這本書奠基於他另一部共計兩冊的著作，是對菲律賓革命的開創性研究。

70 伊凡赫利斯塔戰死於一八九七年二月十七日。

71 這個省分的語言是泰加洛語的一種特殊方言。不論在那時還是現在，當地望族都以複雜的相互通婚聞名。

72 科普茲，《菲律賓國家的根源》，第二冊，p. 239。

73 今天，邊那巴多（Biak-na-Bató；又名「破石洞」）是一座遊客稀少的官方指定遺跡。只要涉水上溯一條蜿蜒的小河，即可抵達滿是蝙蝠的石灰岩洞，據信是當時阿奎納多及其手下躲藏的地方。

74 彭西在香港寫給布魯門特里特的信件，日期標示為一八九七年九月二十二日，收錄於彭西的《革命相關信件，一八九七—一九〇〇》（Cartas sobre la Revolución, 1897-1900；Manila: Bureau of Printing, 1932），pp. 42-5。彭西提及自己從一名代表團成員那裡聽聞了代表團與普里莫見面的過程。

75 彭西，《革命相關信件》，p. 24。在一八九七年八月十八日於香港寫給布魯門特里特的信件。原文為：el General saltó como picado por una culebra。

76 史考特，《民主工會》，p. 14，引自普里莫與馬德里上司的通信。

77 同上。值得注意的是，在前引於八月十八日寫給布魯門特里特的信件裡，彭西指稱自己沒有在任何一份乘客名單上看見陸雷彝的名字，可見他有眼線在馬尼拉監控出境船隻。他表達了自己對於陸雷彝「被消失」（如同當今常見的這種說法）的擔憂。

78 同上，p. 14。陸雷彝在一九〇〇年回憶指出，「我被獨自監禁在巴塞隆納的國立監獄內一間需要通過三道上鎖的門才能進入的牢房裡；但卓越的聯邦主義記者辛格拉以魔法般的手段取得鑰匙，進入我的監禁處所」。《菲律賓先於歐洲》（Filipinas ante Europa），一九〇〇年三月二十五日。烏拉雷斯，《我的人生》（Mi Vida，Barcelona, La Revista Blanca, 1930），第一冊，p. 218，寫到辛格拉雖然貌不驚人（casi ridículo），卻具有極大的勇氣。他的政治生涯起點是與馬格爾同為聯邦主義者，但接著轉向無政府主義與堅定的無神論。他後來也出版了一本尖銳抨擊蒙特惠克山堡壘的著作。

79 烏拉雷斯，《我的人生》，第二冊，pp. 196-7與200。烏拉雷斯的加泰隆尼亞本名為蒙特塞尼（Joan Montseny），但他取烏拉山脈（西伯利亞！）的名稱做為自己的化名與筆名。他原本被遣送到里俄特俄羅，卻在最後一刻被放逐到倫敦，於是在那裡立刻協助成立了西班牙暴行委員會。他在一八九八年返回西班牙，為了向《純白評論》致敬而創辦《白色雜誌》（但目標讀者比較是覺醒的勞工，而不是首要的知識分子）。他頗為動人地回憶指出，他剛創辦《白色雜誌》之時，以布丹醫師這個假名撰寫了深受歡迎的文章，內容探討疾病以及導致那些疾病的社會情境。他之所以那麼做，原因是「勞動階級的知識分子不相信烏拉雷斯的才華，因為他們知道他就是蒙特塞尼」，但他們卻完全信任「布丹醫師」。同上，p. 206。

80 見努涅茲，《無政府主義恐怖行動》，pp. 55（波塔斯），還有60-61與158（森帕烏）。耐特勞頗為刻薄地將他描述為「一個擺盪於無政府主義與加泰隆尼亞民族主義之間的孤狼」（耐特勞手稿，p. 116）。森帕烏後來成為二十世紀初加泰隆尼亞復興運動的一員，與加泰隆尼亞語評論雜誌《奧克西塔尼亞》（Occitània）合作。

81 同上，p. 158，引自烏拉雷斯的《我的人生》第三冊，pp. 80-81。

82 陸雷彝，引述於史考特，《民主工會》，p. 15。

83 同上，p. 14。

84 堅定秉持無政府主義的自由意志主義劇場（Théâtre Libertaire）在一八九八年以一齣名為《蒙特惠克山》（Montjuich）的戲劇開場，結果這齣戲在後續幾年間都一直備受喜愛。賀柏特，《藝術家》，p. 39。賀柏特指出，巴黎在一八九〇年代期間非常欠缺稱職的法國劇作家，經常受到無政府主義色彩詮釋的易卜生作品在當時稱霸劇壇。

85 史考特描述了一八九八年二月一場抗議《蒙特惠克山》的激烈示威活動當中趣味盎然的混亂場面，而陸雷彝就參與其中。這場活動由一個與勒魯斯關係密切的團體發起（包括他的報紙《進步報》當中的一名女記者，後來成了陸雷彝的第二任妻子），參與其中的組織有：自由思想者協會（Association of Freethinkers）、巴塞隆納心理研究中心（Barcelona Centre for Psychological Studies）、《洪水》（El Diluvio）、德卡爾（笛卡兒？）唯靈論者協會（Kardesian〔Cartesian?〕Spiritists' Union）、法學院自由主義學生組織（Liberal Students of the Faculty of Law）、馬克思中心（Marxist Center）、進步女性主義協會（Progressive Feminist Society）、共和青年（Republican Youth）、《共濟會評論》（Revista Masónica）、碼頭工人協會（Society of Stevedores）、木材裝卸工協會（Society of Lumber-loading Labourers）、勞工協會聯合會（Union of Workers' Societies）、以及《人民的聲音》（La Voz del Pueblo）。《民主工會》，p. 16。

86 阿貢西洛，《菲律賓簡史》，p. 102。

87 同上，p. 103。

88 關於這名人物，馬柔爾（Cesar Adib Majul）原本出版於一九六〇年的《馬比尼與菲律賓革命》（Mabini and the Philippine Revolution，Quezon City: University of the Philippines Press, 1996）至今仍是絕佳而且不可或缺的參考文獻。

89 見沃爾夫（Leon Wolff），《棕色小弟》（Little Brown Brother，New York: Doubleday, 1961），以及較為晚近的巴盧坎（Celerina G. Balucan），〈戰爭暴行〉（War Atrocities），《歷史》，1:4（二〇〇一年十二月），pp. 34-54。不過，梅伊（Glenn May）針對受害最嚴重的八打雁省仔細研究其中的教區記錄而寫下的《八打雁之戰：戰火中的一個菲律賓省分》（Battle for Batangas: A Philippine Province at War，New Haven: Yale University Press, 1991），確切證明了沃爾夫指稱「五十萬人」死亡是誇大之言，而且其中有不少人在美國的反叛亂戰爭開始之前就已死亡，是作物歉收、牲畜疾病以及氣候紊亂造成的後果。

90 摘自原始信件的一份重新打字版本，見於馬尼拉雅典耀大學的帕爾多收藏。

91 在一八九八年九月二十八日的一封信裡，彭西向布魯門特里特表示自己同意他的觀點，並且一再警告他的同胞：「在美國人的統治下，我們國家雖然無疑會在農業、工業與商業方面發展得相當富裕，但那些財富不會是我們的，只會落入美國人手中。」《革命相關信件》，pp. 195-205。

92 確切而言是柏林的索勒博士（Eduardo Soler）、賓州的布倫頓博士（Daniel Brenton）、德勒斯登的梅爾博士（A.H. Meyer），還有荷蘭的知識圈出版商威靈克（A. Tjeenk Willink）。在一八九七年九月九日一封熱情的信裡，彭西感謝威靈克在他的《守望》(Op de Uirkjik)雜誌裡刊登了一篇由著名爪哇學者肯恩（R.A. Kern）所寫的讚譽黎剎的紀念文章。《革命相關信件》，p. 34。後來，布魯門特里特促使彭西親自為這本雜誌撰稿。

93 在《流亡者》(El destierro)長達數百頁的篇幅裡，伊斯基耶多只被提到一兩次。

94 彭西，《革命相關信件》，pp. 5-9。

95 同上，pp. 28-32。

96 這封信沒有提到馬比尼的名字，而且相當謹慎地將收信人稱為「我們敬重的先生」。不過，後來攔截了這封信的美國人認為收信對象是當時當紅的馬比尼，幾乎可以確定是正確無誤的猜測。這封信目前以微縮膠片形式收藏於馬尼拉的國家圖書館。

97 彭西，《革命相關信件》，pp. 174-6。彭西在同一天寫了一封措辭強烈的信件向馬比尼求助，指稱貝丹賽斯是一位老同志，我們的「神聖運動受過他許多的幫助」。同上，pp. 177-9。後來發現那名年輕人原來是遭到菲律賓政府羈押，但健康與精神狀況都良好。

98 我們可能永遠不會知道的是，到底是貧窮的泰加洛人採用了黎剎的「創新」，還是黎剎借用了貧窮的泰加洛人的慣常做法。

99 彭西，《革命相關信件》，pp. 124-6。

100 同上，pp. 316-17。藤田在當時的日本社會裡必定是個異常國際化的人物。早稻田大學的梅森直之教授告訴我說，藤田在當代政府職員錄（Shokuinroku）當中被列為一八九九—一九〇〇年間的外務省西班牙語譯者。根據東京外國語大學印行的校史，他在一九〇一年成為該校西班牙語系的語言教師。在近藤辰雄編輯的《於我國之外語研究．教育的歷史考察》（大阪：外國語大學，一九九〇）當中，松野明久於〈馬來語教育在日本的起始與發展〉一文裡提及藤田在那所大學教導馬來語和印度斯坦語的密集課程。一九〇八年，他對影響力龐大的學者井上哲次郎創辦的東亞協會教育聯盟發表了一場「伊斯蘭宗教經典」的講座。（藤田是該協會的成員，其會員名單顯示他是東京人，具有武士背景，但沒有大學學位。）這場講座的內容後來分兩部分刊登於該協會的期刊，標題為〈回回教的經典〉，《東亞之光》，3:4（pp. 50-56）與3:6（pp. 78-85）。

梅森直之寫道，在這篇不凡的文章裡，藤田提到自己曾在莫斯科待過，並且根據他在沙皇的國度裡與穆斯林來往的經驗發表了一場演說，然後到中國修習伊斯蘭教，最後更把他的興趣擴展到整個伊斯蘭世界，包括菲律賓乃至北非。他並且提出具體範例強調阿拉伯語對土耳其語、西班牙語、葡萄牙語、甚至日語所造成的影響。他主張歐洲的宗教偏見導致在那裡無法對伊斯蘭教進行客觀的研究，但日本人的立場使得他們能夠「不帶負面或正面偏見」地研究伊斯蘭教，所以應該善用此一條件。

一九〇八年以後，藤田就從已知記錄中消失無蹤，和他當初出現在這些記錄裡一樣突然。梅森直之指出，檔案管理員顯然不曉得怎麼寫他姓名的漢字，因此可以見到幾種不同寫法，包括「小島」、「木曾」與「季高」。

101 同上，pp. 333-6。在此同時，彭西結識了二十歲的「Iwo」：他是朝鮮君王的次子，被朝鮮進步人士吹捧為王位的最佳繼承人。彭西深為他的青春活力與自由主義理想所著迷。（編按：應係指朝鮮高宗的庶二子，義親王本堈，他在一八九四年之後曾出使日本，一九〇〇年至日本慶應大學留學。）

102 同上，pp. 416-18。

103 同上，p. 411。這封信標注的日期為一八九九年十月二十六日。

104 書名內頁將這本書稱為《菲律賓問題：獨立戰爭相關事實的歷史批判性闡述》（Cuestion Filipina: una exposition (sic) histórico-crítica de hechos relativos á la guerra de la independencia），宮本平九郎與藤田季莊譯。出版者為東京專門學校（大隈重信創立的早稻田大學的早期校名）。

105 見拉努薩（Caesar (sic) Z. Lanuza）與扎伊德（Gregorio F. Zaide），《黎剎在日本》（Rizal in Japan，; Tokyo: C.Z. Lanuza, 1961），其中收錄了幾幅黎剎優美的日本書法與令人驚豔的日本繪畫作品。

106 同上，第七章。這段文字充斥錯誤，感謝卡蘿・侯（Carol Hau）與白石隆協助我加以修正。奇怪的是，就我所知，黎剎在他的通信裡只提到末廣鐵腸一次，在他於一八八八年七月二十七日從倫敦寫給彭西的信件裡。這兩句看似不經意的文字寫道：「我結識了一個要前往歐洲的日本人，他在這趟旅程之前曾因身為激進分子以及一份獨立報刊的主任而入獄。由於他只會說日語，因此我在我們抵達倫敦之前一路擔任他的翻譯」。《黎剎書信集，一八八七—一八九〇》，p. 34。

107 以下關於《大海原》的陳述，我非常感謝梅森直之的幫忙。他解釋指出，直到一九〇〇年左右，明治時期的小說家都習於為外國角色以及大多數的外國地點賦予日文名稱，但不必然表示與日本有任何「真正」的關聯。像左拉這類深受日本人喜愛的歐洲作家，其翻譯也都採取相同的做法。其概念是要讓一般日本讀者比較容易親近那些著作。

108 「soshi」(壯士)一詞雖在二十世紀產生了「政治惡霸」的負面意涵，末廣鐵腸在此處卻是取其以往較為正面的意義，意為「人民權利的捍衛者」。見桑尼爾的《日本與菲律賓》附錄七當中的討論。

109 如同我們先前看過的，卡蒂普南在兩年後就向日本尋求了這種協助。

110 拉努薩與扎伊德，《黎剎在日本》，第七章。

111 彭西，《革命相關信件》，pp. 353-4。

112 彭西在三月六日寫信到香港給阿帕西布雷，提到孫文與平田（Hirata）正在他家作客。他們兩人那張著名的照片必定就是在這次會面拍攝的：孫文身穿歐洲服飾，但搭配了一雙極為古怪的鞋子，同時蓄著一撮精心梳理的髭鬚；彭西則是身穿日本服飾，髭鬚梳理得更加精緻。那張照片連同這封信收錄於同上，pp. 292-6。

113 彭西在一九一四年出版了一本孫文傳記，後來在往訪孫文途中突然罹病，而在一九一八年五月二十三日死於香港。見《歷史上的菲律賓人》第二冊當中關於彭西的條目，pp. 115-16。

114 村田步槍的名稱來自其發明人村田經芳，他是一名出身於薩摩町的下層武士。這種步槍以富有創意的方式結合了當時最新的法國與德國步槍的設計。日本在一八九五年戰勝中國，這種步槍的改進版本即是一項決定性的因素。這種步槍在一八九七年被有坂成章依據毛瑟步槍而設計的槍枝取代，這就是為什麼地下軍火市場中會有許多廢棄的村田步槍。感謝土屋憲一郎以他在這項主題上的專業為我提供協助。

115 白石隆告訴我，這整件事情背後的主導者可以上溯到日本的陸軍參謀長，那些不幸的軍官就是因為他的命令而搭上那艘船。由彭西的通信看來，他對此顯然一無所知。

116 關於此一事件的簡短陳述，見埃匹斯朵拉（Silvino V. Epistola），《香港軍政府》(Hong Kong Junta；Quezon City: University of the Philippines Press, 1996)，pp. 123-4，其內容參考自彭西在七月二十五與二十六日寫給阿帕西布雷的信件（《革命相關信件》，pp. 364-81）。美國在日本派有間諜，在菲律賓海域也維持了有效的海軍巡邏。

117 見蕾貝嘉・卡爾，《架設世界的舞台》(Staging the World；Durham, N.C.: Duke University Press, 2002)，尤其是第四章，〈認知殖民主義：菲律賓與革命〉(Recognizing Colonialism: The Philippines and Revolution)。

118 彭西，《革命相關信件》，pp. 190-91。

119 感謝卡蘿・侯依據中國學者近來的研究而為我提供了這個姓名。以下關於寶華的敘述大體上參考自洪玉華的文章：〈美菲戰爭與戰後的華裔人士〉(The Ethnic Chinese in the Filipino-American War and After)，《歷史》，1:4（二〇〇一年十二月），pp. 83-92。

120 這段描述如果正確，那麼寶華必定是在阿奎納多召喚他到香港擔任傳譯的時候剪掉了辮子。（他可能只會說閩南語，也許還有一點粵語和泰加洛語，所以阿奎納多與他相處感到非常自在。）

121 這一段受限於篇幅而大幅濃縮了德利的〈曾受世界喜愛的菲律賓人〉當中精彩而詳盡的內容（見第三章，n. 43）。

122 《菲律賓人反歐洲》在一八九九年十月二十五日至一九〇一年六月十日期間發行了三十六期。後來也許因為與馬德里警方發生衝突而停刊，接著又以《菲律賓捍衛者》（El Defensor de Filipinas）的面貌出現，是一份從一九〇一年七月一日發行至十月一日的月刊。

123 見史考特，《民主工會》，p. 13，引用《德爾皮拉爾書信集》（Epistolario de Marcelo H. del Pilar：Manila: República de Filipinas, Dept. de Educación, Oficina de Bibliotecas Públicas, 1955），第一冊，p. 20。

124 其中一個典型的標題是：「麥金利，騙子還是罪犯？」，《菲律賓人反歐洲》，一九〇〇年三月十日。

125 〈菲律賓人在帝國統治下將面臨與黑人相同的未來〉，同上，一八九九年十一月（確切日期不可考）。「至於黑人，他們如果不幸愛上白人女性，就會像野獸一樣在街上遭到獵捕。」

126 可嘆的是，這群人也包括帕爾多在內，他後來回到菲律賓成為共和國的國會議員。他日後為自己投向美國陣營的行為辯護，指稱當時軍閥主義已相當猖獗，所以菲律賓要是過早獲得獨立，將會陷入與南美洲相同的命運。同樣可嘆的是，年老的巴薩與雷希多也投入了美國的陣營。陸雷彝總是將這些人稱為「猶大們」。有一篇文章充分示範了他的激烈言詞：〈反對叛國〉（Contra la traición），同上，一九〇〇年二月十日。

127 〈波耳軍隊的組織〉（Organización del ejército boer），同上，一九〇〇年九月十日。

128 馬比尼在一八九九年十二月十日被捕，而監禁在馬尼拉。他在監獄裡寫下了他反對美國政策最強而有力的文章，其中有些措辭極為激烈，以致新聞媒體都拒絕刊登。一九〇〇年六月二十一日，新殖民政府宣布大赦政治犯，條件是他們必須宣誓效忠政府。不過，馬比尼仍然拒絕這麼做。他在十月三日短暫獲釋，但還是持續抨擊菲律賓通敵分子以及美國政權的政策。一九〇一年一月十五日，被日後的總督塔夫脫（William Howard Taft）稱為「菲律賓人當中最著名的不合作分子」的馬比尼被送上了一艘船，而於次日出發航向關島。船上另外還載運了六十名左右的囚犯，包括激進民族主義者以及他們的僕人（馬比尼沒有僕人）。一九〇二年七月四日，老羅斯福總統又發布另一項赦免令，命令被送到了關島；除了馬比尼和另一人之外，其他人都接受了赦免令的條件而搭船返鄉。最後，在一九〇三年二月九日，馬比尼獲得通知他已不再是戰俘，可以自由前往他想去的任何地方，但如果不宣誓效忠就不得返回菲律賓。他覺得自己別無選擇，於是同意在抵達馬尼拉之後這麼做。他在三個月後的五月十三日死於霍亂。他的喪禮是菲律賓首都多年來僅見規模最大的菲律賓人集會。見馬柔爾的《馬比尼》最後一章。

129 在《菲律賓捍衛者》於一九〇一年十月一日發行的最後一期當中，他在〈回家〉（A mi casa）這篇文章裡針對自己這麼做的理由提出了樸實而具有說服力的陳述。

130 以下關於陸雷彝返回菲律賓之後所做的事情，主要參考自史考特的傑出著作。陸雷彝返鄉前最後拜訪的其中一人是（仍然頗具爭議性的）費勒爾。費勒爾在一八五九年出生於一個富裕而保守的加泰隆尼亞家庭裡，十四歲那年為了逃離「令人窒息的宗教氛圍」而離家，後來輾轉到了巴黎，在那裡有很長一段時間擔任資深共和主義陰謀家索利亞的秘書。在法國待了十六年，成為堅定的無政府主義者之後，費勒爾在一九〇一年返回巴塞隆納，並且創辦了深具影響力的無政府主義刊物《大罷工》（La Huelga General）。據說他之所以能夠創辦這份刊物，原因是有一名曾是他學生的法國女子遺贈給他一百萬法郎。他也成立了足以做為模範的政權歸還俗人主義暨進步主義組織「現代學校」（Escuela Moderna），而令陸雷彝深感興趣。後來費勒爾被控主使了兩次刺殺阿方索十三世未遂的行動（一九〇五年五月三十一日在巴黎；一九〇六年五月三十一日在馬德里）而受審，但終究獲得宣判無罪。一九〇九年七月，面對巴塞隆納民眾對於派遣西班牙部隊前往摩洛哥而發動的大規模激烈示威，安東尼奧．毛拉領導下的保守政府於是對該城市宣告戒嚴，關閉了所有的左派社團以及進步主義的非宗教學校，並且禁止無政府主義與共和主義團體。費勒爾再度被捕，這一次則是被軍事法庭判決煽動叛亂罪成立。他在十月十三日遭到處決。毛拉政權於十二天後垮台。羅梅洛．毛拉，〈巴塞隆納的恐怖活動〉，pp. 141-2與182-3；以及努涅茲，《無政府主義恐怖行動》，p. 66。努涅茲對於費勒爾的槍決補充了一項令人不安的細節。在行刑之後一個月的一九〇九年十一月十二日，烏納穆諾寫信向他的朋友特利亞（González Trilla）指出：「我親愛的朋友，實際上槍決了費勒爾的是西班牙，正統的西班牙以及西班牙特性。而且，槍決他確實幹得非常好。費勒爾是個白痴以及罪犯，而不是良知的召喚者。他的學校糟糕至極，在教學方面極為可憎。他的教誨充滿了可怕的空洞與詐欺。他的課本愚蠢得令人毛髮聳然。他受到特別法庭定罪的罪名不是身為煽動者，而是親自參與了縱火造反，因此他完全沒有資格獲得任何縱容。問題的重點在於西班牙的精神獨立，也在於政府不能屈服於無政府主義者、共濟會員、猶太人、科學家與白痴這些（憤慨的）『歐洲浪潮』所帶來的壓力。那些人竟然膽敢把他們自己的意志強加在別人身上，面對判決甚至也宣稱他們有權加以改變。他們在事前即宣告費勒爾是無辜的。」烏納穆諾據說後來對這段《每日電訊報》式的文字感到後悔（努涅茲，p. 150）。

131 見史考特的《民主工會》當中的〈罷工〉章節（The Strikes，pp. 35-41）。

132 陸雷彝正經八百地將這些活動稱為「veladas instructive-recreativas」，也許可以譯為「寓教於樂的晚會」。

133 戈麥斯也是極少數去過古巴的菲律賓人。他曾在馬德里習醫，而像黎剎原本打算做的那樣服務於古巴的西班牙軍隊當中的軍醫團。舒瑪克，《宣傳運動》，p. 190，n. 12。

134 梵蒂岡無條件支持西班牙殖民統治，以及菲律賓統治集團（半島人士）對於革命運動的強烈敵意，都令阿格里帕氣憤不已。他的做法獲得馬比尼支持，因為馬比尼希望打破羅馬對於本土人口中那些傳統群體的掌握。今天，我們如果到伊羅戈斯大區北部的薩拉特，也就是一八一五年起義行動的發生地，會在那裡看見一座西班牙風格的天主教堂與一座菲律賓獨立教會的教堂比鄰而立。在那座天主教堂裡，十字架上的反宗教改革基督處於渾身鮮血的折磨之下，身上只圍著一條灰白色的破爛遮腰布。在菲律賓獨立教會的教堂裡，基督則是平靜地承受著苦難，有著修長而且大致上都沒有沾染血跡的身軀，還穿著一件優雅並且繡有圖案的天藍色綢緞襯褲。也許這是性情開朗的陸雷彝所造就的結果。

135 這一段內容摘自亞尼斯，《參議員陸雷彝的一生》，pp. 22-32。

136 我能夠取得的版本印刷於一八九九年，但前文顯示這本書已是第三刷，所以原本的出版日期在一八九八年底是有可能的。

137 見霍薇塔·卡斯楚為她的譯本《N'y touches pas!》所寫的引言，pp. 31-5。

138 黎剎針對自己在一八八八年春末橫越美國的旅程所留下的簡短日記，讀來其實頗為有趣。在舊金山灣接受一個多星期的隔離檢疫之後，他到城市裡觀光了三天，然後搭船到奧克蘭的橫貫大陸鐵路起點站。第二天，五月七日星期一，他的車班出發，穿越沙加緬度與信奉摩門教的鹽湖城，而在五月九日來到丹佛。這列火車在十一日清早抵達芝加哥，然後在當天傍晚開往紐約。黎剎對芝加哥寫下的唯一一句評論是：「每一家菸草店前面都有一尊印第安人雕像，而且每一尊各不相同。」他在五月十三日抵達曼哈頓，接著在十六日搭上航向歐洲的船隻。

他對於自由女神像的家鄉什麼都沒有說。見其《日記與回憶錄》，pp. 217-20。

139 彭西，《革命相關信件》，pp. 210-11。彭西接著指出他是從布魯門特里特那裡得知這個譯本，而布魯門特里特必定也是促成這項翻譯工作的一大力量。

140 同上，pp. 288-9。這點可能表示彭西握有那些手稿或者知道可以去哪裡取得那些手稿。計畫中的那些書籍將以西班牙文出版，而不是日文。

141 同上，pp. 223-5。

142 同上，pp. 162-4，232-5，244-5。

143 此處關於黎剎在中國受到的早期回應，我要感謝汪暉提供的資料。

144 第一冊在一九八三年出版於廣州，第二冊在他去世前一年的一九九一年出版於北京。完整的三冊小說直到二〇〇二年才在他的遺孀主持下出版於珠海。感謝卡蘿．侯為我提供這項令人哀傷的資訊。

後記

二〇〇四年一月，以激進民族主義色彩濃厚著稱的菲律賓大學邀請我針對本書的部分主題發表一場初步講座。那所大學至今仍然深受（伊洛卡諾人）席森（José María Sison）在一九六八年底創辦的毛派「新」共產黨所影響。我太早抵達，於是到校園上一家露天咖啡攤打發時間。一名年輕人過來向顧客發送傳單，但他一離開，所有人就都把傳單揉成一團丟掉。我正準備也要這麼做的時候，那份傳單的標題卻吸引了我的目光。「從事沒有領導人的組織活動！」傳單內容標舉「水平」組織團結的名義，而抨擊了該國的階層體制，包括各方爭相作主的政黨政治階層體制、企業資本主義階層體制，還有毛派共產主義階層體制。那份傳單沒有署名，但附上了一個網站的網址以供進一步瞭解。這個機緣巧合實在妙不可言，不與別人分享未免太過可惜。我後來向聽眾唸出傳單內容，而意外地發現幾乎所有人都顯得震驚不已。不過，我的演說結束之後，許多人都匆忙前來向我索取那份傳單。我無法確定黎剎對廈門的那座主題公園是不是會感到滿意，但我敢說陸雷彝一定會對這份傳單深感著迷，並且立刻拿起筆電造訪那個網站：manila.indymedia.org。他會發現，這個網站連結至世界各地的其他數十個類似的網站。這算是「晚期全球化」嗎？

書目

- **Adam**, Jad. "Striking a Blow for Freedom," *History Today*, 53:9 (September 2003), pp. 18-19
- **Agoncillo**, Teodoro. *A Short History o.f the Philippines* (New York: Mentor, 1969)
- **Agoncillo**, Teodoro. *The Revolt o.f the Masses* (Quezon City: The University of the Philippines Press, 1956)
- **Akihisa**, Matsuno. "Nihon no okeru Malay go no kaishi to tenkai." In Kondo Tatsuo, ed., *Wagakunini okeru gaikokugo kenkyu/kyoiku no shiteki kosatsu* (Osaka: Gaikokugo Gakko, 1990)
- **Anderson**, Benedict R. O'G. "Forms of Consciousness in *Noli me tangere*," *Philippine Studies*, 51:4 (2000), pp. 505-29
- **Anderson**, Benedict R. O'G. *Imagined Communities* (London: Verso, 1991)
- **Anderson**, Benedict R. O'G. *The Spectre o.f Comparisons* (London: Verso, 1998)
- **Avrich**, Paul. *An American Anarchist, The Li.fe o.f Voltairine de Cleyre* (Princeton: Princeton University Press, 1978)
- **Balucan**, Celerina G. "War Atrocities," *Kasaysayan*, l:4 (December 200l), pp. 34-54.
- **Baudelaire**, Charles. *Oeuvres complètes* (Paris: Louis Conard, 1933), vol. 7
- **Bécarud,** Jean and Gilles Lapouge. *Anarchistes d'Espagne* (Paris: Andre' Balland, 1970)
- **Bernheimer**, Charles. *Figures o.f Ill Repute: Representing Prostitution in Nineteenth Century France* (Cambridge, MA: Harvard University Press, 1989)

- **Betances**, Ramón Emeterio. "La autonomía en Manila." In Haroldo Dilla and Emilio
- Godínez, eds, *Ramón Emeterio Betances* (Habana: Casa de las Americas, 1983)
- **Betances**, Ramón Emeterio. *Las Antillas para los antillanos*. Ed. Carlos M. Rama (San Juan Puerto Rico: Instituto del Cultura Puertorrique a, 1975)
- **Blumentritt**, Ferdinand. "Una visita," *La Solidaridad*, January 13 and 31, 1893 **Bonoan**, SJ, Raul K. *The Rizal-Pastells Correspondence* (Quezon City: Ateneo de Manila Press, 1994)
- **Bory**, Jean-Louis. Eugène Sue, *le roi du roman populaire* (Paris: Hachette, 1962) **Bosch**, Juan, *El Napoleón de las guerrillas* (Santo Domingo: Editorial Alfa y Omega, 1982)
- **Casanova**, Pascale. *La Rèpublique mondiale des lettres* (Paris: Éditions du Seuil, 1999).
- **Clark**, T.J. *Farewell to an Idea* (New Haven: Yale University Press, 1999)
- **Coates**, Austin. *Rizal - Philippine Nationalist and Patriot* (Manila: Solidaridad, 1992)
- **Comín** Colomer, Eduardo. *Historia del anarquismo espa ol* (Barcelona: Editorial AHR, 1956)
- **Cook**, Bradford. Trans. *Mallarmé: Selected Prose Poems, Essays and Letters* (Balti- more: The Johns Hopkins University Press, 1956)
- **Corpuz**, Onofre. *The Roots o.f the Filipino Nation* (Quezon City: The Aklahi Founda- tion, 1989), 2 vols.
- **Culler**, Jonathan, and Pheng Cheah, eds, *Grounds o.f Comparison* (New York: Routledge, 2003)
- **Dallas**, George. *At the Heart o.f a Tiger. Clèmenceau and his World*, 1841-1929 (New York: Carroll & Graf, 1993)
- **Daniel**, Evan. "Leaves of Change: Cuban Tobacco Workers and the Struggle against Slavery and Spanish Imperial Rule, 1880s-1890s" (unpublished paper, 2003)
- **De la Costa**, SJ, Horacio, ed. and trans. *The Trial o.f Rizal: W.E. Retana's Transcrip- tion o.f the O.f.ficial Spanish Documents* (Quezon City: Ateneo de Manila Press, 1961) **De Ocampo**, Esteban. *Rizal as a Bibliophile* (Manila: The Bibliographical Society of the Philippines, Occasional Papers, No. 2, 1960)
- **Dery**, Luis C. "When the World Loved the Filipinos: Foreign Freedom Fighters in the Filipino Army during the Filipino-American War," *Kasaysayan*, 1:4 (December 2001), pp. 55-69

- **Epistola**, Silvino V. *Hong Kong Junta* (Quezon City: University of the Philippines Press, 1996)
- **Esenwein**, George Richard. *Anarchist Ideology and the Working Class Movement in Spain, 1868-1898* (Berkeley: University of California Press, 1989)
- **Estrade**, Paul. "El Heraldo de la Independencia Absoluta."" In Félix Ojeda Reyes
- and Paul Estrade, *Pasión por la Libertad* (San Juan, P.R.: Editorial de la Universidad de Puerto Rico, 2000)
- **Estrade**, Paul. *Solidaridad con Cuba Libre, 1895-1898. La impresionante labor del Dr Betances en París* (San Juan, P.R.: Editorial de la Universidad de Puerto Rico, 2001)
- **Farwell**, Byron, ed. *Encyclopedia o.f Nineteenth Century Land Warfare* (New York: Norton, 2001)
- **Fernández**, Frank. *La sangre de Santa Águeda* (Miami: Ediciones Universal, 1994) **Ferrer**, Ada. *Insurgent Cuba: Race, Nation and Revolution, 1868-1898* (Chapel Hill: University of North Carolina Press, 1999)
- **Flaubert**, Gustave. *La tentation de Saint-Antoine* (Paris: A. Quentin, 1885).
- **Footman**, David. *Red Prelude* (London: Barrie & Rockleff, 1968)
- **Fowlie**, Wallace. *Rimbaud: A Critical Study* (Chicago: University of Chicago Press, 1965)
- **Gonzáles** Liquete, L. *Repertorio histórico, biográfico y bibliogáfico* (Manila: Impr. Del Día Filipino, 1938)
- **Guerrero**, León María. *The First Filipino, a Biography of Jose' Rizal* (Manila: National Historical Institute, 1987)
- **Hall**, D.G.E. *A History o.f South-East Asia* (London and New York: St. Martin's Press, 1968)
- **Halperin**, Joan Ungersma. *Félix Fénéon, Aesthete and Anarchist in Fin-de-Siècle Paris*
- (New Haven: Yale University Press, 1988)
- **Hanson**, Ellis. *Decadence and Catholicism* (Cambridge, MA: Harvard University Press, 1997)
- **Herbert**, Eugenia. *The Artist and Social Re.form: France and Belgium, 1885-1898* (New Haven: Yale University Press, 1961)
- **Huysmans**, Joris-Karl. À *rebours* (Paris: Charpentier, 1884; Fasquelles: c. 1904). Translated into English as *Against the Grain* (New York: Lieber and Lewis, 1923), and *Against Nature* (London: Penguin Classics, 1959).
- **Ileto**, Reynaldo Cleme a. *Pasyón and Revolution: Popular Movements in the Philip- pines*, 1840-1910 (Quezon City: Ateneo de Manila Press, 1989)

- **James**, C.L.R. *The Black Jacobins*, rev. ed. (New York: Vintage, 1989)
- **Joaquín**, Nick. *A Question o.f Heroes* (Manila: Anvil, 2005)
- **Joll**, James. *The Anarchists* (Cambridge, MA: Harvard University Press, 1980)
- **Karl**, Rebecca. *Staging the World* (Durham, N.C.: Duke University Press, 2002)
- **Lanuza**, Caesar Z. and Gregorio F. Zaide, *Rizal in Japan* (Tokyo: C.Z. Lanuza, 1961)
- **Laqueur**, Walter. *A History of Terrorism*, rev. ed. (New Brunswick, N.J.: Transaction, 2000)
- **Lete**, Eduardo de. "Redentores de Perro Chico," *La Solidaridad*, April 15, 1892
- **Llanes**, José L. *The Life of Senator Isabelo de los Reyes* (monograph reprinted from the Weekly Magazine of the *Manila Chronicle*, 1949)
- **Maitron**, Jean. *Le mouvement anarchiste en France* (Paris: Maspéro, 1975), 2 vols. **Majul**, Cesar Adib. Mabini and the Philippine Revolution (Quezon City: University of the Philippines Press, 1996)
- **Martín** Jiménez, *Hilario. Valeriano Weyler, de su Vida y personalidad, 1838-1930*
- (Santa Cruz de Tenerife: Ediciones del Umbral, 1998)
- **May**, Glenn Anthony. *Battle for Batangas: A Philippine Province at War* (New Haven: Yale University Press, 1991)
- **Mojares**, Resil B. Brain o.f the Nation: Pedro Paterno, T.H. Pardo de Tavera, Isabelo de los Reyes and the Production o.f Modern Knowledge (Quezon City: Ateneo de Manila University Press, 2006)
- **Moret**, Segismundo. "El Japón y Las Islas Filipinas," *La Espan-a Moderna*, LXXIV (February 1895)
- **Naimark**, Norman. *Terrorists and Social Democrats: The Russian Revolutionary Movement under Alexander III* (Cambridge, MA: Harvard University Press, 1983) **National Historical Institute**. *Filipinos in History* (Manila: NHI, 1990-96), 5 vols.
- **Nitti**, Francisoc. "Italian Anarchists," *North American Review*, 167:5 (November 1898), pp. 598-607
- **Nuňez** Florencio, Rafael. *El terrorismo anarquista, 1888-1909* (Madrid: Siglo Vein- teuno de Espa a, SA, 1983)
- **Ocampo**, Ambeth. *Rizal without the Overcoat* (Pasig City, Manila: Anvil, 2000)
- **Ocampo**, Ambeth. *The Search .for Rizal's Third Novel, Makamisa* (Pasig City, Manila: Anvil, 1993)
- **Offord**, Derek. *The Russian Revolutionary Movement in the 1880s* (Cambridge: Cambridge University Press, 1986)

- **Ojeda** Reyes, Félix. *El desterrado de París. Biografía del Doctor Ramón Emeterio Betances (1827-1898)* (San Juan: Ediciones Puerto Rico, 2001)
- **Ojeda** Reyes, Félix. "Ramón Emeterio Betances, Patriarca de la Antillanía." In Félix Ojeda Reyes and Paul Estrade, eds. *Pasión por la Libertad* (San Juan, P.R.: Editorial la Universidad de Puerto Rico, 2000)
- **Ortiz** Jr., David. *Paper Liberals. Press and Politics in Restoration Spain* (Westport, CT: Westwood Press, 2000)
- **Palma**, Rafael. *Biografía de Rizal* (Manila: Bureau of Printing, 1949)
- **Pardo** de Tavera, Trinidad. Las Nihilistas" (typescript, n.d.)
- **Pernicone**, Nunzio. *Italian Anarchism, 1864-1892* (Princeton: Princeton University Press, 1993)
- **Poe**, Edgar Allan. *Tales* (Oneonta: Universal Library, 1930)
- **Ponce**, Mariano. *Cartas sobre la Revolución, 1897-1900* (Manila: Bureau of Printing, 1932)
- **Ponce**, Mariano. *Cuestion Filipina: una exposition historico-critica de hechos relativos* á *la guerra de la independencia*. Trans. H[eikuro] Miyamoto and Y.S. Foudzita (Tokyo: Tokyo Senmon Gakko, 1901)
- **Quinn**, Patrick F. *The French Face of Edgar Poe* (Carbondale: Southern Illinois University Press, 1954)
- **Raynal**, Guillaume-Thomas and Denis Diderot. *Histoire philosophique et politique des établissements & du commerce des Européens sans les deux Indes* (Geneva: Libraries Associás, 1775)
- **Retana**, W.E. *Vida y escritos del Dr José Rizal* (Madrid: Victoriano Suárez, 1907), with "Epílogo" by Miguel de Unamuno
- **Reyes**, Isabelo de los. *El Folk-Lore Filipino* (Manila: Tipo-Lithografía de Chofréy C., 1899)
- **Reyes**, Isabelo de los. *El folk-lore filipino.* English translation by Salud C. Dizon and Maria Elinora P. Imson (Quezon City: University of the Philippines Press, 1994)
- **Reyes**, Isabelo de los. L*a sensacional memoria de Isabelo de los Reyes sobre la Revolución Filipina de 1896-1897* (Madrid: Tip. Lit. de J. Corrales, 1899)
- **Reyes** y Sevilla, José. *Biografía del Senador Isabelo de los Reyes y Florentino* (Manila: Nueva Era, 1947)
- **Rizal**, José. *Cartas* á *sus Padres y Hermanos* (Manila: Comisión del Centenario de José Rizal, 1961)
- **Rizal**, José. *Cartas entre Rizal y el Pro.fesor Fernando Blumentritt, 1888-1890* (Manila: Comisión del Centenario de José Rizal,

1961)

- **Rizal**, José. *Cartas entre Rizal y los miembros de la familia, 1886-1887* (Manila: Comisión del Centenario de José Rizal, 1961)
- **Rizal**, José. *Cartas entre Rizal y sus colegas de la propaganda* (Manila: José Rizal Centennial Commission, 1961), 2 vols
- **Rizal**, José. *Diarios y Memorias* (Manila: Comisión del Centenario de José Rizal, 1961) **Rizal**, José. "Dimanche des Rameaux" (unpublished ms., 1887)
- **Rizal**, José. *Dr. José Rizal's Mi Último Adiós in Foreign and Local Translations* (Manila: National Historical Institute, 1989), 2 vols
- **Rizal**, José. *El Filibusterismo* (Manila: Instituto Nacional de Historia, 1990)
- **Rizal**, José. *El Filibusterismo* [facsimile edition] (Manila: Instituto Nacional de Historia, 1991)
- **Rizal**, José. *Epistolario Rizalino*, ed. Teodoro Kalaw (Manila: Bureau of Printing, 1931-35), 4 vols
- **Rizal**, José. "Essai sur Pierre Corneille" (unpublished ms., n.d.)
- **Rizal**, José. *Noli me tangere* (Manila: Instituto Nacional de Historia, 1978)
- **Rizal**, José. *Noli me tangere*, with introduction by Leopoldo Zea (Caracas: Biblioteca Ayacucho, 1976)
- **Rizal**, José. *N'y touchez pas!* Jovita Ventura Castro's translation of *Noli me tangere*, with introduction (Paris: Gallimard, 1980)
- **Rizal**, José. *One Hundred Letters of José Rizal* (Manila: National Historical Society, 1959)
- **Rizal**, José. *The Rizal-Blumentritt Correspondence, 1886-1896* (Manila: National Historical Institute, 1992), 2 vols
- **Robb**, Graham. *Rimbaud* (London: Picador, 2000)
- **Rocker**, Rudolf. *En la borrasca (A os de destierro)* (Puebla, Mexico: Edit. Cajica, 1967)
- **Rodrigues**, Edgar, *Os Anarquistas, Trabalhadores italianos no Brasil* (Sao Paolo: Global editora e distribuidora, 1984).
- **Romero** Maura, J. "Terrorism in Barcelona and its Impact on Spanish Politics, 1904- 1909," *Past and Present*, 41 (December 1968)
- **Ross**, Kristin. *The Emergence o.f Social Space: Rimbaud and the Paris Commune*
- (Minneapolis: University of Minnesota Press, 1988)
- **Roxas**, Félix. *The World of Félix Roxas*. Trans. Ángel Estrada and Vicente del Carmen (Manila: Filipiniana Book Guild, 1970)
- **Saniel**, Josefa M. *Japan and the Philippines, 1868-1898*, third edition (Manila: De la Salle University Press, 1998)
- **Sarkisyanz**, Manuel. *Rizal and Republican Spain* (Manila: National Historical In- stitute, 1995)

- **Schumacher**, SJ, John N. *The Propaganda Movement, 1880-1895*, rev. ed., (Quezon City: Ateneo de Manila Press, 1997)
- **Scott**, William Henry. *The Unión Obrera Democrática: First Filipino Trade Union*
- (Quezon City: New Day, 1992)
- **See**, Teresita Ang. "The Ethnic Chinese in the Filipino-American War and After,"
- *Kasaysayan*, 1:4 (December 2001), pp. 83-92
- **Sempau**, Ramón. *Los victimarios* (Barcelona: Manent, 1901)
- **Serrano**, Carlos. *Final del imperio. Espa a, 1895-1898* (Madrid: Siglo Veintiuno de Espa a, SA, 1984)
- **Sichrovsky**, Harry. *Ferdinand Blumentritt: An Austrian Li.fe .for the Philippines*
- (Manila: National Historical Institute, 1987). Translated from the German
- **Sue**, Eugène. *The Wandering Jew* (London: Routledge and Sons, 1889)
- **Sweetman**, David. *Explosive Acts. Toulouse-Lautrec, Oscar Wilde, Félix Fénéon and the Art and Anarchy of the Fin-de-Siècle* (London: Simon and Schuster, 1999) **Tamburini**, Francesco. "Betances, los mambises italianos, y Michele Angiolillo." In Félix Ojeda Reyes and Paul Estrade, eds, *Pasión por la Libertad* (San Juan, P.R.: Editorial de la Universidad de Puerto Rico, 2000)
- **Tamburini**, Francesco. "Michele Angiolillo e l'assassinio dí Cánovas del Castillo," *Spagna contemporanea* [Allesandria, Piedmont] IV:9 (1996), pp. 101-30
- **Tarrida** del Mármol, Fernando. "Aux inquisiteurs d'Espagne," *La Revue Blanche*, 12: 88 (February l, 1897), pp. 117-20
- **Tarrida** del Mármol, Fernando. "Un mois dans les prisons d'Espagne," *La Revue Blanche*, 11:81 (October 15, 1896), pp. 337-41
- **Thomas**, Hugh. *Cuba: The Pursuit of Freedom* (New Brunswick, N.J.: Harper and Row, 1971)
- **Tortonese**, Paolo. "La Morale e la favola: Lettura dei *Misteri di Parigi* como prototipo del *romain-feuilleton*" (unpublished ms., n.d.)
- **Urales**, Federico (Joan Montseny). *Mi Vida* (Barcelona: Publicaciones de La Revista Blanca, 1930), 3 vols
- **Vincent**, Paul. "Multatuli en Rizal Nader Bekeken," *Over Multatuli*, 5 (1980), pp. 58- 67
- Wionsek, Karl-Heinz, ed. *Germany, the Philippines, and the Spanish-American War*. Translated by Thomas Clark (Manila: National Historical Institute, 2000)
- **Wolff**, Leon. *Little Brown Brother* (New York: Doubleday, 1961)

世界的啟迪

全球化的時代：無政府主義，與反殖民想像

The Age of Globalization: Anarchists and the Anticolonial Imagination

作者	班納迪克・安德森（Benedict Anderson）
譯者	陳信宏
執行長	陳蕙慧
總編輯	張惠菁
責任編輯	張惠菁
行銷總監	李逸文
資深行銷企劃主任	張元慧
行銷企劃	姚立儷、尹子麟
封面設計	格式 INFORMAT DESIGN CURATING
內頁排版	宸遠彩藝

社長	郭重興
發行人兼出版總監	曾大福
出版	衛城出版／遠足文化事業股份有限公司
發行	遠足文化事業股份有限公司
地址	23141 新北市新店區民權路 108-2 號九樓
電話	02-22181417
傳真	02-22180727
客服專線	0800-221029
法律顧問	華洋法律事務所 蘇文生律師
印刷	呈靖彩藝有限公司
初版	2019 年 10 月
定價	400 元

Email acropolismde@gmail.com
Facebook www.facebook.com/acrolispublish

國家圖書館出版品預行編目(CIP)資料

全球化的時代：無政府主義，與反殖民想像 / 班納迪克・安德森(Benedict Anderson) 著；陳信宏譯. -- 初版. -- 新北市：衛城，遠足文化出版：遠足文化發行，2019.10
面；公分. --（Beyond；2）
譯自：The Age of Globalization: Anarchists and the Anticolonial Imagination

ISBN 978-986-97165-6-7（平裝）

1.無政府主義 2.民族主義 3.世界史

549.9 108015037

● 親愛的讀者你好，非常感謝你購買衛城出版品。
我們非常需要你的意見，請於回函中告訴我們你對此書的意見，
我們會針對你的意見加強改進。

若不方便郵寄回函，歡迎傳真回函給我們。傳真電話—— 02-2218-0727

或上網搜尋「衛城出版FACEBOOK」
http://www.facebook.com/acropolispublish

● 讀者資料

你的性別是 □ 男性 □ 女性 □ 其他

你的職業是 ______________ 你的最高學歷是 ______________

年齡 □ 20 歲以下 □ 21~30 歲 □ 31~40 歲 □ 41~50 歲 □ 51~60 歲 □ 61 歲以上

若你願意留下 e-mail，我們將優先寄送 ______________ 衛城出版相關活動訊息與優惠活動

● 購書資料

● 請問你是從哪裡得知本書出版訊息？（可複選）
□ 實體書店 □ 網路書店 □ 報紙 □ 電視 □ 網路 □ 廣播 □ 雜誌 □ 朋友介紹
□ 參加講座活動 □ 其他 ________

● 是在哪裡購買的呢？（單選）
□ 實體連鎖書店 □ 網路書店 □ 獨立書店 □ 傳統書店 □ 團購 □ 其他 ________

● 讓你燃起購買慾的主要原因是？（可複選）
□ 對此類主題感興趣 □ 參加講座後，覺得好像不賴
□ 覺得書籍設計好美，看起來好有質感！ □ 價格優惠吸引我
□ 議題好熱，好像很多人都在看，我也想知道裡面在寫什麼 □ 其實我沒有買書啦！這是送（借）的
□ 其他 ________

● 如果你覺得這本書還不錯，那它的優點是？（可複選）
□ 內容主題具參考價值 □ 文筆流暢 □ 書籍整體設計優美 □ 價格實在 □ 其他 ________

● 如果你覺得這本書讓你好失望，請務必告訴我們它的缺點（可複選）
□ 內容與想像中不符 □ 文筆不流暢 □ 印刷品質差 □ 版面設計影響閱讀 □ 價格偏高 □ 其他 ________

● 大都經由哪些管道得到書籍出版訊息？（可複選）
□ 實體書店 □ 網路書店 □ 報紙 □ 電視 □ 網路 □ 廣播 □ 親友介紹 □ 圖書館 □ 其他 ______

● 習慣購書的地方是？（可複選）
□ 實體連鎖書店 □ 網路書店 □ 獨立書店 □ 傳統書店 □ 學校團購 □ 其他 ________

● 如果你發現書中錯字或是內文有任何需要改進之處，請不吝給我們指教，我們將於再版時更正錯誤

____

____

____

____

____

請沿虛線剪下

廣 告 回 信
臺灣北區郵政管理局登記證
第 1 4 4 3 7 號

請直接投郵•郵資由本公司支付

23141
新北市新店區民權路108-2號9樓

衛城出版 收

● 請沿虛線對折裝訂後寄回，謝謝！

Beyond

世界的啟迪